HISTOIRES POUR TUER LE TEMPS

Dans Le Livre de Poche :

ALFRED HITCHCOCK

présente :

HISTOIRES À NE PAS LIRE LA NUIT.
HISTOIRES À FAIRE PEUR.
HISTOIRES DIABLEMENT HABILES.
HISTOIRES MACABRES.
HISTOIRES ANGOISSANTES.
HISTOIRES À N'EN PAS REVENIR.
HISTOIRES RICHES EN SURPRISES.
HISTOIRES PIÉGÉES.
HISTOIRES TROUBLANTES.
HISTOIRES DE MORT ET D'HUMOUR.
HISTOIRES NOIRES.
HISTOIRES MÉDUSANTES.
HISTOIRES QUI DÉFRISENT.
HISTOIRES À SANG POUR SANG.

ALFRED HITCHCOCK

présente :

Histoires pour tuer le temps

LE LIVRE DE POCHE

EN ATTENDANT LE CORONER

par Gary Brandner

J'étais étendu sur le dos, dans mon lit, le drap tiré jusqu'au monogramme brodé sur mon pyjama de soie coquille d'œuf ; et, au milieu précisément du monogramme, se dressait un long poignard exotique, la poignée orientée vers le plafond de ma chambre. J'étais bel et bien mort.

L'heure allait bientôt sonner où Bundy, la grosse infirmière qui me soignait, entrerait dans ma chambre, comme chaque matin, pour me donner un médicament. Je savais qu'elle ne serait pas en retard. Elle aimait tant m'arracher brutalement au sommeil pour me faire avaler son horrible mixture. En tout cas, ce matin, elle aurait une bonne surprise.

Comme prévu, quand sept heures sonnèrent, la porte de ma chambre s'ouvrit devant une énorme masse de graisse aux membres courts et au visage empâté. Bundy traversa la pièce en se dandinant comme un canard et posa sur la table de nuit le médicament qui m'était destiné. Elle prenait le verre dans lequel j'avais bu la veille quand elle aperçut le couteau dans ma poitrine. Elle poussa un hurlement fort réussi, laissa tomber le verre par terre et, livide, se précipita hors de la chambre.

Je ne bougeai pas — je n'avais d'ailleurs pas le choix — et attendis que Bundy eût fini d'ameuter la maison. Bientôt, des voix résonnèrent devant ma porte.

D'abord celle de mon gendre, Paul, au timbre de ténor.

— Calmez-vous, mademoiselle Bundy, je ne comprends rien à vos propos.

— C'est M. Ogilvie, il est...

— Quelque chose serait-il arrivé à Papa ? interrogea ma fille, Wendy, de sa voix grave et chaude.

Chère Wendy, la chair de ma chair, et si perspicace.

— Je crois que nous ferions mieux d'aller voir de nos propres yeux, remarqua mon gendre.

Ils entrèrent l'un après l'autre dans ma chambre. Paul, d'abord, bel homme, au sourcil noir, une moue perpétuelle sur les lèvres ; Wendy, ensuite, très gracieuse dans son nouveau déshabillé de chez Dior, et, enfin, l'obèse.

Wendy et Paul s'approchèrent doucement de mon lit tandis que Bundy restait près de la porte. Ils se penchèrent sur moi.

— Qu'y a-t-il, Paul ? interrogea ma fille chérie dont la perspicacité commençait à faiblir.

— Ton père a été poignardé, répondit laconiquement mon gendre, décidément très observateur ce matin.

— Comment ? s'écria Wendy. Qui a pu commettre un tel acte ?

Personne ne s'aventura à donner une réponse. Bundy s'enfouit le visage dans un immense mouchoir.

— Arrêtez de renifler ainsi, mademoiselle, commanda Paul.

Plein de bon sens, mon gendre jugeait déplacé qu'on perdît du temps à larmoyer parce que le chef de famille avait été assassiné.

— Pardonnez-moi, monsieur, mais il a une telle tête !

Désolé, chère mademoiselle. J'aurais sans doute dû employer mes derniers moments à me composer le visage : l'ombre d'un sourire peut-être et une expression bienveillante dans mon regard éteint.

— Ne pourrions-nous au moins lui fermer les yeux, Paul ?

Wendy avait un sens certain de l'esthétique.

— Je crois qu'il est préférable de ne pas le toucher jusqu'à l'arrivée de la police.

— La police ?

Mais qui ma fille aurait-elle donc appelé ? Le plombier ?

— Je descends leur téléphoner, déclara Paul.

— Je t'accompagne.

— Et moi ? demanda l'obèse. Je ne vais quand même pas demeurer là avec lui, dites ?

— Mais non, mademoiselle, vous pouvez descendre avec nous si vous le désirez.

Ils me laissèrent donc, trop contents de me fausser compagnie. Que je reste seul ou non importait peu d'ailleurs. Je ne risquais pas de m'absenter.

*
* *

Une demi-heure plus tard, des pas résonnèrent dans le hall. La porte de ma chambre s'ouvrit, livrant passage à mes enfants, à l'infirmière et à un homme au visage marqué dont le regard gris, mobile, parcourut la pièce en un clin d'œil.

— Nous l'avons trouvé ici, inspecteur, expliqua Paul.

Inspecteur. A la bonne heure ! Ça faisait meilleur effet que « Sergent » ou « Monsieur l'Agent ». Et j'appréciai beaucoup son costume de tweed trop ample ainsi que sa moustache d'un blond roussâtre.

— Ah ! je vois, marmonna-t-il.

D'un air pensif, il se pencha vers moi et observa attentivement le couteau planté dans ma poitrine.

— L'un d'entre vous reconnaît-il cette arme ?

Paul répondit aussitôt, comme s'il eût été en classe :

— C'est un poignard oriental. Mon beau-père en possédait une paire. L'autre est encore accroché au mur derrière vous.

— Ah ? En effet ! constata le policier en se retournant.

Un homme réfléchi, cet inspecteur. A coup sûr, il devait fumer la pipe.

— Me permettez-vous d'allumer ma pipe ? demanda-t-il en s'adressant à Wendy.

Qu'est-ce que je disais !

— Oui, bien sûr, répondit ma chère fille, tolérante comme toujours.

Tandis que l'inspecteur bourrait sa pipe, on entendit un toussotement à la porte.

— Personne n'a répondu à mes coups de sonnette, alors je suis monté.

Jamais mon ami et associé ne se serait laissé arrêter par une porte close. Il s'introduisait partout.

— Qui êtes-vous ? interrogea l'inspecteur.

— Oscar Hanratty.

— Monsieur est l'associé de mon père, intervint Wendy.

— Et vous, qui êtes-vous ? demanda à son tour Oscar.

— Inspecteur Grubb.

— Inspecteur ? Que s'est-il passé ?

Tous tournèrent leur regard vers le lit et Oscar les imita.

— Mon Dieu ! mais il est...

— Oui, il est mort.

Au moins, l'inspecteur n'y allait pas par quatre chemins.

— Qui a pu commettre un tel crime ? Et pourquoi ?

— Chaque chose en son temps. Déterminons d'abord quand est survenu le décès de M. Ogilvie. Il a trouvé la mort entre le moment où il a pris son médicament, hier soir, et sept heures, ce matin, heure à laquelle, comme tous les jours, Mlle Bundy est entrée dans sa chambre. C'est bien dans le verre gisant sur le tapis qu'il a bu son médicament hier soir, n'est-ce pas ?

— Oui, monsieur. Je le lui avais donné à vingt heures précises. J'allais rapporter le verre à la cuisine, ce matin, quand j'ai aperçu le poignard dans la poitrine de M. Ogilvie. Le verre m'a échappé des mains. C'est un miracle qu'il ne se soit pas brisé.

Je me rappelai l'expression de son visage à ce moment-là ! Ça valait vraiment le coup d'œil !

Paul se pencha sur moi pour examiner ma blessure.

— Que représente le E ?

— De quoi veux-tu parler ? interrogea ma fille.

— Le E du monogramme qui comprend, semble-t-il, les lettres A, E, O entrelacées. J'ignorais que ton père eût un deuxième prénom.

— Il s'agit d'Ervin. Il s'appelait Arnold Ervin Ogilvie. Papa n'aimait pas ce prénom, c'est pourquoi nous ne l'employions jamais.

J'aurais aimé qu'ils se dépêchent. J'ignorais combien de temps encore je serais autorisé à rester présent et je souhaitais vivement connaître mon assassin avant de partir définitivement.

— Un homme comme lui ! Mourir ainsi ! C'est une honte ! s'insurgea ce cher Oscar. Si vous le permettez, je vais m'éclipser. Je ne m'étais arrêté en chemin que pour demander à Arnold de signer certains documents. Mais, maintenant, il ne signera plus rien, le pauvre malheureux. Quelqu'un ne pourrait-il lui fermer les yeux ?

Ce brave Oscar ! Sa compassion me touchait.

— Attendez un instant, monsieur Hanratty.

L'inspecteur me plaisait de plus en plus.

— Oui ?

— Vous venez de dire que vous aviez des documents à faire signer par M. Ogilvie, n'est-ce pas ?

— En effet. Rien de bien important, d'ailleurs. Mais comme je devais passer tout près de chez Arnold, j'avais pensé à les prendre sur moi.

Quel bavard tu fais, Oscar ! Cela te perdra.

— Où sont-ils ?

— Quoi ?

— Ces documents ? Vous ne portez ni serviette ni dossier. Ils sont dans la poche de votre veste, sans doute.

— Euh, oui. C'est cela. Ils sont dans la poche de ma veste.

— Puis-je les voir, s'il vous plaît ?

Oscar chercha dans ses poches puis, prenant un air affolé peu convaincant, tâta tous ses vêtements.

— Ça alors ! C'est ridicule. Je croyais les avoir sur moi. J'ai dû les laisser dans la voiture ou sur mon bureau.

Oscar ne mentait jamais, même lorsqu'il se plaignait de l'insuffisance de nos investissements alors qu'il détournait une partie des bénéfices de la société. Dans quelques jours, j'aurais disposé de toutes les preuves pour le confondre.

— Ces documents n'existent pas, n'est-ce pas, monsieur Hanratty ? interrogea l'inspecteur en fixant Oscar droit dans les yeux.

— Je ne vous comprends pas.

— Je crois, au contraire, monsieur, que vous me comprenez fort bien. La raison réelle de votre visite, ce matin, était de laisser croire aux membres de la famille de M. Ogilvie que vous vous attendiez à le trouver bien vivant. Or, vous saviez déjà qu'il était mort puisque, la nuit dernière, vous vous êtes introduit sans bruit dans cette maison, avez pénétré à l'insu de tous dans cette chambre, décroché le poignard du mur et l'avez planté dans la poitrine de la victime.

Je savais bien que l'inspecteur Grubb avec sa superbe moustache serait un fin limier.

— J'exige un avocat !

Ce furent les premières paroles intelligentes d'Oscar.

Wendy toucha avec admiration la manche de la veste en tweed de l'inspecteur.

Même Paul interrompit l'inventaire de mes biens pour adresser à l'inspecteur un petit salut admiratif.

— Je ne fais que mon travail, madame.

Je craignis un instant qu'il ne se montrât modeste un peu trop tôt.

Bundy rassembla sa graisse et s'ébranla en direction du lit.

— Je ferais mieux de nettoyer un peu cette chambre. Et d'abord de la débarrasser de ces fioles et de ce verre sale.

— Pas si vite, mademoiselle !

J'aurais applaudi l'inspecteur si je n'avais souffert d'une telle rigidité des membres.

— Oui, monsieur ?

— J'aimerais que chacun de vous examine de près le poignard planté dans la poitrine de M. Ogilvie.

Ils obéirent tous et, pour la dernière fois, je fus entouré de mes chers parents et amis.

— L'un de vous ne remarque-t-il pas un détail étrange ?

Ils dirigèrent tous leur regard sur l'arme puis s'entre-regardèrent avant de tourner tous ensemble la tête vers l'inspecteur. Quatre paires d'yeux totalement dépourvus d'intelligence se fixèrent sur lui.

Il s'adressa à mon gendre.

— C'est vous, monsieur, qui avez attiré mon attention sur ce détail.

Paul détourna les yeux d'un air coupable.

— ... Lorsque vous avez parlé du monogramme de M. Ogilvie. Un coup de couteau dans la région du corps où la victime a été frappée aurait dû provoquer une effusion de sang abondante. Or, les lettres bleues du monogramme sont encore parfaitement lisibles.

Bien entendu, comme toujours, ce fut Wendy qui posa la question cruciale.

— Qu'est-ce que cela signifie, inspecteur ?

— Lorsque M. Hanratty a poignardé votre père, il était déjà mort.

Un silence de mort, c'est le cas de le dire, tomba sur la pièce.

L'obèse fut la première à le rompre.

— Il est temps vraiment que je nettoie cette pièce, insista-t-elle.

— Je comprends votre impatience, dit l'inspecteur en se tournant vers elle, car ce verre, si je ne me trompe, porte la trace d'un poison mortel.

Wendy et Paul tournèrent ensemble la tête vers le pachyderme vêtu de blanc.

— Mademoiselle Bundy, vous !

— Mais pourquoi ?

La bouche épaisse de l'infirmière se tordit en un sourire méprisant.

— Il l'a mérité, le vieil avare ! Voilà plus d'un an que je le soigne et il ne m'a même pas couchée sur son testament. Oui, j'ai trouvé son testament et sa cassette aussi, si vous voulez tout savoir !

Les oreilles de Paul parurent pivoter en avant.

— Une cassette ? Wendy, savais-tu que ton père cachait de l'argent ?

— Non. Où est-elle, Bundy ?

Je fis l'impossible pour signifier à l'obèse de tenir sa langue pour une fois.

— Trouvez-la vous-même ! fut sa réponse.

On a raison de dire que personne n'est jamais totalement mauvais.

— Descendons au rez-de-chaussée, suggéra l'inspecteur. Je recueillerai vos dépositions au salon en attendant le coroner.

Ne pensant pas que l'attente du coroner pût être bien amusante, je me félicitai que fût venu pour moi le moment de m'en aller. Mon seul regret fut de n'avoir pas recouvré l'usage de la parole le temps de les remercier tous pour m'avoir procuré la matinée la plus distrayante de ma vie.

Cette phrase demanderait à être formulée différemment mais...

Waiting for the Coroner.
D'après la traduction de Philippe Barbier.

JAMBALAYA

par DOUGLAS CRAIG

Vince Savoy va monter ce matin sur la chaise électrique, à Angola. C'est dans l'ordre des choses étant donné ce qu'est Vince : un ancien agent de la police d'État qui a mal tourné et nous a tous couverts de honte.

Je n'ai aucun lien de parenté avec Vince Savoy, et je ne cesse de me répéter que je ne devrais pas éprouver pour lui plus de pitié que pour un chien enragé qui se serait échappé dans une cour d'école. Et pourtant, tandis que je reste là, attendant de voir l'aube se lever au-dessus des marécages, je suis hanté par cette pensée que quelqu'un d'autre devrait subir, en même temps que Vince, le châtiment suprême. Et ce quelqu'un, c'est moi.

Nous avons grandi ensemble au bord des marais de Louisiane, à l'ombre des chênes et des cyprès couverts de mousse. Ensemble, nous avons chassé l'alligator en évitant les sables mouvants, et nous nous sommes promenés au clair de lune pendant les douces nuits d'été. Nous ne nous souciions guère des filles, à l'époque, et nous riions bien haut lorsqu'elles nous délaissaient pour quelque beau « Texan » de La Nouvelle-Orléans ou quelque chauffeur bien argenté venu du Nord. Les femmes, avait coutume de dire Vince, ne méritent pas qu'on s'attire des ennuis pour elles.

Il y avait pourtant à cette règle, quelques exceptions, dont la principale était Clo Ronsard. Aussi bien Vince que moi-même aurions accepté de bon cœur, à tout moment, de mourir pour elle. Mais, telles que les choses se passèrent ce fut bien pis que cela et, quand je pense à toutes les années qu'il va me falloir vivre encore, j'en ai la nausée.

Mon nom est Mike Logan et je fais moi-même partie de la police d'État. De plus, je suis marié à une femme qui est beaucoup trop bien pour moi. Elle s'appelle Félicie. Nous n'avons pas encore d'enfants et n'en aurons peut-être jamais : il ne m'appartient plus d'en décider désormais.

Il ne m'était jamais venu à l'esprit que Félicie pût souffrir à cause de moi ; mais je crois qu'elle savait ce qui clochait chez moi bien avant le moment où je fus désigné pour m'occuper de l'affaire Savoy.

J'en eus l'intuition un certain soir où, pour la première fois depuis mon mariage, je ne me sentis pas d'humeur à rentrer à la maison. Après avoir flâné un certain temps au siège central, j'allai au bar de Ti'Jean où je passai un bon moment. La vie me paraissait tout à coup bien dure et, sans aller jusqu'à prendre une cuite, je bus quelques pots à base de whisky pour essayer d'arranger les choses.

Mais cela n'arrangea rien. J'étais dans de mauvais draps et je le savais.

Vince avait soudain disparu de la circulation, comme un alligator qui rentre dans son trou, et c'est moi qu'on avait désigné pour aller à sa recherche. J'avais poussé les hauts cris, mais il avait bien fallu me faire une raison. Dubois avait été chargé de m'aider — ce qui ne constituait pas une aide bien efficace. Dubois est un brave garçon, mais un peu lourdaud, et on ne peut pas se fier à lui pour marcher dans les marécages. Quand il soulève un de ses grands pieds — il chausse du quarante-cinq — l'autre ne fait que s'enfoncer plus profondément dans la vase.

Mais mon principal problème, c'était Clo. Si je voulais obtenir des tuyaux sur Vince, je devais la surveiller jour et nuit ; et je ne savais pas du tout comment ça marcherait.

J'étais assez agité en quittant le bar pour rentrer chez moi, et je dus m'arrêter en bas des marches du perron pour aspirer une bouffée d'air. Enfin, j'entrai dans la maison et la bonne odeur du gumbo qui mijotait m'accueillit sur le seuil de la porte. Je me sentais misérable.

J'appelai : « Félicie... Félicie ! »

Elle sortit tranquillement de la cuisine en s'essuyant les mains sur son tablier rose, et me tendit sa joue à embrasser — une joue fraîche et douce qui sentait l'eau de rose fabrication maison. Ses yeux souriaient, mais elle m'écarta doucement en disant :

— Tu rentres tard, Mike. Tu dois mourir de faim ! Veux-tu dîner tout de suite, ou prendre d'abord une douche ?

— Prendre une douche, marmonnai-je en retenant mon souffle pour que l'odeur du whisky ne vînt pas chasser celle de l'eau de rose.

Je tirai mon revolver de ma ceinture et le posai sur l'étagère derrière la pendule, comme d'habitude.

— Quelle sale journée ! dis-je tout en enlevant

ma chemise. On m'a mis sur l'affaire Savoy. Qu'est-ce que tu en penses ?

Mais, avant qu'elle eût pu parler, je me retournai et vis la pâleur soudaine de son visage.

— Ne me le dis pas ! m'écriai-je. Je ne veux pas le savoir !

Elle n'avait pas besoin de me le dire. Il me semblait entendre les mots résonner dans ma tête, malgré le vacarme de l'eau qui tombait de la douche : « Mais, Mike, ce n'est pas possible ! Vince est ton ami... Et puis... Et Clo ? »

Oui, en effet, et Clo ? C'était bien la question que je me posais, moi aussi. Le bruit courait qu'elle avait quitté Vince. Cela signifiait-il qu'elle en avait fini avec lui pour de bon ?

Je ne me sentais pas tellement fier à cette idée. Pas seulement parce que Vince avait été mon ami autrefois, il y avait bien des années — que diable ! il n'était plus l'ami de personne à présent ! Pas uniquement à cause de ma femme non plus. Mais la pensée de Clo était pour moi comme une blessure toute fraîche. Elle me harcelait comme une piqûre d'épingle.

Je voulus me regarder dans la vieille glace à la surface onduleuse accrochée au-dessus du lavabo, mais ce n'était guère facile. J'allai extraire d'un tiroir une chemise propre et me mis à la boutonner lentement, en examinant la minable petite pièce que Félicie avait essayé d'embellir grâce à des rideaux de couleur vive, un couvre-lit assorti, et quelques meubles dépareillés. Malgré ces efforts, la chambre restait misérable. C'était un fait que Vince Savoy avait réussi à offrir plus de luxe à sa femme. Mais peut-être ne se souciait-elle pas de l'endroit où elle vivait du moment que...

Félicie appela, de la cuisine : « Tu viens, Mike ? »

Le ton de sa voix me fit dresser l'oreille : il était inhabituel. Je me rappelai tout à coup qu'elle n'avait jamais beaucoup parlé des Savoy — ni en bien, ni en mal — depuis qu'ils étaient mariés. Si, une fois... Une fois où elle s'était tournée vers moi, au milieu de la nuit, avec un drôle de petit sanglot dans la voix, et où elle m'avait dit : « Mike... attends. Je voudrais te demander quelque chose. Mike... est-ce que tu es toujours amoureux de Clo ? »

Sa question m'avait coupé le souffle, mais j'avais répondu très vite, et d'un ton convaincu quelque chose comme : « Fichtre, non ! Qu'est-ce qui a bien pu te donner une idée aussi stupide ? »

Elle ne me l'avait pas dit. Félicie est la seule femme que je connaisse qui n'ait jamais grand-chose à dire. Cela pourrait être reposant, si on ne se demandait pas ce qui se passe dans sa tête.

— Me voilà, répondis-je à son appel.

Et, un instant plus tard, je plongeais ma cuiller dans une assiettée de gumbo tandis qu'elle apportait la cafetière fumante et des croûtons de pain frottés d'ail qu'elle avait gardés au chaud dans le four. Un repas de roi, comme d'habitude.

— Délicieux, chérie ! murmurai-je. Tu n'as pas perdu la main.

— Pourtant, répondit Félicie d'un ton plutôt froid, ça ne doit pas être très bon ce soir : Dubois était ici il y a un moment. Je lui ai offert du gumbo, mais il en a laissé la moitié.

— Dubois ? répétai-je en posant la cuiller que je m'apprêtais à porter à ma bouche. Qu'est-ce qu'il voulait ?

— Te parler, répliqua-t-elle. Il a dit qu'il reviendrait après le dîner, ajouta-t-elle avec ressentiment.

— C'est tout ? questionnai-je d'un ton soupçonneux. Il n'a rien dit d'autre ?

Elle réfléchit un instant avant de répondre :

— Tu veux savoir s'il a dit quelque chose qu'il n'aurait pas dû ? Je trouve que tu es dur pour Dubois, Mike. Il est jeune, mais c'est un bon policier.

— T'a-t-il... ?

J'allais lui demander s'il avait parlé de l'affaire Savoy, mais je m'interrompis et, repoussant mon assiette, je pris ma tasse de café.

— Tu vois ? remarqua Félicie avec tristesse, mon gumbo n'est pas très bon. Je suis désolée, Mike. Je crois que je vais aller m'étendre un peu avant de faire la vaisselle. J'ai mal à la tête.

— Tu n'es pas malade ? questionnai-je vivement.

Mais elle s'était déjà glissée dans la chambre en refermant la porte derrière elle.

Il s'agit de Clo, pensai-je. Elle a entendu dire quelque chose au sujet de Clo. Cet imbécile de Dubois !... Mais ce n'était pas forcément Dubois. Chacun dans le pays savait que nous avions grandi ensemble, tous les quatre, mais que nos relations n'étaient plus les mêmes qu'autrefois. Il n'en fallait pas davantage pour faire parler les mauvaises langues.

Vince et moi avions épousé deux filles Ronsard, Clotilde et Félicie, deux cousines, qui n'étaient parentes ni avec Vince ni avec moi, ce qui est rare dans nos régions, où les liens du sang n'empêchent pas le mariage.

Aussi loin que remontent mes souvenirs j'ai été amoureux de Clo. Mais Vince était davantage son type d'homme ; elle voyait en lui une sorte de héros comme le célèbre pirate Jean Lafitte, qui écumait les mers et dont les équipages dévastaient les côtes qui bordent le golfe du Mexique.

Félicie était très différente de sa cousine. C'était une jeune fille douce et blonde. Elle considérait les pirates de l'ancien temps comme de malheureux êtres sanguinaires, qu'il fallait plaindre car ils avaient perdu leur âme. Quant à Clo, chaque fois que ses grands yeux noirs se posaient sur Vince, on y lisait l'admiration qu'elle portait à son héros. Je me suis souvent demandé ce qu'il y avait derrière ces yeux qui lui avaient été légués par une longue lignée d'ancêtres cajuns — des yeux tour à tour flamboyants et caressants, pleins de rêves qu'elle gardait pour elle seule.

Je m'étais bien rendu compte que je ne faisais pas partie de ces rêves, et puis Vince était mon ami. C'est pourquoi j'épousai Félicie : je pris la fille la plus parfaite du monde ; mais Vince prit celle que nous avions toujours désirée, tous les deux, depuis le moment où nous avions découvert ce qu'était le désir.

Félicie et moi nous étions installés dans une vieille maison suffisamment proche du siège central de la police pour qu'il me fût possible de m'y rendre par n'importe quel temps, car notre région connaît souvent des ouragans terribles. Tout n'était peut-être pas rose dans notre vie, comme on dit ; mais nous étions heureux. Seulement, Félicie se montrait peu expansive et cela jetait parfois un froid dans nos rapports.

J'avoue à ma honte qu'il m'est arrivé de me demander si je n'avais pas commis une erreur en épousant une femme aussi *bien*. Si seulement elle avait renoncé à tresser chaque soir ses beaux cheveux en deux nattes bien serrées, et consenti à coudre un peu de ruban ou de dentelle à ses chemises ! Mais qui donc accepterait d'échanger une bonne épouse contre une friponne ?

Vince ne voulait à aucun prix d'une vie tranquille. Il était allé s'installer dans une de ces nouvelles villes au bord du Golfe où l'existence était plus mouvementée. Clo éprouvait, je crois, la même fureur de vivre que lui et adorait le changement.

Ils avaient acheté un bungalow moderne, tout en brique et en verre, avec une antenne de télévision aussi haute qu'un derrick et un énorme réfrigérateur dans lequel ils conservaient les aliments surgelés dont ils faisaient leur ordinaire. Cette façon de se nourrir était considérée comme une hérésie par les gens du pays, les vieux habitants traditionalistes qui se font une gloire de cuisiner mieux que n'importe quel peuple au monde.

Les mauvaises langues prétendaient que Clo Savoy se refusait à préparer de petits plats pour son mari, et moins que tout autre le gumbo et le jambalaya sans lequel aucun homme digne de ce nom ne saurait vivre ! Et son café !... Il consistait en une pincée de poudre marron qui fondait immédiatement au contact de l'eau chaude ! Où était le marc ? Ce beau marc noir qu'on doit laisser dans la cafetière, sur un coin du fourneau, pour s'en resservir d'une fois sur l'autre ?

Bien sûr, c'étaient là des racontars, que Félicie récoltait lorsqu'elle allait rendre visite aux uns et aux autres ; mais j'y prêtais tout de même l'oreille. Dieu me pardonne, j'espérais apprendre quelque chose de pire — entendre quelque allusion à une mauvaise harmonie dans le ménage des Savoy...

Mais, après un certain temps, des rumeurs d'une autre nature commencèrent à circuler et, cette fois, j'y prêtai les deux oreilles.

Vince avait toujours été un garçon téméraire qui ne craignait pas de se rendre dans les boîtes ou les tripots de bas étage à la recherche des trafiquants de drogue et, la plupart du temps, il réussissait à pincer ceux qu'il cherchait. Avec un courage aveugle, il s'enfonçait profondément dans les marécages, sur la piste des contrebandiers ou des bandits armés qui attaquaient les trappeurs de rats musqués ou opéraient des razzias sur les bateaux qui transportaient la paye des ouvriers d'une ville de la côte à l'autre.

L'ennui, c'est que Vince était lui-même un spéculateur et cette espèce ne dure pas longtemps. Ses débuts dans la police avaient été un véritable feu d'artifice, mais il n'en restait plus maintenant que fumée et odeur de poudre mouillée.

C'est alors que les choses se gâtèrent. Mais ce ne furent pas d'honnêtes contribuables qui dénoncèrent Vince à la police : ce furent les filous eux-mêmes !

Quelqu'un avait descendu un vieux Chinois qui avait fait fortune dans le séchage des crevettes, à la mode cantonaise d'autrefois. Il ne savait pas additionner deux chiffres sans l'aide d'un de ces bouliers que les gens de sa race appellent *abacus*, et il payait son employé en dollars d'argent, comme son grand-père avait coutume de le faire.

Un jour de paye, quelqu'un lui tira un coup de revolver dans la nuque et s'enfuit avec l'argent. Nous ne sûmes jamais avec certitude qui avait fait le coup, ni comment le criminel avait réussi à écouler son butin. Mais le véritable problème pour nous était de découvrir qui en avait pris l'initiative, qui était le cerveau, pour ainsi dire, dans cette affaire.

Bien entendu, il n'y en avait pas... Nous soupçonnâmes tour à tour tous les criminels avoués de la région, sans réussir à autre chose qu'à soulever l'indignation. Personne n'était prêt à reconnaître un meurtre aussi banal que celui-là ! Mais quelques-uns des bandits les plus notoires se trouvaient tellement coincés et inquiets au point de vue professionnel qu'ils étaient prêts à dire tout ce qu'ils savaient. Et ils connaissaient toute une histoire, très simple.

C'était un membre de la police d'État qui avait monté le coup. Un amateur, rien de plus. Et son nom ? Mais oui, bien sûr, son nom était Vince Savoy.

L'image de Vince croulant sous une charge de dollars d'argent fut la risée du pays. Il en rit bien haut lui-même lorsqu'il fut convoqué à la police pour l'interrogatoire d'usage. « Vous êtes fous, les gars ! Complètement fous ! »

Mais cette histoire m'avait mis la puce à l'oreille. Depuis quelque temps, les Savoy menaient la grande vie, alors que Vince touchait le même traitement que moi. Comment se débrouillait-il ?

La victime suivante fut un riche constructeur de navires. Cette fois, il ne s'agissait pas de grosses pièces d'argent, mais de simples billets de banque — dont une partie, cependant, devait être difficile à écouler. L'homme, tué d'une balle dans le dos, était tombé en travers de la table sur laquelle étaient les billets destinés à la paye et ceux-ci devaient porter des traces de sang. Personne ne chercha à imputer ce meurtre à Vince, mais, à la même époque, les Savoy exhibèrent une luxueuse voiture et je cessai de me poser des questions car, désormais, je savais.

Mais ce fut une surprise pour tous quand Vince démissionna volontairement de la police. Le bruit courut qu'il s'était monté une petite affaire personnelle, basée sur tout ce qu'il avait découvert du temps où il portait l'uniforme, et dont les ramifications s'étendaient de la plus basse racaille jusqu'aux hautes sphères de la politique.

Vince jouait au pirate pour de bon, à présent, me disais-je ce soir-là tandis que je me promenais de long en large devant la maison en attendant Dubois. Et je me demandais comment Clo prenait cela.

Dans la demi-obscurité, une voix, accompagnée d'un bruit de pas lourds, appela : « Logan ? » Ce devait être Dubois qui venait me voir après le dîner comme il l'avait promis.

— Désolé de vous avoir fait attendre.

— Aucune importance, répondis-je. Si nous allions boire une bière chez Ti'Jean ?

Puis, quand nous nous fûmes éloignés de la maison, je lui lançai :

— Que diable es-tu allé raconter à ma femme ?

— Moi ? mais rien ! jappa-t-il comme un chiot à qui on vient de donner un coup de pied. Je lui ai seulement demandé si elle avait revu Clo Savoy depuis qu'elle était revenue au...

— Ah, voilà ce que tu lui as demandé, hein ? dis-je d'une voix sourde. (Ainsi, Clo était revenue habiter avec ses vieux parents sur leur bateau. Clo dépouillait des rats musqués et passait à l'essoreuse leurs peaux ensanglantées comme elle le faisait lorsqu'elle était enfant. Était-ce là une vie pour elle ? Malgré moi, je questionnai d'un ton bourru :) Qu'est-ce qu'elle a répondu ? Félicie, je veux dire ?

— Rien, fit Dubois d'un air maussade.

— Comme ça, elle était sûre de ne pas se tromper, remarquai-je en riant.

Mais, quand nous arrivâmes au bar, je transpirais abondamment.

Dubois bavarda un moment en buvant sa bière, mais je ne fis pas très attention à ce qu'il racontait, jusqu'au moment où je l'entendis prononcer de nouveau le nom de Savoy.

— Qu'est-ce que tu sais à leur sujet ? m'écriai-je. Si tu as d'autres tuyaux, vas-y ! Donne-les !

Il secoua la tête.

— Simplement des on-dit. Tu sais bien.

Ce n'était jamais davantage. Nous n'avions jamais rien pu retenir contre Vince, et peut-être ne le pourrions-nous jamais. Ce n'était même pas notre boulot de le pincer, à moins de le trouver penché sur un cadavre, le revolver à la main ; et, tel que je connaissais Vince, cela paraissait peu probable. C'est ce que je fis remarquer à Dubois, qui s'efforça de poser au dur, flatté de se voir traité en policier adulte. C'était assez comique et je me retenais de sourire, lorsqu'il laissa échapper quelque chose qui me fit dresser l'oreille.

— Cette fille avec laquelle il est, disait-il d'un air entendu. Elle en est toquée. Peut-être qu'elle parlerait.

Je me récriai :

— Clo ? Tu es fou ! Elle préférerait se faire dévorer par un requin que de dire un mot...

— Pas elle — pas Mrs. Savoy, m'interrompit Dubois. (Il avait l'air choqué.) Je parle de l'autre. Cette pépée avec laquelle il s'est mis quand sa femme l'a plaqué.

J'éprouvai une sensation bizarre. Ainsi, il y aurait une autre femme dans la vie de Vince ? Je n'en avais jamais entendu souffler mot.

— Je n'y crois pas, dis-je. Je ne sais pas de qui il s'agit, mais elle ment sûrement.

— On l'a vu plusieurs fois avec elle, reprit Dubois, mais il n'a pas été long à l'envoyer promener.

J'émis un petit sifflement entendu. Cela, c'était plus vraisemblable. Aucune femme n'aurait jamais réussi à lui enlever Clo de l'esprit. Seule Clo elle-même, je le savais... Mais nous nous écartions du sujet : mon rôle était de former un débutant dans une affaire difficile, et voilà que je me laissais bourrer le crâne par lui !

— Bon, dis-je en jetant un billet sur le comptoir. En voilà assez pour ce soir. Je t'attendrai demain matin.

— M... merci, bégaya Dubois en clignant les yeux.

Je lui appliquai sur l'épaule une claque qui lui fit perdre l'équilibre, en disant :

— Cette affaire va te rapporter une médaille, mon garçon.

Là-dessus, je le quittai pour rentrer chez moi tout seul, plongé dans mes réflexions. Une autre femme ! Tiens, tiens, tiens !...

Je n'étais pas soûl, mais je n'étais pas non plus tout à fait dans mon assiette. Je trébuchai en montant les marches et entrai dans la maison d'un pas plus lourd que je ne l'aurais voulu. J'avais oublié que Félicie avait la migraine. Mais elle était là, assise sur son siège habituel sous la lampe, une pile de raccommodage à côté d'elle, en train de recoudre des boutons à une chemise.

Je m'arrêtai court : mon revolver était posé sur la table, à côté d'elle.

Elle leva les yeux et cassa son fil avec ses dents.

— Tu devrais faire plus attention, Mike, me reprocha-t-elle d'un ton calme. Tu oublies constamment ton revolver.

Elle ne dit rien de plus, et Dieu sait que ce n'était pas grand-chose. Je suis très étourdi en ce qui concerne mon revolver, et, me sachant sans arme, plus d'un bandit aurait pu sauter sur l'occasion... Félicie avait donc raison de s'inquiéter et de m'en faire la remarque ; mais, ce soir-là, je pris cette réflexion comme une insulte personnelle et répondis brutalement :

— Quand j'aurai besoin de ton avis, je te le demanderai !... Et cette chemise est assez vieille pour être jetée : je ne la porterai plus !

Elle ne répondit pas. Elle était pâle mais, tandis qu'elle piquait son aiguille dans le tissu, l'ombre d'un sourire se dessina sur ses lèvres. Cela me calma un peu. Je m'assis et me mis en devoir de retirer mes chaussures.

— Eh bien, dis quelque chose ! grommelai-je. Dis-moi que je suis soûl. Dis-moi que je suis un flic à la manque pour me balader la nuit sans mon revolver. Dis-moi que tu maudis le jour où tu m'as épousé...

— Tout ça ? interrompit-elle en continuant à coudre son bouton. Ce n'est pas tout à fait mon genre, tu ne crois pas ? D'ailleurs, rien de ce que tu dis n'est vrai.

D'un coup de pied j'envoyai rouler mes chaussures à l'autre bout de la pièce et me pris la tête dans les mains. Je savais que j'aurais dû m'excuser de lui avoir parlé aussi brutalement, mais je n'en avais pas envie. Je me repaissais de ma colère.

— Mike, dit doucement Félicie.

— Quoi ?

— C'est Clo, n'est-ce pas ? Ça a toujours été elle. Oh, Mike, pourquoi m'as-tu épousée ? Ça a dû être pénible... pénible pour toi, je veux dire.

— Voyons, lançai-je quand je pus me résoudre à parler, tu perds la tête !

— Tu sais bien que non, répondit-elle avec un geste de dénégation.

J'ouvris la bouche pour dire quelque chose, mais elle me devança.

— Il ne t'est sans doute jamais venu à l'esprit que je pourrais me lasser de jouer les seconds rôles... Oh, je sais bien qu'il n'y a personne d'autre dans ta vie. Pas même Clo. Il n'y a qu'un rêve fou qui n'a jamais eu la moindre chance de se réaliser !

Je ne savais que répondre à cette remarque, mais j'essayai.

— Puisque tu parles de Clo, c'est vrai que j'ai eu un gros béguin pour elle autrefois... un amour de jeunesse, quoi ! Mais il y a longtemps que c'est fini.

Félicie eut un petit rire aigu, comme le bruit produit par un cube de glace heurtant le cristal.

— Oh, comme tu te donnes du mal, Mike ! Tu es tellement honnête, tellement *policier* pour toutes les choses qui ne comptent pas !... Bonsoir, je vais me coucher.

Elle se leva et allongea la main pour prendre mon revolver. Je suppose qu'elle voulait simplement le remettre derrière la pendule, mais je m'élançai en criant :

— Pose ça ! Tu pourrais te blesser avec cette arme !

Elle me la tendit ; mais, lorsqu'elle fut entrée dans la chambre, je restai assis immobile, le revolver à la main, le front moite de sueur. Il me fallait un autre endroit où le ranger, un endroit que Félicie ne connaîtrait pas. Si elle venait à se blesser, je ne me le pardonnerais jamais — jamais. Je finis par le poser sur une planche du placard à vaisselle, derrière le service de table qui nous avait été offert pour notre mariage et dont nous ne nous servions jamais, puis je tournai la clef dans la serrure de la porte vitrée.

J'étais trop agité pour songer à dormir, aussi j'allai fumer un moment sur le balcon en regardant la campagne, où les lumières commençaient à s'éteindre une à une. Clo était quelque part là-bas sur le bateau où vivaient ses parents, comme lorsque nous étions enfants.

Je pris le vieux sentier qui n'était plus guère utilisé depuis qu'une nouvelle route pavée, partant de la côte, passait derrière les maisons. Une motocyclette ou une voiture de police pouvaient rouler vite sur cette route, mais elle était également commode pour quelqu'un qui aurait voulu s'enfuir...

C'est à cela que je pensais quand je vis apparaître les phares d'une puissante voiture se dirigeant vers la côte. Je fus surpris de la voir s'arrêter brusquement, et de m'entendre appeler par une voix qui venait de derrière les vieilles maisons cajuns si semblables à la mienne :

— Tiens, te voilà ! Mike ! Mike Logan !

Mon sang se figea dans mes veines. Je connaissais depuis toujours cette voix : celle de Vince Savoy.

— Ah, c'est toi ? répondis-je sans avoir besoin de crier pour me faire entendre, car il était déjà descendu de voiture et venait à moi, grand, mince, l'allure conquérante, comme le vieux pirate Jean Lafitte lui-même. C'était la première fois que je le revoyais depuis près de deux ans.

Nous ne nous serrâmes pas la main, et cela me fut assez désagréable. Bien sûr, il y avait entre nous une petite affaire de voies de fait et de meurtre, où j'avais été désigné pour le filer parce que j'étais un policier et lui un bandit. Mais, pour le moment, cela ne me semblait pas devoir compter beaucoup. Nom d'un chien ! Que j'étais content de le voir ! Cependant, je ne tendis pas la main, pas plus qu'il ne le fit. Et la petite flamme qui venait de briller en moi s'éteignit comme un cierge achève de se consumer près d'un cercueil.

— Tu me cherchais, Mike ? demanda-t-il d'une voix un peu railleuse, comme celle d'un oiseau moqueur.

— Oui, je te cherche, répondis-je, mais cela ne me sert pas à grand-chose en ce moment, comme tu le sais parfaitement.

Il se mit à rire :

— Comment donc ! Est-ce que je serais ici si j'avais du sang sur les mains ?

— Probablement pas, répliquai-je. Mais prends garde à toi, mon garçon : un de ces jours, tu me trouveras derrière toi.

L'obscurité ne me permettait pas de distinguer son visage, mais je voyais briller ses yeux clairs au regard étrange. Peut-être souriait-il. Je n'aurais pu l'affirmer.

— Merci pour le tuyau, Mike. Je le garderai présent à l'esprit. Où vas-tu ?

— Nulle part, dis-je. Je me balade sans but.

Mais il semblait vouloir relancer la conversation, juste pour le plaisir.

— Un petit tour avant de se coucher, c'est ça ? Par exemple... Tu ne savais pas que les parents de Clo ont mis leur bateau à l'ancre pas très loin d'ici... ?

— Qu'est-ce que ça peut me faire ? répondis-je. Je n'ai rien à voir avec elle.

— C'est exact, dit-il d'un ton pensif. Ils l'ont déjà cuisinée, à la police. Je pense que tu le sais ?

— Tu as tort de le penser, répliquai-je d'un ton sec car je commençais à me mettre en colère. La police n'avait pas à la cuisiner : elle n'est en rien responsable de tes actes stupides.

Nullement, admit Vince d'un ton conciliant. La police s'en est rendu compte. Elle les a bien tournés en ridicule, les flics ! Rien dit, rien vu, rien entendu : tu connais Clo.

— Comment va-t-elle ? demandai-je pour dire quelque chose.

Il y eut entre nous un long silence, lourd comme du plomb.

— Je n'en sais rien, répondit-il enfin. Elle ne me parle plus... Salut, Mike ; à un de ces jours !

Et il partit sans me laisser le temps d'ajouter un mot. Je restai à regarder la voiture s'éloigner dans un nuage de poussière, roulant à plus de cent à l'heure, sur la route toute neuve. Je me dis, un peu bêtement, que ce ne serait pas de chance s'il se faisait arrêter pour excès de vitesse. Puis mes pensées revinrent à Clo.

Ainsi donc, elle ne lui parlait plus. Mais pourquoi m'avait-il dit cela, à moi ?

La réponse était facile. Nous avions grandi ensemble, tous les quatre : lui et moi, Clo et Félicie. Et Vince n'aurait jamais eu l'idée de me mentir sur une question aussi personnelle que celle-là. Il me croyait son ami. J'avoue que je n'en étais pas plus fier pour autant.

On dit qu'il n'y a rien de tel qu'une mauvaise conscience pour vous donner une humeur sombre. Je n'avais nulle envie de rentrer chez moi. Je me sentais maussade, misérable. Je me remis en marche, mais, cette fois, je savais où j'allais. J'avais été désigné pour m'occuper de l'affaire Savoy, n'est-ce pas ? Cela signifiait que je devais me renseigner sur le mari comme sur la femme ? Eh bien, c'était ce que je faisais.

Le vieux chaland était attaché sous une véritable tente de mousse qui pendait d'un grand cyprès noir. J'en étais tout près lorsque je vis Clo passer sur le pont et regarder dans ma direction, en mettant sa main en écran devant ses yeux pour les protéger de la lumière du pont.

— Qui est là ? demanda-t-elle d'un ton bref.

J'approchai, effrayé à l'avance du changement

que je pourrais constater en elle. Elle portait une robe verte serrée à la taille, sous un tablier à fleurs. Sa silhouette était un peu lourde, voilà tout — ou, plutôt, un peu plus épanouie. Ses cheveux bruns, que le vent léger faisait voler, lui retombaient sur le front en mèches indisciplinées, comme autrefois. Elle était nu-pieds.

— Mike ! s'écria-t-elle, avec, dans la voix, une intonation joyeuse. Oh, Mike ! Il y a si longtemps !...

Elle courut au-devant de moi, mais s'arrêta brusquement et je la vis rougir.

— J'allais me jeter à ton cou, me dit-elle en souriant. Mais ça ne se fait pas : que dirait Félicie ?

— Et Vince ? répliquai-je d'un ton peu aimable. Qu'est-ce que tu deviens, Clo ?

— Comme si tu ne le savais pas ! (Son visage avait pris une expression de tristesse.) Tu ne vas pas me poser de questions, n'est-ce pas, Mike ? Ils ont essayé, à la police ; mais ça n'a rien donné.

— Je ne suis pas de service, dis-je.

Elle savait parfaitement que, dans une affaire comme celle-là, un policier est toujours de service. Mais elle ne releva pas la remarque.

— Veux-tu une tasse de café, Mike ? En souvenir du temps jadis, comme on dit. Mes parents sont à l'église : je suis toute seule.

— J'en prendrai volontiers une tasse, mais je ne peux pas rester longtemps.

Pour ce qui était de son café, les mauvaises langues avaient menti : il était chaud et fort, à réveiller un mort. Je l'avalai d'un trait, sachant que je ferais mieux de m'en aller rapidement. Le rêve fou dont avait parlé Félicie n'était plus simplement un rêve : Clo était tout près de moi en ce moment, dans la nuit où flottait le doux parfum des lauriers-roses. Non loin de nous un alligator fit entendre son cri avant de plonger dans l'eau peu profonde. Clo frissonna et croisa ses bras bien serrés sur sa poitrine, comme une enfant qui a froid ou peur.

— Tu sais, dit-elle doucement, j'avais oublié... J'avais oublié que c'était si beau, ici, et si terrible en même temps...

Elle avait peur ! J'en restai stupéfait. Quand nous étions petits, je l'avais souvent vue furieuse, et prête à exhaler sa colère sur n'importe qui, tout comme Vince. Mais je n'avais encore jamais lu la crainte sur son visage.

Je n'aurais eu qu'à étendre la main pour la toucher, mais je reculai brusquement et répondis d'un ton amer :

— Tu te plais davantage à Roux City, à la lumière des enseignes au néon et au son des pick-up, hein ? Eh bien, pourquoi ne retournes-tu pas auprès de lui ? Tu ne le verras pas souvent quand il sera coffré !

— Ne parle pas comme ça, Mike ! protesta-t-elle.

— Pourquoi ? demandai-je. Je m'y connais, moi aussi, en rats musqués. Si je voulais m'en donner la peine, je pourrais m'installer sur un bateau, pour traiter les peaux. J'ai toujours pensé que je pourrais...

— Tais-toi, je t'en prie !... s'écria-t-elle en me saisissant le bras, et ses ongles s'enfoncèrent dans ma peau comme les griffes d'un oiseau. C'est toujours ce qu'*il* disait, lui aussi. Et tu vois où ça nous a menés ? Félicie et toi vous finirez comme... comme nous... (Sa voix se brisa en un sanglot.) Il a tellement changé, Mike ! reprit-elle au bout d'un moment. Tu ne peux pas savoir à quel point il a changé. Mais on ne peut cesser d'aimer les gens parce...

— C'est un fait, acquiesçai-je.

Avant d'avoir eu le temps de m'en rendre compte,

j'avais passé un bras autour de ses épaules pour l'attirer à moi. Et elle, le visage pressé contre ma poitrine s'était mise à pleurer sans retenue, si bien qu'à ce moment-là je n'éprouvai plus pour elle qu'une immense pitié.

Enfin, elle s'écarta de moi et, essuyant ses larmes avec le coin de son tablier, elle me dit :

— Je ne retournerai jamais auprès de lui, Mike. Mais j'ai tout laissé là-bas : mes vêtements, mes affaires, tout...

De nouveau sa voix se brisa et je compris qu'elle pensait aussi à ces affaires qu'elle avait laissées. Les femmes sont de drôles d'êtres ! Même Félicie, qui s'obstinait à raccommoder continuellement cette vieille chemise, sans pouvoir se résoudre à la jeter.

— Il faut que je m'en aille, dis-je enfin.

— Ne te fâche pas de ce que je vais te dire, Mike, murmura Clo à mon oreille. Tu es triste et malheureux, je le sais. Oui, je t'assure que je le sais... Personne n'a jamais compté pour moi, que Vince ; mais s'il y avait... s'il pouvait y avoir quelqu'un d'autre !...

Elle s'interrompit.

C'était plus que je n'en pouvais supporter.

Je la saisis par les épaules et la secouai si fort que sa tête ballotta et qu'elle dut se mordre les lèvres pour s'empêcher de crier.

— Tu ne peux pas continuer à me rendre fou comme ça ! hurlai-je. S'il y avait quelqu'un d'autre, qui serait-ce ? *Qui* ?...

Elle répondit si doucement que j'eus de la peine à l'entendre : « Toi, Mike... Toi. »

Je la lâchai. Je savais que je deviendrais fou si je ne la lâchais pas immédiatement. Mais, oubliant tout tact et même toute prudence, je lui demandai brutalement :

— Et s'il te trompait ? Qu'est-ce qui se passerait ?

Elle me regarda comme si je lui avais planté un couteau dans le cœur.

— Il vaut mieux pour lui qu'il ne le fasse pas, répondit-elle froidement. Je le tuerais, comme il me tuerait si je le trompais.

Je me traitai intérieurement d'imbécile : j'avais été bien près de lui parler de l'autre femme. Je ne valais pas mieux que Dubois ! Mais j'avais encore quelque chose à dire, et je le dis :

— Si je parviens à réunir des preuves contre lui, je le pincerai, Clo. Mais je ne lui ferai pas de mal — si je peux l'éviter.

Elle approuva de la tête sans répondre et je descendis du bateau, marchant avec précaution dans la boue pour ne pas m'étaler devant elle.

Puis je rentrai chez moi.

A partir de ce soir-là je m'efforçai de chasser définitivement Clo de mon esprit ; mais je l'avais, comme on dit, dans la peau. Le pire était lorsque je me trouvais avec Félicie : il y avait entre nous une sorte de barrière, et j'avais honte de constater que je ne réussissais pas à l'abattre.

On ne peut pas cesser d'aimer les gens, avait dit Clo. C'est la vérité. Mais il est vrai également qu'on ne ment pas à quelqu'un qu'on aime, et j'aimais ma femme.

J'essayais de me racheter vis-à-vis d'elle par de petites attentions : en lui faisant envoyer des roses par le plus grand fleuriste de la ville, ou en lui offrant une énorme boîte de pralines pour son anniversaire ; et j'essayais de la convaincre de s'acheter de jolis vêtements. Mais je ne pouvais oublier ce qu'elle avait dit au sujet des « choses qui ne comptent pas ». Et puis, je lisais bien dans son regard qu'elle souffrait, même si elle s'efforçait de me le cacher.

Pendant ce temps, Vince continuait à ne pas se faire voir. Vis-à-vis de la police il n'avait pourtant pas besoin de se cacher, car il n'était même pas sur la liste des personnes recherchées. Mais je me posais des questions à son sujet. Puis le bruit courut qu'il avait quitté la région et j'en conclus qu'il avait une grosse affaire en train et tenait à se trouver très loin lorsqu'elle aboutirait. La suite des événements me donna raison. Vince avait une bonne organisation.

Dubois m'apprit que Vince se payait du bon temps à La Nouvelle-Orléans et qu'il avait emmené une femme avec lui. Non, pas Clo, l'autre femme.

— On ne peut pas l'arrêter pour ça, dis-je.

— Non, sans doute, répondit Dubois, heureux de pouvoir faire l'important, mais la fille est folle furieuse : il vient encore de l'envoyer balader. C'est la deuxième fois que ça se produit. Elle est prête à raconter tout ce qu'elle sait.

— Ne me fais pas rire, dis-je en plongeant mon nez dans mon bock de bière. Si elle savait quelque chose sur Vince, il l'aurait à l'œil et ne la laisserait pas partir.

Mais Dubois voyait la chose différemment.

— Elle veut être gentille, expliqua-t-il. Si ça tourne mal, elle préfère être du côté de la police.

— C'est de ce côté-là qu'il faut être. Et tu crois que ça va mal tourner ?

— Il y a quelqu'un qui doit le savoir, répondit Dubois.

Il étendit la main pour prendre une poignée de crevettes qu'il se mit à déguster lentement, l'une après l'autre. Je me sentais un peu écœuré.

— Et qui ça ? questionnai-je.

— Mrs. Savoy, répondit-il en grimaçant un sourire.

Je dus me retenir pour ne pas lui envoyer mon poing dans la figure.

— Je t'ai dit qu'elle ne moucharderait jamais, grommelai-je.

Mais il poursuivit :

— Pas même si l'autre pépée vient lui dégoiser des petites histoires au sujet de Savoy, des histoires personnelles que seule une autre femme pourrait connaître ?

— Dégoûtant personnage ! lançai-je à mon assistant. Espèce de sale...

— Ça va ! interrompit-il en engloutissant sa dernière crevette. (Il recula légèrement et reprit :) La fille est arrivée en ville il y a une heure et je viens de la déposer au bateau où elle voulait rendre visite à la femme de Savoy. Quel mal y a-t-il à ça ?

Je passai devant lui en le bousculant et rentrai à la maison, malade de dégoût. Mais j'étais toujours convaincu que Clo ne parlerait pas : j'en aurais donné ma tête à couper. Elle imaginerait peut-être un autre moyen de prendre sa revanche sur Vince, mais pas celui-là.

En arrivant chez moi je trouvai le salon rempli de cartons et de papier de soie, et Félicie en train d'essayer les vêtements et chapeaux qu'elle était allée s'acheter en ville dans l'après-midi. On aurait dit qu'elle avait pillé un magasin et — par la force de l'habitude — je faillis le lui dire.

Elle avait les yeux brillants et les joues roses d'excitation en me faisant admirer ses emplettes. Il y avait une très jolie robe en tissu imprimé à grosses fleurs, et une robe jaune à jupe plissée. Félicie avait changé de coiffure aussi : ses cheveux étaient plus courts, et bouclés autour de son visage. Elle s'était acheté des chaussures et de la lingerie avec beaucoup de dentelle. Je restais à la regarder d'un air ahuri, tandis que je devenais tout rouge et me sentais repris de nausée. Je me rappelais le temps où j'aurais tant souhaité qu'elle fît quelque chose comme cela : s'arranger un peu, me donner l'impression que la vie valait la peine d'être vécue — que sais-je encore !

Seulement, voilà : maintenant, c'était trop tard ! Elle était jolie comme un cœur, mais sa beauté ne m'émut pas. Pas du tout. Et elle le comprit : les femmes sentent ces choses-là.

Je la vis pâlir tandis qu'elle repliait les robes et les enveloppait dans le papier de soie, sans me regarder. « Quelle sotte !... » l'entendis-je murmurer pour elle-même en allant ranger les cartons sur une planche du placard.

— Tu ne veux pas mettre une de ces robes ? demandai-je d'un ton bourru. Chérie...

Mais elle me claqua la porte au visage et bientôt j'entendis le grincement des ressorts du lit, le bruit étouffé de ses sanglots. Mais je ne cherchai même pas à la consoler : je savais bien que je ne ferais qu'envenimer les choses. J'allai prendre dans la cuisine une bouteille de whisky que nous gardions pour nos invités et m'en versai un verre en me traitant de tous les noms.

La nuit fut longue. Je la passai dehors, sur le balcon, à fumer et boire, le cerveau alourdi par l'alcool et par le dégoût que j'éprouvais envers moi-même et envers Dubois, me demandant ce qui s'était passé sur le chaland entre Clo et cette autre femme, l'amie de Vince. Je n'aurais pas été surpris d'apprendre que Clo l'avait tuée. Et cela même me semblait moins affreux que de me représenter Clo devenue le centre des commérages du pays, blessée dans son orgueil, menant une vie misérable... Mais la nuit s'écoula sans incident et je vidai la bouteille de whisky.

Le lendemain, j'appris que Dubois avait ramassé l'ex-amie de Savoy, en larmes mais ayant encore sa tête sur ses épaules, au moment où Clo la chassait de son bateau. A la réflexion, elle souhaitait avoir la protection de la police. Elle ne dit pas si c'était de Vince ou de Clo qu'elle avait peur, mais parut soulagée de se trouver sous les verrous. Sa présence égaya pendant quelques jours la vieille prison ; et puis nous n'y pensâmes plus...

Le plus important hold-up de banque que notre État eût jamais enregistré venait de se produire, juste sous nos yeux, rapportant à ses auteurs près de deux cent mille dollars. Comme d'habitude, il n'y avait pas le moindre indice permettant d'établir un rapport entre ce cambriolage et Vince Savoy.

Deux caissières — deux femmes — avaient été tuées, ainsi que le président de la banque, âgé de soixante et onze ans, et son petit-fils de neuf ans qui était en train de faire une partie d'échecs avec lui dans son bureau particulier. Tous les quatre avaient été précipités par la fenêtre. Un véritable massacre.

Ceux d'entre nous qui n'étaient pas occupés ailleurs furent mis sur l'affaire, et bientôt le F.B.I. vint à la rescousse avec, à sa suite, la presse, la radio et la télévision.

L'ex-amie de Savoy fut cuisinée de nouveau, mais ce fut un fiasco complet et nous la laissâmes partir, molle comme une chiffe, gémissant qu'elle avait besoin de la protection de la police.

Puis ce fut de nouveau le tour de Clo. Nous n'avions toujours aucune preuve contre elle — pas plus que contre Vince — mais, priée de se présenter à la police pour un petit entretien, elle se rendit à cette invitation.

C'était toujours la même histoire : elle n'avait rien à nous dire. Mais, en la voyant ressortir après cet entretien, je me dis qu'elle devait pourtant savoir pas mal de choses : l'horreur et le désespoir se lisaient sur son visage et le regard de ses grands yeux bruns était celui d'une femme qui a connu l'enfer.

Elle passa devant moi sans un mot.

Je pouvais me tromper, bien sûr. Peut-être ce désespoir était-il provoqué par les vilaines histoires que cette femme avait pu lui raconter au sujet de Vince. Peut-être l'affaire du hold-up était-elle pour Clo une surprise aussi grande que pour la banque elle-même. Mais un instinct me poussa à la suivre.

La rue était ombragée par de grands arbres et, lorsqu'elle passait d'une ombre à la suivante, on aurait pu croire qu'elle rentrait sous terre. Je marchai plus vite pour la rattraper.

— Qu'est-ce que tu veux, Mike ? demanda-t-elle sans même tourner la tête.

— Avant tout, je veux que tu saches que je n'ai rien à voir dans cette sale histoire.

Elle fit un mouvement pour dégager son bras de ma main, mais j'eus le temps de sentir qu'elle avait froid.

— Cette histoire de femme ? répondit-elle. Oui, Mike, je le sais.

Soudain, elle se mit à courir. Je n'ai jamais connu une femme qui puisse se déplacer aussi vite. Lorsqu'elle n'était encore qu'une petite fille maigrichonne, elle marchait déjà ainsi à grandes enjambées à travers le marais, comme un héron. De quel côté se dirigeait-elle à présent ?

Au moment où je me posais cette question, le

vieux tacot de Dubois s'arrêta à côté de moi et j'y grimpai.

— Tu veux lui courir après ? me demanda Dubois d'un air important.

— Je ne te conseille pas d'essayer ! répondis-je. Ramène-moi à la maison.

Je sentais au fond de moi-même que Vince Savoy était l'homme que nous cherchions ; mais le silence le plus complet enveloppait son organisation. Je ne cessais de me répéter qu'il reviendrait, qu'il se présenterait à la police pour répondre à l'interrogatoire de pure forme en vue duquel il avait été convoqué. Étant lui-même un ancien policier, il connaissait la chanson et savait bien qu'il avait tout intérêt à se présenter de son plein gré. Mais il ne parut pas.

Cependant, l'opinion publique s'agitait autour du meurtre du jeune garçon. Elle souhaitait voir la police prendre rapidement des mesures, quelles qu'elles fussent.

Je sentais l'orage se préparer. Mais on a beau l'attendre, le voir venir, on ne connaît sa violence qu'au moment où il éclate — et peut-être, alors, est-il déjà trop tard. Telle était la situation le soir même où je reçus un appel téléphonique de Roux City.

Le vent soufflait en rafales au-dessus du golfe du Mexique, agitant violemment les eaux généralement calmes des marais, mais sans parvenir à rafraîchir l'atmosphère étouffante.

Félicie avait préparé un très agréable repas froid accompagné d'un bon café. Nous nous étions à peine assis à table quand le téléphone sonna. « J'y vais... » dit Félicie. Mais, dès qu'elle eut pris l'appareil, elle me lança d'un ton glacé : « C'est Clo, Mike. »

C'était bien Clo, en effet. D'une voix bizarrement étouffée elle murmura :

— Mike, je suis rentrée à la maison, à Roux City.

— C'est très bien, répondis-je ironiquement. C'est parfait ! Et je suis le premier à l'apprendre ?

— Non... ce n'est pas du tout ce que tu penses. (Elle semblait sur le point de pleurer.) Je suis revenue simplement pour prendre mes affaires. Il n'y a personne ici, que moi. Il faut que je te voie, Mike... Ce soir... Maintenant ! Je t'en prie... *je t'en prie !*

— Bon, j'arrive.

Je raccrochai et me tournai pour voir Félicie tout près de moi, me regardant avec des yeux où se lisaient à la fois le chagrin et la crainte.

— Tu ne vas pas y aller ? me demanda-t-elle. Quel droit a-t-elle de t'appeler ainsi ? N'y va pas, Mike !

— Ça fait partie de mon travail, répondis-je avec brusquerie. Tu le sais.

— *Clo ?* Clo fait partie de ton travail ?

— Mais oui ! tu sais bien que tu as épousé un policier ! lui rappelai-je.

Félicie me cria quelque chose que je n'entendis pas, au moment où je descendais rapidement les marches du perron pour me rendre au siège de la police. Là, je pris une motocyclette et, moins d'une heure plus tard, j'entrais dans Roux City pour recevoir les dernières gouttes d'une pluie violente qui avait inondé les rues.

Je trouvai facilement dans mon agenda l'adresse des Savoy, car je l'avais entourée d'un cercle rouge le jour où j'avais été désigné pour m'occuper de cette affaire. L'encre se dilua sous la pluie, laissant une tache rouge sur la page et sur mes doigts.

La maison se détachait des masures qui l'entouraient, comme un diamant au milieu d'un tas de ferraille ; trop voyante pour mon goût mais, après tout, ce n'était pas la mienne ! J'allai ranger ma moto derrière des buissons, puis je sonnai à la porte d'entrée.

J'éprouvai alors une surprise désagréable quand, ayant porté machinalement la main à ma ceinture, je constatai que mon revolver n'était pas à sa place habituelle. C'était sans doute cela que Félicie m'avait crié. Une fois de plus, j'avais oublié mon arme : quel mauvais policier je faisais, décidément !

La porte s'ouvrit et Clo m'accueillit en disant :

— Tu es venu vite, Mike !

— C'était ce que tu voulais, n'est-ce pas ? répondis-je en jetant un coup d'œil autour de moi.

La maison était luxueusement décorée et je n'avais jamais vu d'aussi beau mobilier, sinon sur les catalogues ; il y avait d'épais tapis aux couleurs vives, de belles draperies...

— Fichtre, quel chic ! murmurai-je avec un sifflement admiratif.

Elle approuva de la tête.

— Vince aime la grande vie. Moi aussi, je l'aimais quand je croyais encore qu'il gagnait honnêtement la nôtre.

— Allons donc ! m'écriai-je. Tu ne vas pas me raconter que tu croyais qu'il avait trouvé un gisement de pétrole !

Je la détaillais du regard en me disant qu'elle ressemblait à ces stars de cinéma qui n'ont jamais l'air de se soucier des contingences extérieures. Elle portait une robe noire sans manches, très simple, et elle n'était pas maquillée. Ses cheveux, tirés en arrière, dégageaient son visage, d'une extrême pâleur. Elle avait les yeux à demi fermés et ses lèvres serrées formaient une ligne étroite. Elle n'avait rien de commun avec la jeune femme que j'avais vue sur le bateau, les cheveux flottant au vent : elle était devenue une étrangère.

— Tu boiras bien un verre ? me demanda-t-elle. C'est toujours du whisky pour toi, n'est-ce pas ?

— Oui, merci, répondis-je en prenant le verre qu'elle me tendait. Pourquoi voulais-tu me voir ?

Elle se pelotonna sur le divan, les jambes repliées sous elle.

— Assieds-toi, Mike... Non, ici, à côté de moi... Voilà, c'est mieux.

Elle se tut un instant, comme pour ménager ses effets, puis reprit :

— Voilà l'occasion de ta vie, Mike : je vais te dire ce que je sais.

— Ce n'est pas vrai, répondis-je brutalement. Tu veux me faire marcher.

— Non, dit-elle en secouant lentement la tête. Tu n'as encore aucune preuve contre Vince, je le sais ; mais tu en auras quand je t'aurai raconté ce que je sais.

Je la regardai fixement. Elle ne semblait éprouver aucune honte, aucune émotion ; simplement une sorte de souffrance muette.

— Pourquoi moucharderais-tu maintenant, alors que tu n'as rien voulu dire quand la police t'a interrogée ? lui demandai-je. Je ne comprends pas.

Elle avait noué les mains sur ses genoux et les serrait très fort au point de se faire mal. Détournant un instant son regard du mien, elle répondit :

— Ce gosse... ce petit garçon, à la banque... Vince n'aurait jamais dû faire une chose pareille.

C'était donc cela ? Mais pouvais-je en être certain ?

— Qui te dit que c'était lui ? rétorquai-je avec circonspection.

— Il a mis au point ce hold-up. Il a travaillé

dessus pendant des mois. Je croyais que ce n'était qu'un projet en l'air, comme il en avait toujours...

Elle s'interrompit. Dans ses yeux reparut la lueur que j'y avais déjà vue au moment où elle quittait le siège de la police, après l'interrogatoire : elle avait le regard de quelqu'un qui revient de l'enfer.

— C'est vraiment le meurtre de l'enfant qui te tracasse ? insistai-je encore. (Ce n'était pas une question bien agréable à poser, mais je devais absolument savoir à quoi m'en tenir.) Tu es sûre que c'est cette histoire de la banque ? Ne serait-ce pas plutôt à cause de la fille avec laquelle il a eu une liaison ?

— Je... je ne sais pas ce que tu veux dire, balbutia-t-elle très bas.

— Je crois que si, pourtant. Le soir où je suis allé te voir sur ton bateau, tu m'as dit que tu tuerais Vince s'il te trompait. Et c'est ce que tu es en train de faire. Mais tu sais ce qu'il te fera, lui, si tu le mouchardes ?

— Pourquoi est-ce que je me gênerais ? s'écria-t-elle. Il a tué tous les sentiments que j'éprouvais pour lui. Et tu voudrais que je ne le dénonce pas !

— Allons, calme-toi, dis-je en mettant ma grosse patte sur ses doigts serrés pour essayer de les réchauffer, car ils étaient glacés. Il n'est pas nécessaire que tu le dénonces. Un de ces jours nous le pincerons au moment où il cherchera à écouler des dollars d'argent, et ce sera sa fin. Nous ne pouvons pas le rater.

— Mais si ! cria-t-elle avec emportement. Pendant que vous jouez aux gendarmes et aux voleurs, il va faire quelque chose de pire encore que ce qu'il a déjà fait !

— C'est bon, c'est bon, calme-toi, dis-je d'un ton apaisant.

Elle resta assise, immobile, pendant un long moment, le regard fixe. Une rage folle montait en moi tandis que je pensais : c'est toujours Vince qu'elle aime... Vince... Vince...

Quand Clo reprit la parole, j'eus du mal tout d'abord à suivre ce qu'elle disait, tant la colère m'étouffait :

— ... Je crois que tu as raison, Mike. Je ne peux pas faire ça... Je le croyais quand je t'ai téléphoné... Mais je suis tout de même contente que tu sois venu : je voulais te revoir encore une fois.

Elle se renversa contre les coussins du canapé et me regarda intensément, de ses grands yeux sombres, tandis que la pâleur de son visage semblait s'atténuer un peu. Il y avait une sorte de douceur en elle, à présent. Peut-être était-ce le souvenir du temps passé ; je ne sais pas, mais j'en fus profondément bouleversé. Quand elle me tendit ses deux mains, je crus, le temps d'un éclair, que mon rêve se réalisait, qu'elle ressentait à mon égard ce que je ressentais pour elle, et cela pour le reste de nos deux vies.

Ses mains étaient encore froides et tremblantes quand je les pris, mais elles ne le restèrent pas longtemps. Clo se jeta dans mes bras avec un sanglot, comme une enfant exténuée qui rentre à la maison ; je me sentis gagner par sa douceur et sa chaleur. Personne au monde, pas même moi si je l'avais voulu, n'aurait pu me retenir en cet instant...

Ce qui se passa cette nuit-là entre nous, dans la maison au luxe voyant des Savoy, fut vraiment la réalisation de mon vieux rêve d'autrefois. Nous ne restâmes pas longtemps au salon : je soulevai Clo dans mes bras pour l'emporter dans la grande chambre voisine. Un moment, dans la pénombre, quand elle détourna son regard du mien, je me demandai si elle pensait à Vince. Mais il était trop tard.

Clo ne tarda pas à s'endormir. Elle resta pelotonnée sur le grand lit comme une petite fille, une main sous sa joue et sa longue chevelure sombre étalée sur l'oreiller. Je ne me souvenais pas de l'avoir vue pleurer, et pourtant il y avait des larmes sur ses joues.

Je la recouvris avec le dessus-de-lit en soie avant d'entrer dans la salle de bains, dont je laissai la porte entrouverte.

J'entendis Vince mettre la clef dans la serrure et claquer la porte derrière lui. Aussi étrange que cela puisse paraître à un pareil moment, ma première pensée fut qu'il allait vite en besogne, et revenait déjà pour poser des questions.

Il entra directement dans la chambre en faisant tinter ses clefs dans sa poche. Puis il vit Clo et s'arrêta court.

Il me parut évident alors que la dernière chose à laquelle il s'attendît était de la trouver là. Tout d'abord il parut surpris et heureux, puis son visage s'assombrit. C'est difficile à exprimer, mais je dois dire que le lit n'était pas dans l'état où il aurait dû être si Clo s'y était trouvée seule. Vince le comprit.

Sa main droite se glissa dans la poche où se trouvait son revolver, juste au moment où j'ouvrais brusquement la porte de la salle de bains pour entrer dans la chambre. Il recula d'un pas et détourna le canon de son arme en disant : « Ah c'est toi, Mike ! » Puis, avec un regard vers le lit :

— Qui était là avec elle ?

— Moi, répondis-je.

Je l'examinais attentivement et, comprenant ce qu'il avait en tête, je me jetai sur lui. Nous échangeâmes quelques coups ; mais ce n'était pas contre moi qu'il en avait. Il tenait le revolver à la main et visait — mais pas moi. Le coup partit et nous restâmes tous les deux à regarder d'un air hébété ce qu'il avait fait. Clo ne se réveilla pas...

La chambre se mit à basculer autour de moi tandis que mes tempes battaient violemment. Enfin, je réussis à dire : « A mon tour, maintenant, Vince ! Finissons-en ! »

Il se mit à rire — si on peut appeler cela rire. Le son qu'il émit était plutôt semblable à l'aboiement d'un chien qui vient de recevoir un coup de pied dans le ventre. Il était penché en avant, me regardant fixement, et je me rendis compte qu'il avait complètement perdu la tête. La lueur de démence qui brillait de temps à autre dans ses yeux clairs s'y était installée maintenant pour de bon.

— Pour toi, rien ne presse, répondit-il. J'aime autant t'en faire baver un peu auparavant.

Il se dirigea vers le lit et tira le couvre-pieds pour en recouvrir le visage fracassé de Clo. De nouveau, je me précipitai sur lui ; cette fois, son revolver tomba par terre, à mes pieds. Je le ramassai ; mais, sans doute par une sorte de réflexe, tout désir de combat semblait avoir abandonné Vince. Il secoua violemment la tête, comme s'il avait eu besoin de cela pour se clarifier les idées.

— Mon vieux, me dit-il, je n'aimerais pas être dans ta peau... Ah non, alors ! Il va falloir que tu continues à vivre, peut-être encore longtemps.

Je lui fis signe de passer dans la pièce à côté et j'appelai la police.

Quand je reposai le récepteur, Vince me demanda une cigarette que je lui tendis. J'en pris une aussi et il tira de sa poche un élégant briquet pour nous donner du feu. Nous restâmes assis à fumer en silence jusqu'au moment où retentit le cri rauque des sirènes de police.

Plus tard, lorsqu'il fut écroué, j'allai lui demander s'il avait besoin de quelque chose ; mais il me répondit avec un juron :

— Non. Plus maintenant !

— Tu pourras présenter une défense, lui dis-je. Invoquer le droit coutumier, le crime passionnel... Je ne te contredirai pas.

Il eut un sourire condescendant pour répondre :

— Merci quand même, Mike. Dis bonjour à Félicie de ma part.

Puis il me tourna le dos. Mais, au moment où je quittais sa cellule, il fit volte-face pour me crier, en grinçant des dents :

— Ne va pas te mettre dans l'idée que Clo était amoureuse de toi ! Il y avait une autre fille dans ma vie, et elle l'a découvert. C'est par dépit qu'elle a fait ça. Tu m'entends ? *Par dépit !*

— Bien sûr, répliquai-je.

Si cela pouvait le consoler de se le dire, tant mieux. Pour ma part, je n'en étais pas totalement convaincu.

Lors du procès, Vince n'ouvrit pas la bouche. Il ne voulut rien dire de l'organisation dont il faisait partie. Mais la vérité éclatera un jour ou l'autre. Sans lui, l'organisation va se dissoudre et, ce jour-là, quelques citoyens en vue vont se retrouver en taule avec les bandits... C'est simplement une question de temps.

Vince ne voulut pas se défendre non plus contre l'accusation de meurtre. Il déclara qu'il avait tué Clo, voilà tout, sans vouloir expliquer pourquoi. Il n'était pas homme à reconnaître publiquement que sa femme l'avait trompé : il me laissait ce soin.

Toute l'histoire fut consignée dans mon rapport

officiel. Comment, en tant que policier, aurais-je pu agir autrement ?

Mes collègues me cuisinèrent pendant trois jours, espérant contre tout espoir qu'une terrible erreur avait été commise. Mais, quand ce fut terminé, je restai aux yeux de tous le policier habile qui avait réussi à arrêter Vince Savoy sur une accusation valable. Il fut simplement prévu qu'une mesure disciplinaire « à déterminer par la suite » serait prise contre moi.

Mon principal sujet de préoccupation était Félicie. Elle s'était tenue à mes côtés pendant tout le procès, les lèvres serrées et les yeux secs. Et elle ne me dit jamais un mot de cette affaire. Félicie n'est pas une fille bavarde.

Avec Clo mourut mon vieux rêve, ce rêve fou qui n'avait jamais eu aucune chance de se réaliser. Il m'appartient désormais de réparer le mal que j'ai fait à ma femme, de lui prouver que je l'aime de la façon « qui compte », comme elle dit.

Jambalaya.
Traduction de Denise Hersant.

LILY BELL

par Richard Deming

La plupart des gens trouvaient Lily Bell Winston écervelée, mais quand on la connaissait aussi bien que moi, on s'apercevait que, sous cet aspect frivole, se cachait un fameux sens pratique. Évidemment, avant de se marier, elle ne se montrait pas spécialement constante dans ses affections. Pourtant, même toute jeune fille, elle savait très bien ce qu'elle pensait tirer de la vie. Elle eût aimé trouver dans le mariage à la fois l'amour et la sécurité. Réalisant qu'il lui fallait choisir, elle préféra en fin de compte la sécurité.

En un sens, je ne pouvais pas l'en blâmer car elle n'avait jamais eu, jusque-là, quelque chose à elle. Sa mère, veuve, s'occupait de la seule pension de famille de Pig Ridge County, ce qui ne constituait pas une grosse affaire si l'on considère que le village ne se composait que de trois cents habitants. Et je suppose qu'elle dut se dire qu'épouser Skeeter Hawkins ou moi pour fuir la pauvreté de sa vie ne serait que tomber d'un mal dans un autre.

Skeeter Hawkins courtisa, comme moi, Lily Bell pendant toute la durée de nos études secondaires. Bien que personne, y compris elle, je crois, ait jamais pu vraiment dire lequel de nous deux elle aimait le mieux, il était généralement admis dans tout Pig Ridge County qu'en fin de compte elle choisirait l'un ou l'autre. Le pays entier fut choqué d'apprendre, dans l'été qui suivit l'obtention de nos diplômes, qu'elle s'était décidée à épouser quelqu'un d'autre.

Elle me fit part de sa décision en premier, ce qui constituait une sorte de consolation. Cela me porta à croire que j'aurais pu battre Skeeter si un troisième larron n'était venu se mettre en travers.

Elle descendit me trouver au bateau-maison où Pa et moi habitions. Bien qu'il fît très chaud en ce jour de la mi-juillet, elle me parut aussi fraîche dans sa robe de coton rose et blanc que s'il eût fait 18° au lieu de 38 à l'ombre. Ses cheveux de soie couleur blé mûr étaient retenus en une queue de cheval par un ruban rose, ce qui lui donnait un air de petite fille alors qu'elle avait près de dix-neuf ans. Mon cœur battit à grands coups dans ma poitrine dès que je la vis avancer avec la sûreté d'un chat sur la berge escarpée de la rivière.

Je venais d'installer une ligne entre l'arrière du bateau et une bouée que Pa avait placée de ce côté-ci de l'eau. Quand j'aperçus Lily Bell sur la rive, je ramenai le youyou, l'attachai, et fus sur le pont au moment où elle atteignait la planche que nous employions comme passerelle. Je me souviens d'avoir regretté ne pas savoir qu'elle viendrait parce que je ne portais qu'un vieux short déchiré, pas même de chaussures, et que le bateau se trouvait dans son habituel état de saleté.

Elle sauta sur le pont, regarda autour d'elle et demanda brusquement :

— M. Harrow est là ?

— Non. Au village, répondis-je.

Elle hocha la tête.

— Je pensais bien qu'il traînerait à la taverne un jour comme celui-là. Je voulais te voir seul.

Tout content, je souris.

Mais mon sourire s'effaça quand je l'entendis dire :

— Je vais me marier, Pete.

— Avec Skeeter ? demandai-je d'un ton aigre.

— Avant de te dire avec qui, me répondit-elle en secouant la tête, je tiens à ce que tu saches pourquoi. Vous méritez cela, Skeeter et toi. Je vous aime tous les deux beaucoup, tu sais.

— Mais davantage encore quelqu'un d'autre, hein ? fis-je avec une touche d'amertume.

Elle secoua de nouveau la tête.

— Je n'hésiterais pas une seconde à épouser l'un ou l'autre, si vous aviez quelque avenir. Mais que pouvez-vous offrir à une femme ?

Je me sentis rougir.

— Nous venons juste de terminer nos études et n'avons que dix-neuf ans. Tu ne peux tout de même pas espérer que nous soyons déjà milliardaires.

— Vous serez certainement beaucoup moins que cela. Je sais jusqu'où va ton ambition, Pete. Tu passeras l'été à pêcher au bord de la rivière, l'hiver à chasser dans les montagnes, exactement comme ton père. Me vois-tu venir vivre sur ce bateau et élever une bande de futurs rats d'eau ?

Mes joues devinrent encore plus rouges.

— Pa s'en est toujours bien tiré. Il a gagné assez avec sa pêche et sa chasse pour me faire poursuivre mes études, pas vrai ?

Ses lèvres formèrent un sourire de pitié.

— A quoi bon une instruction qui ne te servira jamais ?

— Quelle sorte de travail comptes-tu me voir faire ? Il n'y a pas plus d'une douzaine d'emplois dans le village, et aucun n'est vacant. Si on ne possède pas de terres dans ce pays, on est obligé de chasser et pêcher.

— On peut travailler en ville.

Ce n'était pas bien de dire cela parce qu'elle savait que je ne quitterais jamais Pig Ridge County. Personne possédant un peu de bon sens ne l'aurait fait. Il n'y avait pas au monde endroit plus paisible et plus beau. Peut-être étions-nous un peu arriérés, mais nous savions comment jouir de la vie sans nous presser. Malgré son ambition, Lily Bell n'aurait jamais pensé elle-même à partir en ville. Sa sœur aînée, mariée, y habitait. Chaque fois que Lily Bell allait la voir, elle revenait en jurant qu'elle préférait mourir que de quitter Pig Ridge County pour aller vivre dans ce trou de rat.

— Viendrais-tu avec moi ? demandai-je.

— Inutile d'en discuter, dit-elle. Je ne suis pas ici pour cela. Je voulais simplement te faire part de mes plans de façon à ce qu'il ne reste rien de désagréable entre nous.

— Tu en as déjà parlé à Skeeter ?

— Non, mais je vais le faire. Ses espérances sont à peu près les mêmes que les tiennes. Il passera vingt ans à aider son père pour faire fructifier les trente arpents de terre que comporte leur ferme, puis quand son père mourra, son frère et lui hériteront de quinze arpents chacun.

Je n'allais pas discuter du cas Skeeter Hawkins.

— Qui est l'heureux élu ? demandai-je.

Elle respira longuement.

— Bill Skim.

La surprise me fit ouvrir des yeux tout ronds.

— Ce vieux crabe ? Mais il doit avoir au moins quarante ans.

— Trente-huit. Et c'est le plus riche célibataire du comté. Deux cents hectares de bonne terre, quarante vaches laitières, une grande et belle maison, cinquante mille dollars de matériel de ferme, et dix mille en banque.

— On croirait qu'il t'a fait un compte rendu de sa fortune en même temps que sa demande en mariage, dis-je d'un ton mordant.

— Exactement. Je suppose qu'il pensait devoir offrir quelque chose de solide pour contrebalancer son physique. Il est loin d'être aussi bien tourné que Skeeter et toi.

— Merci quand même, fis-je. Les épouvantails de ses champs sont encore mieux que lui.

— Ne sois pas amer, Pete. Je veux que nous nous séparions bons amis.

— Nous continuerons à nous parler, grommelai-je.

— Je veux dire de vrais amis. J'aimerais savoir que si jamais j'avais vraiment besoin de quelque chose, je pourrais encore faire appel à toi.

Elle me regardait avec un air tellement suppliant que je ne pus m'empêcher de sourire malgré ma peine.

— Tu sais très bien que j'accourrais partout où tu aurais besoin de moi, même si c'était dans dix ans, même si j'étais marié à quelqu'un d'autre, ce que je ne crois pas.

— Tu trouveras une autre fille, me dit-elle pleine d'assurance. Skeeter aussi. Au revoir, Pete.

Elle s'approcha de moi, se dressa sur la pointe

des pieds pour me planter un baiser sur la bouche, puis s'enfuit en courant.

Skeeter Hawkins et moi n'avions jamais été amis, mais notre peine commune nous rapprocha le jour du mariage de Lily Bell. Nous devions, je crois, être les seuls membres de notre ancienne classe à ne pas assister à ce mariage. Nous allâmes, chacun de notre côté, chez Juniper Joe, la seule taverne de Pig Ridge Center, et finîmes par nous enivrer ensemble.

Ce fut une erreur car, au moment où nous commencions à sympathiser l'un avec l'autre, l'heure de fermeture arriva et le whisky que nous avions bu en trop grande quantité réveilla notre antagonisme inné. Skeeter dit je ne sais quoi que je n'aimai pas — j'étais trop ivre pour m'en souvenir — et je l'invitai à sortir avec moi.

A ce moment-là tous les clients étaient rentrés chez eux, sauf nous. Dès que nous eûmes franchi en chancelant la porte de derrière, Juniper Joe referma derrière nous, de sorte qu'il n'y eut personne pour nous séparer.

De sang-froid, nous aurions pu nous tuer mutuellement. Nous avions tous les deux un mètre quatre-vingt-huit, et pesions environ quatre-vingt-dix kilos. Mais nous étions trop soûls pour nous faire beaucoup de mal. Nous nous battions en trébuchant et en tombant parfois, emportés par notre propre élan. Nous déchirâmes tous les deux nos vêtements et écorchâmes nos genoux. Mais je ne me souviens pas que l'un ou l'autre ait pu envoyer ce qui s'appelle un coup.

A la fin Skeeter eut mal au cœur, et je dus lui tenir la tête. Après quoi nous nous serrâmes la main, chacun assurant l'autre qu'il s'était bien battu.

L'incident ne fit pas de nous deux amis, en dépit

de notre poignée de main finale. Dégrisés, nous ne nous détestâmes pas plus qu'avant, mais nous ne nous aimâmes pas davantage non plus. Nous en revînmes au statu quo, c'est-à-dire que nous évitâmes le plus possible de nous rencontrer.

Durant l'année qui suivit je ne vis beaucoup ni Lily Bell ni Skeeter. Je rencontrai une ou deux fois incidemment celui-ci, et, une fois, j'aperçus Lily traversant le village au volant d'une voiture neuve. Mais elle ne dut pas me voir, car elle ne me fit même pas un geste de la main. Je demeurai au bord de la rivière jusqu'à ce qu'il fît froid, puis je passai tout l'hiver dans notre cabane de trappeurs de Pig Ridge. J'allai très peu souvent au village pendant cette année-là.

Pa me tenait au courant des nouvelles, car, été ou hiver, il ne manquait jamais un samedi chez Juniper Joe. Et la taverne de celui-ci était le centre des commérages.

Selon Pa, Lily Bell menait la grande vie. Bill Skim lui avait acheté la voiture neuve que je l'avais vue conduire, plus quantité de belles robes, et elle se promenait dans tout le comté pour se faire voir. Skim qui n'avait, de sa vie, assisté à un bal, se voyait maintenant entraîné à tous par sa jeune épouse. Il était, paraît-il, aussi taciturne et austère que jamais, mais du moins se montrait-il en public. Il dansait rarement plus d'une fois, disait Pa, et ensuite il allait au bar, regardant d'un air sombre sa femme s'amuser tout le reste de la soirée. On jasait un peu sur la façon dont se comportait Lily Bell avec certains de ses danseurs, en particulier avec Skeeter Hawkins.

Une autre année s'écoula, que je passai à peu près seul avec moi-même. Je savais par Pa que Lily Bell continuait de courir le pays et d'être la reine de tous les bals. Puis, un jour d'été, il rapporta à la maison quelques nouvelles de Skeeter Hawkins.

— Le jeune Skeeter Hawkins s'est trouvé du travail, annonça-t-il.

Je haussai les sourcils et attendis.

— Jim Biggs a donné sa démission de député et le shérif a offert la place à Skeeter.

J'éprouvai une légère envie. Dans un pays essentiellement agricole comme le nôtre, être l'assistant du shérif constituait l'un des rares jobs bien payés. Et, pour un jeune de l'âge de Skeeter, il y avait là beaucoup d'avenir. Le shérif Albert Hill avait soixante ans passés, et aucun de ses quatre assistants moins de quarante. En un peu plus de quinze années ils auraient tous dépassé l'âge de la retraite et Skeeter serait ce qu'on appelle, en termes de service, *senior deputy*. Vers trente-cinq ou trente-six ans il deviendrait shérif du comté.

Si j'avais eu connaissance de cela plus tôt j'aurais sollicité le poste moi-même. Mais j'ignorais tout de cette affaire.

Vers la fin du mois d'août, un samedi après-midi, je vidais un poisson-chat quand j'entendis une voiture s'arrêter sur la route qui longeait la rivière. Je levai la tête. Lily Bell descendait de cette voiture d'un bleu étincelant, et se mettait à marcher à petits pas délicats sur la berge en direction de notre bateau. Elle portait un tailleur en tricot rose, des bas nylon, et des chaussures à hauts talons.

Comme toujours lorsqu'il faisait chaud, je n'étais vêtu, moi, que d'un short déchiré. Je jetai le poisson dans un seau et m'essuyai les mains avec un chiffon, tandis qu'elle traversait la passerelle. Je remarquai qu'elle avait un œil poché.

— Bonjour, Pete, dit-elle sans sourire. Je passais

en voiture et j'ai décidé de m'arrêter. M. Harrow est là ?

Elle savait très bien que Pa n'y était jamais le samedi. J'ignorai donc sa question.

— Qu'est-il arrivé à ton œil ?

Elle hésita tout juste une seconde.

— Je me suis cognée à quelque chose de dur.

— Un poing, peut-être.

Elle s'assit sur la rambarde, et, le visage entre les mains, se mit à pleurer. Je ne l'avais jamais vue ainsi. Je ne savais que faire. Me balançant d'un pied sur l'autre, je lui tapotais l'épaule en répétant : « Ne pleure pas, Lily Bell. Ne pleure pas. »

Elle finit par sécher ses yeux avec un minuscule mouchoir, renifla deux ou trois fois, puis demanda d'une voix désespérée :

— Que vais-je faire, Pete ?

Malgré la rage contre son mari qui bouillonnait en moi, je ne pus résister à une réflexion du genre je-te-l'avais-bien-dit.

— Ce n'est pas aussi merveilleux que tu te le figurais, hein ?

Elle me regarda d'un air de reproche.

— Je croyais que tu devais rester mon ami, Pete.

— Pardonne-moi. Je le suis toujours, dis-je. (Et j'ajoutai :) C'est la première fois ?

Elle secoua la tête.

— Peut-être la dixième. Chaque jour il devient pire que la veille. Je ne peux plus quitter la maison sans avoir une scène en rentrant. Il m'accuse de toutes sortes de choses. Par exemple, il se figure que j'entretiens des relations avec Skeeter, simplement parce que j'ai dansé quelquefois avec lui.

Je restai silencieux. Elle continua :

— Je jure ne lui avoir jamais donné de raisons

d'avoir des soupçons. Je suis une femme honnête. Que vais-je faire, Pete ?

— Quitte-le.

— Et je retournerai vivre dans cette horrible maison meublée avec Ma ?

Que répondre à cela ? Allais-je lui offrir une couchette sur notre bateau-maison ? C'eût été déchoir davantage encore que d'habiter la pension de famille de sa mère.

— Tu ne peux tout de même pas le laisser continuer à te battre. Pourquoi ne le fais-tu pas arrêter ?

Elle leva sur moi des yeux effrayés.

— Tu ne le connais pas, murmura-t-elle. Il me tuerait dès qu'il sortirait de prison.

— Il ne tuera personne, déclarai-je. Attends que je mette une chemise et des chaussures. Je te reconduis ensuite chez toi. Je convaincrai ce personnage que si jamais il te touche encore une fois, je lui allonge le cou jusqu'à ce qu'il ressemble à celui d'une oie.

Elle bondit sur ses pieds.

— Non, non, Pete ! s'écria-t-elle, terrifiée, ne te mêle pas de cela.

Je levai les sourcils.

— Dans ce cas pourquoi es-tu venue ici ?

— En quête de sympathie, sans doute. Mais je vois que c'était une erreur. Promets-moi d'oublier ma visite. N'en parle à personne, et ne tente absolument rien.

— Je ne dirai ni ne ferai rien que tu ne veuilles, dis-je. Je croyais simplement que tu demandais mon aide.

— Non. Je n'aurais jamais dû venir. Oublie-le.

Et elle s'enfuit avant que j'aie pu ajouter quoi que ce soit.

Je tins parole, et je ne soufflai mot de sa visite à Pa. Une quinzaine de jours plus tard je lui demandai négligemment s'il avait vu ou entendu parler des Skim.

Il me répondit qu'il les avait rencontrés plusieurs fois et qu'ils lui paraissaient aller très bien.

— Maintenant que tu m'en parles, il me revient avoir entendu dire que Lily Bell ne courait plus le pays toute seule comme elle le faisait avant, me dit-il. On m'a raconté aussi qu'au dernier bal où ils sont allés, elle a passé une grande partie de la soirée assise sur une chaise à côté de Bill au lieu de le laisser au bar pendant qu'elle dansait. Peut-être commence-t-elle à s'assagir.

Elle semblait avoir résolu le problème en réduisant ses activités de sorte que son mari n'ait aucune raison d'éprouver des soupçons, pensai-je. Cela m'ennuyait de la savoir enfermée dans cette grande maison avec pour seule compagnie le sévère Bill Skim, mais elle l'avait voulu. J'essayai d'oublier cette affaire.

Je n'y étais pas encore vraiment arrivé quand la première neige se mit à tomber au début de novembre. J'avais alors tout le temps de penser à Lily Bell, car j'étais seul dans notre cabane de trappeur de Pig Ridge. Pa avait renoncé à chasser maintenant que j'étais assez âgé pour le faire moi-même et n'avais plus à aller en classe pendant l'hiver. Il continuait à prendre sa part de la pêche d'été parce qu'il aimait beaucoup cela, mais il disait que le froid de l'hiver lui pénétrait à présent les os.

J'étais seul depuis deux semaines quand Lily Bell me fit une visite. Notre cabane se trouvait juste au-dessous de la crête de Pig Ridge, au cœur des montagnes, à près de cinq kilomètres de la route au bout de laquelle il fallait, à pied, franchir deux collines puis grimper presque jusqu'en haut de Pig Ridge. A cette époque de l'année le seul moyen de parvenir à cette cabane était de chausser des raquettes ou des skis.

J'employais les deux. Des skis pour descendre, des raquettes pour monter. Mais Lily Bell arriva à la cabane avec seulement des raquettes, et elle dut ainsi marcher tout le long du chemin.

Elle m'attendait dans la cabane quand vers quatre heures de l'après-midi je revins de ma tournée quotidienne de surveillance des pièges. Vêtue d'une blouse et d'un pantalon de ski, elle était assise sur l'une des couchettes. Sa parka doublée de fourrure pendait au dossier d'une chaise, et ses raquettes étaient dans un coin de la pièce. Un ruban rose retenait, comme d'habitude, en une queue de cheval, ses cheveux soyeux couleur de blé mûr.

Elle avait allumé la lanterne et un feu brûlait dans le poêle à bois. Je me débarrassai du sac contenant deux castors et un renard, accrochai mon fusil au mur, enlevai ma parka.

— Ne vas-tu même pas me dire bonjour ? demanda-t-elle.

— J'essaie de revenir de ma surprise. J'ai remarqué des traces de pas menant à la porte, mais je pensais qu'il s'agissait de quelque chasseur. Bonjour.

Elle sourit timidement.

— Tu ne t'étonnes pas que je sois ici ?

J'allai me chauffer les mains près du poêle.

— Heu, heu... Pourquoi es-tu ici ?

— Je quitte Bill. Je ne peux plus le supporter.

Je la regardai avec attention. Elle ne portait ni bleus ni traces de coups.

— Il se sert toujours de toi comme punching-ball ?

Elle secoua la tête.

— Il ne m'a pas frappée depuis la dernière fois où je t'ai vu. Je ne lui en donne pas le prétexte. Je ne quitte pas la maison, et nous restons assis à nous regarder l'un l'autre. Cela me rend folle. Il faut que je m'en aille.

— Et tu le quittes tout de suite ? demandai-je. Tu ne retournes même pas chez toi ?

— Oh ! si. J'y retourne ce soir. Pour la dernière fois. Demain après-midi je prendrai le car pour aller en ville. Je resterai chez ma sœur Abagail jusqu'à ce que je décide quoi faire pour divorcer.

— Ne vas-tu pas te faire battre si tu rentres à la maison ce soir ?

— Bill n'est pas là. Il a dû aller chercher en ville une pièce de tracteur. Je ne pense pas qu'il rentre avant minuit. Je serai alors au lit.

Je me grattai le menton.

— Pourquoi es-tu montée ici me le dire ?

— Parce que j'ai besoin d'un service. Tu m'as dit, une fois, que tu accourrais quand j'aurais besoin de toi. Cela tient-il encore ?

— Bien sûr. Maintenant, dans dix ans, n'importe quand.

— Quand Bill apprendra que je le quitte, il sera furieux. J'ai peur qu'il ne me tue. Un jour que je le menaçais de le faire, il m'a dit qu'il n'hésiterait pas si jamais j'essayais. Je sais que, de toute façon, il y aura une scène terrible. Je voudrais que tu viennes me chercher demain vers midi pour me conduire au car. Il passe à deux heures.

Je fronçai les sourcils.

— N'aurait-il pas été plus simple de prendre ce car aujourd'hui pendant que ton mari est absent ?

— Tu sais bien qu'il n'y en a pas. Il n'existe que trois fois par semaine.

Je le savais en effet, mais j'avais oublié quel jour nous étions.

— Pourquoi ne pas aller chez ta sœur en voiture dès ce soir ? Il n'y a que quatre-vingt-dix kilomètres.

— Bill a pris la voiture. Je suis venue avec la camionnette. Je ne crois pas qu'elle puisse faire tous ces kilomètres. Elle tombe presque en morceaux.

— Bon, fis-je. J'irai te chercher à midi. Je descendrai au bateau aux environs de onze heures et prendrai la bagnole. Quel jour est-ce demain ?

— Samedi, répondit-elle, surprise.

— Alors Pa ne sera pas là, et je n'aurai pas à fournir d'explications. Il vaut mieux que tu redescendes maintenant, avant qu'il ne fasse nuit. Je t'accompagne jusqu'à la voiture.

— Non, dit-elle vivement. Je connais ces montagnes aussi bien que toi. Je peux partir seule.

Je lui dis que je préférais aller avec elle, mais elle insista pour que je reste, prétextant que ce serait ridicule de faire tout ce chemin aller et retour alors qu'elle était parfaitement capable de retrouver la route.

— Je suis bien arrivée ici, dit-elle. Il n'y a pratiquement qu'à descendre. Je peux facilement le faire même si le jour baisse. Il te faudrait remonter ici tout seul en pleine nuit.

Ce n'était pas la première fois que je passais un jour entier sur des raquettes. A contrecœur je l'écoutai me persuader de rester où j'étais.

Pendant que mon souper cuisait, puis, de temps à autre, quand je me mis à table, j'allai regarder par la fenêtre de la cabane pour voir Lily Bell atteindre le haut de la première colline au-delà de Pig Ridge. Il faisait alors presque nuit, mais il ne lui restait plus que douze cents mètres environ à faire et un seul sommet bas à gravir. Elle atteindrait sa voiture avant qu'il ne fît vraiment noir.

Je lavai la vaisselle, dépouillai la prise de la journée, puis me mis au lit.

Le problème n'était pas de descendre de Pig Ridge, mais plutôt de remonter. Je n'avais pas besoin de raquettes pour l'aller, mais j'en emportai cependant, attachées sur mon dos, en vue du retour.

Pig Ridge était assez haut pour que, lorsqu'on connaissait ses pentes, on pût prendre assez d'élan sur les skis pour être emporté jusqu'au sommet du premier mont, le passer, descendre et remonter jusqu'aux trois quarts du mont suivant. On était obligé de marcher avec les skis pour atteindre le sommet, puis une nouvelle pente emmenait jusqu'à la route.

A partir de là, il y avait huit kilomètres pour rejoindre l'endroit où se trouvait notre bateau-maison. Mais la neige était épaisse. Aucune voiture ne passait par là car cette route secondaire ne servait guère qu'aux chasseurs.

Le bateau étant à trois kilomètres et demi en amont de Pig Ridge Center, je n'avais pas à traverser le village. J'arrivai chez nous vers onze heures du matin. Je n'avais rencontré personne.

Pa n'était pas là, naturellement. Un samedi, il devait être chez Juniper Joe. Je rangeai mes skis, mes raquettes et mon fusil, enlevai mes vêtements de chasse, et pris un bain. Puis je passai un costume, un pardessus, et mis des galoches.

Ma Ford 1929 se trouvait garée dans une étable abandonnée au bord de la route, à quelque distance du bateau. Je ne l'avais pas sortie depuis un certain temps. Il me fallut un quart d'heure pour la faire démarrer. Il était midi moins vingt quand je pris le chemin de la ferme Skim, ce qui m'y ferait arriver à midi.

Je refis à l'envers un morceau de la route par laquelle j'étais venu, jusqu'à Howe Junction, puis tournai vers l'est, roulai pendant trois kilomètres au pied des montagnes, ensuite de nouveau vers le sud le long d'un chemin sablé d'environ quinze cents mètres qui menait à la ferme. Prendre la grand-route et traverser le village m'eût évité de faire au moins deux kilomètres et demi. Mais je préférais qu'on ne me vît pas aller à la ferme. Si j'avais réfléchi un seul instant je me serais rendu compte que, de toute façon, on risquait de m'apercevoir avec Lily Bell à l'arrêt du car. Mais je ne voyais pas, pour l'instant, aussi loin. Il me paraissait seulement plus sage, pour enlever la femme d'un autre, d'approcher subrepticement. Je ne croisai que deux voitures, conduites par des inconnus.

Deux chiens se mirent à aboyer quand j'arrivai à la grande maison et m'arrêtai près de l'entrée. Ils vinrent renifler mes galoches dès que je fus descendu de voiture, agitèrent leurs queues, puis retournèrent à l'étable d'où ils venaient, pour se mettre à l'abri du froid.

Je vis à ma montre qu'il était juste midi quand je frappai à la porte.

Une minute passa. Puis Bill Skim vint ouvrir. C'était un homme maigre, au visage étroit, avec deux yeux enfoncés et un nez crochu. Il avait d'épais cheveux d'un noir de jais aussi raides que ceux d'un Indien, et un air toujours maussade. Il portait une chemise de flanelle et un jean propre.

Le regard qu'il posa sur moi était dénué d'amabilité.

— Que voulez-vous, Harrow ?

— Lily Bell. Elle est prête ?

— Lily Bell ?

— Oui, votre femme, dis-je patiemment. Je dois la conduire au village.

Un air menaçant s'étendit sur son visage.

— Elle n'est pas ici. Elle est partie voir sa sœur.

Il commença de refermer la porte mais j'appuyai contre celle-ci mon épaule et le forçai à reculer. Il tomba en me lançant un regard furieux.

Je refermai la porte derrière moi et m'y adossai.

— Où est Lily Bell ? demandai-je.

— En ville, je vous l'ai dit. Qu'est-ce qui vous prend de forcer ainsi la porte de ma maison ?

— Quand est-elle partie ?

— Je l'ai conduite en voiture hier matin.

Je le regardai fixement. Il rougit.

— Que voulez-vous ? répéta-t-il.

— Elle n'était pas en ville hier. Je l'ai vue à quatre heures de l'après-midi.

— Vous êtes fou. Je l'ai déposée en voiture chez Abagail à onze heures. De toute façon, en quoi cela vous regarde-t-il ?

— Je vais jeter un coup d'œil dans la maison, dis-je.

— Sortez d'ici ou j'appelle le shérif, répliqua-t-il d'un air menaçant.

Je m'approchai à moins de vingt centimètres de lui, les yeux fixés sur son visage. Il avait une tête de moins que moi et près de trente kilos de moins aussi. Il recula peureusement.

— J'ai l'intention de fouiller cette maison, lui déclarai-je. Vous allez me suivre et vous taire. Si vous ne vous tenez pas tranquille, je vous attache.

A la façon dont il me regarda, je vis qu'il me prenait effectivement pour un fou.

— Je ne veux pas d'ennuis avec vous, Harrow,

dit-il en s'humectant les lèvres. Faites ce que vous voulez et allez-vous-en.

Il n'y avait aucune trace de Lily Bell au rez-de-chaussée. Je poussai Skim devant moi dans l'escalier qui menait au premier étage composé de quatre pièces et une salle de bains. Deux de ces pièces servaient de chambres à coucher, une autre de débarras, et la troisième était fermée à clef.

Quand j'eus visité les trois premières et la salle de bains sans trouver Lily Bell, je me tournai vers Skim en tendant la main.

— Donnez-moi la clef de cette pièce.

— Elle sert de lingerie à Lily Bell. Elle doit en avoir la clef, répondit-il. J'ignorais même qu'elle était fermée.

Je n'étais pas d'humeur à discuter. D'un coup d'épaule dans la porte je fis sauter la serrure.

— Eh ! cria-t-il, la voix rauque.

Puis il se tut quand, entrant derrière moi dans la pièce, il vit ce que je regardais. Au centre du tapis il y avait une énorme tache de sang coagulé. On voyait aussi une éclaboussure sur la machine à coudre et plusieurs autres plus petites sur l'un des murs.

Je sentis ma tête près d'éclater. Je regardai Skim dont la mâchoire pendait, grande ouverte. A l'expression de mon visage il recula peu à peu dans le couloir.

— Vous vous êtes coupé en vous rasant, probablement ? demandai-je faisant un pas vers lui.

Il tendit les mains devant lui pour se protéger.

— Attendez, Harrow. Vous n'avez aucune raison de...

Je le fis taire en l'empoignant par le devant de sa chemise, le secouant au point que ses dents s'entrechoquèrent. Quand je le relâchai, il tituba jusqu'au mur du fond.

— Je pense qu'il est inutile que je vous pose des questions, grondai-je. Nous allons continuer à chercher.

Je le poussai de nouveau devant moi vers l'escalier. Il descendit tout en jetant de temps à autre un regard craintif par-dessus son épaule, comme s'il craignait que je pusse me saisir de lui à tout moment.

Cette fois je procédai à une inspection plus minutieuse du rez-de-chaussée. J'avais auparavant regardé dans les endroits assez grands pour cacher une femme ou son cadavre. Je scrutai tout attentivement.

Il y avait, en dehors de la cuisine normale, une pièce qui servait à la fois de cuisine d'été et de buanderie et dans laquelle se trouvaient des baquets, une machine à laver, et un vieux fourneau démodé à bois et charbon. Je soulevai l'un des couvercles de celui-ci, et je vis, à l'intérieur, des restes de vêtements.

Je sortis une robe à moitié carbonisée. Ce qu'il en restait était couvert de sang séché.

Fouillant plus avant, je découvris plusieurs pièces de sous-vêtements féminins, également brûlés et ensanglantés, une paire de chaussures de femme, et un ruban rose littéralement trempé de sang.

Bill Skim regardait la pile de vêtements, les yeux vitreux, incapable, semblait-il, de dire un mot.

Je l'obligeai à marcher devant moi en direction du bûcher attenant à la cuisine d'été. Dans un coffre à bois à demi rempli je découvris une hache portant aussi des traces de sang et à laquelle étaient collés de longs cheveux couleur blé mûr.

Mon cerveau fonctionnait maintenant à toute

vitesse. Je dus faire un effort pour m'empêcher de saisir la hache et de l'enfoncer dans le crâne de Skim.

— Mettez une veste et des bottes, dis-je tranquillement. Nous sortons.

— Écoutez... Je ne sais pas ce que tout cela signifie...

— Si vous ouvrez encore tant soit peu la bouche, répondis-je en remuant à peine les lèvres, je vous tue. Habillez-vous.

Il ne discuta plus. Il avait si peur qu'il s'empressa d'obéir.

Je trouvai, derrière l'étable, ce que je cherchais. La neige avait été balayée sur un espace mesurant environ un mètre quatre-vingts sur quatre-vingt-dix centimètres, et l'on voyait très bien que la terre avait été fraîchement remuée, ce qui confirma mes soupçons.

Après que nous eûmes regardé l'endroit pendant un moment, je demandai d'un air sombre :

— A quelle heure êtes-vous revenu de la ville hier ?

— Quoi ? fit-il, frappé de stupeur.

— Quelle heure était-il quand vous êtes revenu de la ville hier ? lui jetai-je. Répondez, et vite.

Il recula d'un pas.

— Environ cinq heures de l'après-midi. Pourquoi ? murmura-t-il.

Ainsi il se trouvait chez lui quand Lily Bell était venue me voir. Je me demandai si elle avait commis l'erreur de lui dire où elle avait été et qu'elle voulait le quitter aujourd'hui.

Les raisons du drame n'importaient pas réellement. Je ne voyais qu'une chose : Lily Bell était morte. Dans mon crâne les battements devinrent intolérables. Je ne me souviens même pas d'avoir tendu les mains vers la gorge de Skim. Mais quand, finalement, je le lâchai, il ne se débattait plus.

Je le laissai étendu à côté de la tombe et retournai à ma voiture. Les chiens aboyèrent de nouveau quand je mis le moteur en marche. Ils me suivirent jusqu'à la route, puis retournèrent à l'étable en agitant la queue.

Je pris le même chemin qu'à l'aller. Inconsciemment, car mon esprit était vide. Ce fut plutôt par instinct que j'évitai de traverser le village où une douzaine de personnes m'eussent certainement vu.

J'étais de retour au bateau avant d'avoir compris que je venais de commettre un crime. Puis il me vint à l'esprit que personne ne me savait ici.

Je garai la voiture dans l'étable abandonnée, remis mes vêtements de chasse et rangeai les autres. Je fixai mes skis sur mon dos, pris mon fusil d'une main et mes raquettes de l'autre, puis regardai autour de moi pour être sûr que je ne laissais aucune trace de mon passage. Je n'en vis aucune.

Une fois dehors, je mis mes raquettes. Je n'avais pas l'intention d'emprunter la route, préférant suivre le bord de la rivière, où je serais hors de vue. Au-delà de Howe Junction je la traversai, puis coupai à travers champs pour atteindre le pied des montagnes.

Il commençait à faire nuit quand j'atteignis la cabane. Je n'avais rencontré personne sur mon chemin.

Il neigea toute la nuit. Même la trace de mes pas se trouva donc effacée.

Je restai au sommet de Pig Ridge deux semaines entières. Puis j'empaquetai mes fourrures et les descendis, les premiers jours de décembre. J'arrivai au bateau un vendredi après-midi. Pa était là, seul.

Il se passa un certain temps avant que nous

puissions engager une conversation. Pa voulut d'abord examiner toutes les peaux et calculer ce qu'elles nous rapporteraient. Puis je fis ma toilette et changeai de vêtements. En fin de compte nous nous retrouvâmes pour prendre une tasse de café dans la cuisine.

— Quelles nouvelles depuis mon départ pour Pig Ridge ? demandai-je.

— Eh bien, Bill Skim a été tué par quelque vagabond. Étranglé. Skeeter Hawkins est chargé de l'affaire, mais il n'a pas encore retrouvé l'assassin.

— Oh ? fis-je.

Et j'attendis que Pa me parlât de la découverte du meurtre de Lily Bell.

— Lily Bell se trouvait chez sa sœur Abagail, continua Pa. Bill était mort depuis deux jours quand, en revenant chez elle, elle l'a découvert. Les animaux de la ferme étaient dans un triste état. Pas nourris depuis quarante-huit heures, les vaches pas traites. Tu crois que leurs beuglements auraient attiré l'attention de quelqu'un ? Mais non. Personne ne les a entendues.

Je me sentis pris de vertige. Juste à temps je me retins de crier : « Lily Bell est encore vivante ? »

Je me brûlai la gorge en buvant mon café trop chaud et me levai. Quand Pa me vit mettre mes galoches, il demanda :

— Où vas-tu ?

— Je sors, répondis-je seulement.

Tout le long du chemin qui menait à la ferme Skim, mon esprit travailla. Et, quand j'arrivai, je savais parfaitement ce qu'il en était. Je ne fus donc pas surpris de voir Skeeter Hawkins ouvrir la porte, très élégant dans son uniforme d'assistant du shérif.

— Entre, dit-il cordialement. Nous savions que nous finirions par te voir.

Lily Bell, assise dans la pièce de devant, tenait une tasse de thé. Il y en avait une autre sur la table basse devant le canapé.

— Bonjour, Pete, dit-elle en souriant. Skeeter vient juste d'arriver aussi. Une tasse de thé ?

— Non, merci, répondis-je poliment. Je voulais seulement me rendre compte que tu n'étais pas morte.

— Pourquoi pensais-tu cela ? demanda-t-elle en fronçant les sourcils.

— Ne te moque pas de moi, Lily Bell. Tu m'as pris pour un imbécile. Inutile d'insister.

— Que veux-tu dire ?

— Ce vendredi où tu es montée à la cabane, Bill t'avait conduite en voiture chez ta sœur en ville. Tu as dû donner une clef à Skeeter pour qu'il puisse entrer dans la maison et y préparer la mise en scène pendant que ton mari et toi étiez absents. Du beau travail, vraiment. Les pièces à conviction se trouvaient juste assez cachées pour être convaincantes, et pas trop afin que je puisse les trouver facilement. Les cheveux collés sur la hache sont ce que je préfère. Ils t'appartenaient sûrement, mais il n'en est pas de même pour le sang. D'où venait-il ? D'un poulet ?

— De quoi peut-il bien parler, chérie ? fit Skeeter.

— La ferme ! coupai-je. Skeeter est allé en ville après en avoir terminé avec ces préparatifs, et il t'a conduite en voiture jusqu'au pied de la montagne. Si tu refusais ma compagnie pour redescendre sur la route, ce n'était pas parce que cela pouvait me gêner, mais bien parce que tu ne tenais pas à ce que je sache que, en réalité, tu n'étais pas venue avec la camionnette. Skeeter t'attendait dans sa voiture. Il t'a reconduite chez ta sœur, et personne ne pouvait prouver que tu avais pu un seul instant quitter la ville. Dans l'après-midi du lendemain, Skeeter est venu ici après mon départ pour effacer toute trace de ton « meurtre ». Puis après avoir attendu deux jours pour assurer ton alibi, tu es rentrée ici, et tu as découvert Bill mort. T'a-t-il jamais vraiment battue ?

Elle me sourit.

— Pas vraiment. Il n'était pas violent. Seulement sombre. J'avais moi-même noirci mon œil.

— Bill a été étranglé par un inconnu, Pete, dit Skeeter. Tu n'insinues pas qu'il ait pu y avoir quelque chose d'autre, n'est-ce pas ?

Je le regardai un instant fixement, puis je me détournai et quittai la maison.

Skeeter et Lily Bell se marièrent six mois après les obsèques de Bill Skim. Lui donna sa démission de député pour s'occuper de la ferme. Lily Bell a maintenant tout ce qu'elle désirait : la sécurité et un homme qu'elle peut aimer.

Ce que j'ai le plus de mal à digérer, c'est qu'elle et lui ne pouvaient savoir d'avance que je descendrais à la ferme et remonterais dans la montagne sans rencontrer âme qui vive. Ils devaient s'attendre à ce que je me fasse prendre, et pendre. Skeeter a été assez bon pour ne rien dire quand, en fin de compte, personne ne me soupçonna. Mais, en réalité, ce n'était pas de la bonté de sa part. Cela aurait tout simplement compliqué les choses pour lui et Lily Bell si jamais je m'étais avisé de raconter mon histoire. Et je ne peux vraiment pas le faire sans me passer moi-même la corde au cou.

Lily Bell.

Traduction de Simone Millot-Jacquin.

LA BALLE AU BOND

par Ed Lacy

Je m'arrêtai pour retirer ma permission ; le docteur Parker me fit un large sourire, puis il me dit :

— Alors, c'est le grand jour ! Nerveux, Jimmy ?

— Un peu, monsieur... Don. Je veux dire que j'arrive à me contrôler parfaitement.

Il n'aimait pas que je l'appelle « monsieur », nous étions censés être copains.

— Bien, bien. Continue comme ça ; n'oublie jamais que tu dois toujours garder ton sang-froid.

— Oui, fis-je en opinant de la tête, mais... Don, dois-je aller directement « à la maison », dans *sa* maison ?

— Je ne comprends pas, Jimmy, me répondit-il en perdant son sourire de commande.

— C'est que c'est mon premier week-end de liberté et nous savons tous les deux qu'elle va être aux petits soins pour moi, qu'elle va me traiter comme un mort-vivant. Écoutez... Don. Je comprends très bien, je m'y attends : je sors d'un hôpital psychiatrique et les gens vont me regarder bizarrement, parce que, comme vous dites, ils sont eux-mêmes prisonniers de leurs idées confuses sur la santé mentale. Voilà ce que je pense faire : arriver en ville avant midi, aller au cinéma ou me balader tout simplement, puis... aller dîner avec maman.

Le docteur Parker me donna une tape sur l'épaule :

— Certainement, Jimmy, mon garçon. Je tiens à te voir sortir. Réfléchis : si je n'avais pas considéré que tu étais prêt à affronter le monde extérieur, je n'aurais pas proposé cette permission pour le week-end. Alors, comme nous connaissons tous deux les réactions autoritaires de ta mère, bien mieux qu'elle ne les connaît elle-même, c'est à *toi* de te rendre compte que tu ne *dois pas* passer le week-end entier avec elle. Ce serait nocif pour l'un comme pour l'autre. Voilà une bonne épreuve pour toi : réussir à éviter qu'elle t'entraîne dans une discussion.

— Elle va essayer, c'est sûr.

— Évidemment. Elle va s'y efforcer à la seconde même où elle t'apercevra. Ne perds pas ton sang-froid, reste patient : garde à l'esprit que tu es en présence d'une femme d'un certain âge qui t'aime trop et qui, par erreur, a construit toute sa vie en fonction de toi. Oriente la conversation sur les événements du monde, sur les derniers livres parus, sur les potins du cinéma... Tu as bien lu les journaux, tous les journaux ?

— Oh oui, Don !

Je n'avais même pas jeté un coup d'œil aux journaux dans ma chambre, mais je ne voulais pas contrarier le docteur en le lui disant ; je craignais aussi qu'il me retire ma permission.

— Bien. Cet après-midi, va au cinéma, puis dîne et regarde la télé avec ta mère. Samedi matin, va rendre visite à tes anciens copains... fais une balade avec une fille... Tout ça sans ta mère. Ensuite, tu dîneras avec elle ; tu pourras même l'emmener au spectacle ou au concert. Dimanche, tu prendras un solide petit déjeuner, tu embrasseras bien ta mère en lui disant au revoir ; ensuite, tu feras ce que tu as envie de faire, avant de rentrer ici à six heures du soir. Jimmy, tu es le seul à connaître entièrement ta situation, donc c'est à *toi* de la dominer.

— Compris, Don.

Il tapota une nouvelle fois mon épaule.

— Alors, amuse-toi bien. Mais pas d'alcool.

Je hochai la tête affirmativement. L'alcool ne m'a jamais rien dit.

— Ce qu'il faut, c'est ne jamais perdre ton sang-froid.

Les deux heures en train se passèrent très bien, mais la ville, d'une certaine manière, m'effraya. La foule, une sorte de tension dans l'air, tout m'enserrait comme dans une camisole de force. Allez, tout doux, me dis-je. Souviens-toi, tu es comme un plouc : tu n'as plus eu de contact... ni avec la ville, ni avec les gens, ni même avec la réalité, depuis presque treize mois maintenant. Vas-y mollo, mollo.

Errer sans but au milieu de gens qui paraissaient n'avoir pas une seconde à perdre me rendait nerveux. Je n'avais pas envie de rentrer « à la maison » chez maman, ni de téléphoner à un de mes amis, de peur de sentir le doute dans sa voix lorsqu'il me répondrait en se demandant si j'étais « dangereux » ou non.

Passant devant un cinéma, j'y entrai. Tout d'abord, l'obscurité me donna un sentiment de sécurité réconfortant ; mais le film était d'une telle stupidité que je retrouvai mes vieilles angoisses, comme si j'étais sujet à des hallucinations.

Quittant la salle, j'eus faim et me fis servir, à un

stand, un sandwich accompagné d'un jus d'orange. Le serveur discutait avec un homme de couleur :

— Quelle journée ! Chaude... comme il les aime ! Peut-être qu'il va réussir. Mon vieux, si seulement je pouvais lâcher le boulot aujourd'hui !

— Et moi alors ! répondit l'homme de couleur en mordant dans son hot dog. Ça va être du base-ball d'enfer, pour sûr !

— Excusez-moi, dis-je... Euh... Il y a un match de base-ball aujourd'hui ?

Tous deux se retournèrent, me regardant fixement. Je sentis la colère commencer à me faire bouillir. Alors que j'étais sur le point de leur demander pour quelle raison ils me fixaient ainsi, le serveur rit soudain, d'un bon rire chaleureux et rassurant.

— Hé, mon vieux, d'où vous sortez ? *Il y a un match de base-ball aujourd'hui ?* Mais c'est LE match du siècle ! La dernière chance pour Rocky Burns de pulvériser le record du *home-run*[1]. Ouais mon vieux, le dernier match de la saison et il va décrocher la palme !

— Euh... j'étais... je n'étais pas ici. Ils jouent au Stadium ?

— Et comment ! Ça va commencer dans même pas une heure, dit le Noir d'une voix distincte, malgré sa bouche pleine.

Je pris le tramway pour le stade, le métro étant trop bondé. Au début, au stade, ce fut terrible : le mugissement continu et inquiétant de milliers de fans hurlant et poussant des vivats me rendait fou. Assis au-dessous de la tribune d'honneur, je me levai pour gagner une section voisine où il n'y avait

1. Tour complet du circuit réussi par le batteur qui a envoyé la balle hors de portée des adversaires. (*N.d.T.*)

personne. Je ne voyais pas très bien le *home plate*[1], mais c'était une place au soleil et je n'avais plus le sentiment d'être prisonnier de la foule. J'étais venu au Stadium plus d'une fois auparavant et ça me faisait du bien de regarder les gens, les filles ; même si le bruit m'agressait les oreilles. Mon Dieu, à chaque fois que ce Burns prenait la batte, ils se mettaient tous à hurler comme... oui, comme des fous. Pire que certains de ceux qui sont enfermés dans le pavillon 32... et pourtant ils étaient en liberté.

J'avais une vue parfaite de Burns quand il était dans le champ[2], il me semblait nerveux et tendu. Pourquoi un joueur de base-ball se tracassait-il tellement pour le dernier match de la saison ? Lors de la cinquième manche, il reprit la batte et, bien que ne pouvant pas le voir, je sentis une brusque tension dans l'air. J'entendis le claquement sec de la batte... et le rugissement animal, à vous déchirer les oreilles, de vingt-cinq mille personnes. La balle frappa le toit de la tribune d'honneur, rebondit dans les rangées du bas et vint rouler à mes pieds. Je la ramassai. Enfant, il m'était déjà arrivé de ramasser une balle au Stadium et... Je me rendis compte du silence soudain et étouffant autour de moi. Tous étaient debout et regardaient dans ma direction. Puis, des milliers de gens pointèrent le doigt vers moi en hurlant : « *Il a la balle ! Il a attrapé la balle !* » Je pris peur. Naturellement que j'avais la balle, et après ? Mon Dieu, des hommes, des vieux, des jeunes, escaladaient les sièges pour venir vers moi, vociférant comme des fous furieux. Je vis même les flics du Stadium accourir dans ma direction. J'avais

1. Base de départ et d'arrivée des batteurs. *(N.d.T.)*
2. Partie du terrain entourant le carré central. *(N.d.T.)*

envie de hurler : « Je n'ai rien fait de mal... Vous êtes tous malades ? J'ai simplement ramassé la balle dans les gradins et... *Mais qu'est-ce que vous me voulez, vous tous ?* »

Je fermai les yeux. Mais ils étaient toujours à foncer vers moi quand je les rouvris. Je perdis mon sang-froid, je paniquai. Faisant volte-face, je traversai en courant une aile déserte et m'engouffrai dans un tunnel de sortie. Je ne savais quelle direction prendre à l'autre bout. Couvrant le mugissement du stade derrière moi, un martèlement de pas se fit entendre. Un type costaud, en chapeau défraîchi et chemise de sport aux couleurs criardes, se précipitait vers moi, l'œil étincelant dans un visage empourpré.

— File-moi la balle ! grinça-t-il en jetant ses doigts sales vers ma main.

— Pourquoi ? Je l'ai ramassée, elle est à moi. Êtes-vous... ?

Avant même la fin de ma phrase, il me balança son poing. Je me penchai et le coup m'atteignit à l'épaule. C'était un coup sévère, mais je m'étais ressaisi et je n'avais pas peur. Au cours de mon traitement à l'hôpital, j'avais exécuté toutes sortes de travaux et j'étais dans une forme excellente... J'aurais pu le battre aisément. Mais je savais que si je le frappais, je perdrais les pédales. Je levai donc simplement les bras pour me protéger et demandai :

— Qu'est-ce que vous me voulez ? Vous et les autres ?

Il m'envoya un swing. Je bloquai le coup de l'avant-bras et laissai échapper cette foutue balle. Elle roula sous un stand de boissons fraîches qui était fermé. L'homme se retourna et se mit à ramper sous le stand.

Je le perdis de vue. Je me demandai même s'il y

avait *vraiment* eu un gars costaud faisant des histoires pour une balle de base-ball. Je rampai sous le stand, non pas pour me battre ou récupérer la balle, mais simplement pour savoir si cet homme existait réellement... ou si j'étais de nouveau en train de divaguer.

Il était bien là, recroquevillé, la balle dans sa main droite. Quand il me vit, sa main gauche sortit de sa poche un pistolet à canon court et il aboya :

— Ote-toi de mon chemin !

— Mais voyons, dites-moi pourquoi tout le monde...

— Ote-toi de là ou je te descends !

Il agita maladroitement le pistolet. J'étais assez près de lui pour saisir son poignet gauche et retourner le canon de l'arme vers sa hideuse chemise.

— S'il vous plaît, pourquoi braquez-vous un pistolet sur moi ? *Pourquoi ?*

Il essaya de me donner des coups de pied, puis de dégager son poignet. Mais je le tenais fermement. Quoique désorienté, j'étais fier de moi : au plus profond de moi-même, je demeurais d'un calme absolu.

— Vous menacez de me tuer pour une balle de base-ball ! Pourquoi ? Vous êtes malade ou... ?

Il y eut deux aboiements secs, perdus dans le brouhaha général. Le devant de sa chemise voyante s'orna soudain de deux trous noirs fumant légèrement, d'où jaillit presque immédiatement un sang d'un rouge vif. Sa main droite s'ouvrit, libérant la balle.

Pensant que ceci *ne pouvait tout simplement pas* avoir eu lieu, je fixai ses yeux morts et touchai même son visage terreux. Puis je ressortis de sous le stand. Me redressant, conscient d'avoir sali mes vêtements, je regardai autour de moi. Je me préparai à courir. Trois policiers du Stadium débouchèrent du tunnel de sortie. Je tombai pratiquement dans leurs bras. Ils se saisirent de moi. L'un d'eux dit :

— Hé, voilà la balle !

— S'il vous plaît ! Pour l'amour du Ciel, dites-moi ce qui se passe, murmurai-je, peut-être en moi-même, sans même essayer de me débattre.

Les deux autres policiers me tapèrent dans le dos, un geste presque amical au sein de ce cauchemar, et le plus grand me dit :

— On vous emmène au bureau. Vous avez réussi votre coup !

— Écoutez-moi ! Je n'ai pas... Bon sang, il... !

— Vous êtes un sacré veinard ! dit le grand flic, alors que nous longions la foule qui applaudissait.

Tous tournaient le dos au terrain et c'est *moi* qu'ils acclamaient !

— C'est bien vrai... Je ne rêve pas ? réussis-je à balbutier, la bouche sèche.

— Quoi ? Et comment ! Le grand veinard, c'est vous ! reprit le flic. C'est la balle qui a pulvérisé le record du *home-run* ; vous la remettez au bureau et vous toucherez dix billets de mille, ils l'ont dit dans les journaux ! Dix mille dollars pour un boulot d'une seconde et...

— Dix mille dollars... C'est vrai ? demandai-je.

Les flics se mirent à glousser. L'un d'eux remarqua :

— Notre veinard est un peu ahuri. Je le serais également si je serrais dix gros billets dans ma paluche. Mon cher, c'est la réussite ! Il va y avoir les photographes, les journalistes, la télé et tout et tout. Alors, un petit effort, faut avoir l'air heureux !

Je lui fis un pâle sourire... me demandant combien de temps il leur faudrait pour découvrir le corps sous le stand de boissons. J'aurais beau m'expliquer, jamais ils ne me relâcheraient de l'hôpital après ça... *jamais !*

Au loin, au sein du mugissement de la foule qui s'amplifiait, j'entendis vaguement une voix vociférer : « Retenez-le ! Notre veinard tourne de l'œil ! »

Lucky Catch.
Traduction de J.P. Schweighaeuser.

SALE JOURNÉE !

par WILLIAM LINK et RICHARD LEVINSON

Dès le matin, il se mit à neiger.

Au début de l'après-midi, assis dans son bureau près du gros poêle, Karl regardait par la fenêtre. Il était fatigué et ce temps lui suscitait des douleurs par tout le corps. Il aurait aimé pouvoir dormir durant tout l'hiver, pour ne se réveiller qu'au printemps, quand la truite saute dans les rivières et qu'il fait bon.

Enfin, se consolait-il, ça n'était plus qu'une question de quelques semaines encore... Après, la retraite qui tomberait tous les mois tandis qu'il pourrait aller à la pêche, lire, se détendre comme bon lui semblerait !

— Vous avez déjà vu mon gosse ?

Al, le nouvel adjoint, lui tendait une petite photo en couleur.

— C'est ma femme qui l'a prise.

Karl regarda le gosse aux joues rondes :

— Drôlement mignon !

— Nous en avons un autre en train, l'informa Al.

Mais, cette fois, nous allons acheter une caméra et le filmer tous les mois, afin de le revoir grandir ensuite.

Karl sourit en hochant la tête. Oui, ce devait être plaisant d'avoir des enfants. Il se laissa aller contre le dossier de son siège en décidant de réagir contre sa morosité. Peut-être enverrait-il Al leur chercher du café, si le vieux Wyco n'avait pas fermé à cause de la neige.

— C'est toujours aussi calme ? s'enquit Al.

— Quand il neige, oui. Ça décourage les gens de faire quoi que ce soit. (Il s'étira en bâillant.) Qu'est-ce que vous diriez d'aller nous chercher du café ?

— Ma foi, volontiers...

Le téléphone sonna juste comme l'adjoint se levait.

— C'est peut-être ma femme... dit-il.

Karl décrocha. On l'appelait de Denver.

— Bon... Allo ?

— C'est toi, Karl ? Ici Ed Gruen.

— Oui, c'est moi. Qu'y a-t-il, Ed ?

Al, qui avait gagné la porte, fit demi-tour et revint lentement sur ses pas.

— Bobby Lee s'est évadé la nuit dernière. Il a filé de ton côté.

— Merde ! Il est seul ?

— Oui. Il doit vouloir atteindre Larkspur ou Kalen... Il a des potes dans le coin. Nous lui avons tiré dessus et il est blessé à la hanche.

Karl se pencha en avant, une drôle de sensation au creux de l'estomac.

— Quel genre de bagnole il a ?

— Une Dodge grise qu'il a fauchée... Tu peux avoir de l'aide dans ton bled ?

Karl regarda les rues blanches et désertes :

— Il neige...

— Oui, je sais. C'est ce qui retarde la police de l'État. On va quand même essayer d'avoir quelqu'un là-bas avant ce soir. (La voix rude marqua un léger temps.) Lee a un Colt 45.

— Qui est-ce ? demanda Al dans un souffle.

— O.K., Ed. Je vais voir ce que je peux faire. Merci de m'avoir prévenu.

Tandis que Karl reposait le combiné sur son support, Al se pencha vers lui :

— Oui ?

Il faisait très chaud près du gros poêle. Karl aurait aimé se déchausser pour que ses pieds aient aussi leur part de cette chaleur. Ça et une bonne tasse de café bien fort...

— Que se passe-t-il ? Qui c'était ?

Al était impatient de savoir.

— Le pénitencier de Denver. Un nommé Bobby Lee s'est évadé, et paraîtrait qu'il a filé dans notre direction.

« Pourquoi l'ai-je mis au courant ? se rabroua Karl. Si j'avais gardé ça pour moi, on aurait pu passer tout l'après-midi ici... »

— Ah oui ? s'exclama Al d'un air excité.

« Il a une belle gueule, pensa Karl. Des dents solides et blanches, une masse de cheveux blonds... Sa femme doit drôlement l'aimer... Mais pourquoi lui a-t-elle laissé prendre un boulot pareil ? Il serait mieux dans une ferme ou dans une usine... Mais non, lui, ça l'enthousiasme... Il a trop vu de flics dans les films à la télé ! »

— Et qu'est-ce qu'on a là-dedans ? continuait Al en ouvrant le cadenas du placard aux armes.

Karl se revoyait, trente ans auparavant, brûlant de faire la même chose tandis que Ben restait assis en haussant les épaules. Ben rêvait peut-être alors aussi d'ôter ses bottes pour se réchauffer les pieds, en regrettant que ce ne soit pas le printemps et la saison des truites. Karl se rendit compte qu'il n'avait guère connu le danger depuis trente ans. Des ivrognes, des braconniers, oui, mais pas d'évadés armés d'un Colt 45.

— Prenez les deux Enfield 38, dit-il enfin. Et aussi la carabine, ajouta-t-il, devinant que c'était ce que souhaitait Al. Avec plein de munitions.

Al ressortit du placard les bras chargés.

« Pourquoi diable faut-il qu'on sorte ? pensa Karl. On peut bien laisser Bobby Lee rouler dans sa vieille Dodge à travers les collines. Quel mal pourrait-il faire avec toute cette neige et le blizzard qui s'annonce ? Chacun est calfeutré chez soi par un temps pareil ? Un jour comme ça, y a que les gosses pour aller en classe et qu'est-ce que Bobby Lee pourrait bien avoir à foutre d'un écolier ! »

— Je les charge tous ? questionna Al.

— Oui, c'est ça... répondit Karl en se mettant lentement debout.

— Où vous allez ?

— Vérifier la bagnole, dit Karl en enfilant sa grosse canadienne.

— Pas besoin. Elle roulait au poil ce matin.

— Avec la batterie, on ne sait jamais... J'aime mieux être sûr.

Al esquissa un haussement d'épaules tout en chargeant un revolver.

Karl descendit les marches conduisant à la rue. Il était convaincu que rien ne clochait du côté de la batterie. Cette bagnole, on pouvait la laisser dehors des journées entières par moins dix degrés et être assuré qu'elle démarrerait sans problème. Mais cette vérification c'était un peu de temps gagné — ou perdu — pendant lequel Bobby Lee pouvait traverser la ville, voire la contourner.

Il sortit dans le vent glacial et gagna la vieille voiture. Assis sur la banquette usée, il regarda son reflet dans le pare-brise. Ce n'étaient pas les cheveux gris qui trahissaient son âge, mais le cou, la peau flasque sous le menton. Toutefois, peu lui importait son apparence ; ce qui comptait, c'était la façon dont sa mentalité avait changé, lui faisant craindre désormais la neige, le vent et les prisonniers évadés. Puis il pensa de nouveau : « Dans trois semaines, la retraite ! » Plus que trois semaines.

Jetant un coup d'œil vers la glace arrière, il y vit deux minuscules chaussons blancs de bébé, suspendus à une ficelle. Ce diable d'Al ! pensa-t-il. Je lui laisse utiliser la voiture, et aussitôt il s'en croit le propriétaire. Ah ! si j'étais seul dans cette affaire, au lieu de l'avoir sur mon dos à me demander armes et munitions !

Il vit alors qu'Al avait laissé la clef de contact sur le tableau de bord. Il la prit, la fit sauter dans sa main. Il lui suffisait de baisser la vitre et de jeter la clef au loin dans la neige. Le double, il l'avait chez lui et ils ne trouveraient pas un moyen de transport pour aller la chercher. Ils maudiraient la négligence de Dieu sait qui et ne pourraient que passer le reste de la journée en haut, dans le bureau, près du poêle. Avec peut-être du café.

— Karl.

Il tourna la tête. Al pressait son visage contre la glace de la portière, l'embuant de son haleine.

— Mrs. Hunter, Lakeridge Road, vient de téléphoner. Je crois qu'elle a vu le mec.

— Quel genre de voiture ?

— Une Dodge grise. Faut qu'on se grouille !

— Ouais, opina Karl en se poussant sur la banquette. Les armes et on part !

Et il remit la clef au contact.

*
* *

Ils traversèrent le centre, où les boutiques semblaient se serrer frileusement les unes contre les autres. Ils progressèrent lentement le long de champs tout blancs et de la rivière argentée qui s'étendaient jusqu'aux collines. Un vieux chasse-neige s'efforçait de dégager la route menant à l'hôpital.

— Vous roulez lentement, remarqua Al.

— Je sais... Un jour comme ça, faut être prudent.

— Certes, mais vous pourriez quand même aller un peu plus vite...

— Si on avait été malins, on n'aurait pas bougé.

Al tourna la tête vers lui, déconcerté :

— Et qui arrêterait ce mec alors ?

Karl se borna à émettre un vague grognement, le regard rivé devant lui.

— Plus vite ! insista alors l'adjoint. Cette femme a dit de nous dépêcher !

— Bon sang, vous voulez qu'on ait un accident ou quoi ? lui lança rageusement Karl.

Il détestait conduire sur la neige, quand à tout instant un dérapage était à craindre.

Il y eut un silence, puis Al questionna :

— Ce type, c'est un tueur ?

— Oui.

— Qui a-t-il tué ?

Karl tripota le chauffage avant de répondre :

— Le fils et la bru de Ted Wagner. Lee a essayé de pénétrer dans leur maison et il les a tués tous les deux. Entre autres.

— C'est arrivé ici ?

— Ouais... A deux miles après le *drive-in*.

Al se tut durant quelques minutes, puis dit soudain :

— J'imagine que vous avez descendu beaucoup de mecs.

— Je n'ai jamais tué personne.

« Me prends pas pour un héros de film, bonhomme ! »

— Je me demande quelle impression ça fait. Je veux dire : qu'est-ce qu'on ressent quand on tue quelqu'un ?

— La ferme, Al. On ne parle pas de ces choses-là.

Sur le volant, ses mains tremblaient, mais il se persuada que c'était dû au froid.

— Je vous demande pardon... Je comprends ce que vous voulez dire.

— Alors, c'est parfait.

Il avait chaud à la tête. « Je suis en train d'attraper un rhume... Me manquait plus que ça. J'aurais pas dû quitter le bureau. Par ce temps, un rhume, ça vous descend vite sur la poitrine... Si je chope une pneumonie... » Et ces routes glissantes... A supposer qu'ils aient un accident... La municipalité s'en laverait les mains...

— C'est là ! dit Al en pointant le doigt vers une grande maison en retrait de la route.

Oui, la municipalité n'en aurait cure et...

— Hé, arrêtez ! C'est là, je vous dis !

Karl tourna dans l'étroit chemin d'accès. Sous le porche de la maison, une femme leur faisait des signes.

— Vaut mieux descendre pour aller jusqu'à elle, dit Al. Sinon, elle va se tremper les pieds...

— Elle peut marcher, non ? Elle n'est pas impotente ?

Al ouvrit la portière :

— Qu'est-ce que vous avez donc ?

— Je me sens mal foutu...

« Ayez pitié d'un vieil homme. Prenez soin de moi... Aidez-moi à pointer mon flingue sur Bobby Lee. »

La femme vint au-devant d'eux en pataugeant. Grande, mince, elle portait un long manteau de cuir et un foulard sur la tête.

— Vous êtes le shérif ?

— C'est vous qui avez téléphoné ?

— Oui... Il était de l'autre côté de ces arbres, là où passe la route. Sa voiture a dû caler... J'avais tout entendu à la radio...

— Quelle direction a-t-il prise ?

— Par là... Il est entré dans la forêt... Il s'y trouve quelques cabanes... L'ancien motel des Pins.

— Je sais, je sais, coupa Karl avec impatience. C'est tout ce que vous pouvez nous apprendre ?

La femme le regarda avec un léger froncement de sourcils :

— Euh, oui... J'ai entendu dire à la radio que si quelqu'un apercevait...

— Oui, oui ! s'écria Karl. On doit nous signaler si on l'a aperçu, seulement c'est à nous de lui mettre la main dessus. Chouette, hein ?

— Mais c'est votre boulot... Vous êtes payés pour ça...

— Et si ça ne nous paraissait pas une raison suffisante ? Si on voulait pas risquer notre peau ?

Bouche bée, la femme se tourna vers Al.

— Il ne se sent pas bien, lui expliqua-t-il. Vous avez un mari, madame ?

— Il travaille aux chemins de fer. Il ne sera pas de retour avant sept ou huit heures.

— Vous avez quelqu'un avec vous ? s'informa Al.

— Mon fils... Il a quatorze ans.

— Alors, vous allez vous barricader et n'ouvrir la

porte à personne. Peut-être allons-nous avant ça devoir utiliser votre téléphone...

Karl s'esclaffa :

— Pour quoi faire ? Vous voulez de l'aide ?

— Bien sûr. S'il est dans ces bois...

— Et quelle aide espérez-vous ? Personne ne voudra venir ici. On est seuls dans le coup, mon gars.

Il n'était pas fâché de lui mettre les points sur les *i*, car Al semblait se faire de drôles d'illusions.

— Madame, dit celui-ci, il vaut mieux rentrer chez vous.

— Vous voulez que je donne un coup de fil à quelqu'un ?

Al évita de regarder Karl.

— Non... Merci.

Karl sentait le froid pénétrer à travers ses gants et sa canadienne.

— Rentrez chez vous, madame, répéta Al.

La femme recula lentement, en continuant de regarder Karl, puis elle se détourna et gravit les marches du porche ; sur la balustrade, un adolescent se penchait en les observant.

— Stupide gosse ! pesta Karl entre ses dents.

Al lui saisit le bras :

— Qu'y a-t-il, Karl ? Vous sentez-vous vraiment mal ?

« Il *sait*, pensa Karl. Bon, très bien, qu'il joue donc au héros ! Je vais rester dans la voiture pendant qu'il ira explorer la forêt. Dommage que sa femme ne soit pas là pour l'applaudir ! »

— Écoutez, Al, vous n'avez pas grande expérience de ce genre d'affaire...

— Vous si ?

Non, moi non plus.

— Moi, j'ai l'habitude de chasser et le principe est le même. Il faut être prudent.

— Allons-y, dit Al.

— Où ça ?

Al piqua un fard.

— Donner la chasse à Lee.

Il est dingue, complètement dingue, pensa Karl. Il veut aller là-bas avec sa carabine. Il ne se rend pas compte que Lee est aux aguets et que rien ne peut le ravir davantage que deux types s'approchant de lui à découvert.

— Allez, venez ! réitéra Al d'un ton ferme.

Karl se dit que Lee trouverait ça plus facile que lorsqu'il avait descendu Wagner et sa femme.

— Al, fit-il soudain. Ici, c'est bien Lakeridge Road ?

L'autre le regarda d'un drôle d'air :

— Oui. Pourquoi ?

— Alors, nous avons quelqu'un pour nous aider !

— Qui ça ?

— Ted Wagner. C'est un chasseur, un des meilleurs que je connaisse. Et Lee est l'homme qui a tué son fils.

— Vous pensez qu'il nous aidera ?

— Et comment !

Il ne dit pas à Al tout ce que Ted Wagner avait fait pour faciliter les recherches cette autre fois. Il avait fourni lanternes, couvertures, vivres et chevaux. Et Karl se rappelait nettement l'expression qu'avait Wagner cette nuit-là ; les yeux gris brûlant de haine dans le long visage osseux. Mais, à l'aube, Lee s'était rendu et Wagner n'avait pas eu la moindre possibilité d'utiliser son beau fusil anglais.

— J'y vais, dit-il à son compagnon.

— Où ça ?

— Chez Wagner. Il habite un demi-mile plus loin sur la route. Nous avons besoin de lui.

Al regarda les flocons, le ciel.

— Si vous êtes souffrant, vaut peut-être mieux que je...

— Non. Restez dans la voiture. Je reviens tout de suite avec lui. Il va être aux anges !

— Aux anges ?

Karl lui donna une tape sur l'épaule :

— Ne bougez pas d'ici. Dans vingt minutes, je serai de retour avec Wagner.

Il s'éloigna à pas lourds sur la route et derrière lui, dans le vent, il entendit vaguement la voix d'Al qui devait lui crier quelque chose.

La progression était pénible. Il avait de la neige jusqu'au mollet, la sentait s'insinuer à l'intérieur de ses bottes. Et partout, rien que le ciel gris, les arbres, la neige. « Je vais attraper une pneumonie », pensa-t-il de nouveau. Mais ça valait quand même mieux que choper une des balles de Bobby Lee. Oui, n'importe quoi valait mieux qu'une balle dans la peau.

Et il pensa soudain à sa femme, qui reposait bien à l'abri sous une dalle, dans le cimetière de Cooper... Que lui aurait-elle dit ? « Fais pas l'idiot, Karl », voilà ce qu'elle lui aurait dit. « Tu vas avoir soixante ans, tu leur as donné trente ans de ta vie, Karl, et t'as pas volé ta retraite. Ils n'ont qu'à passer le relais à Al. Si tu prends soin de ta santé, t'as peut-être encore dix ans devant toi pour aller à la chasse et à la pêche. »

Mais, la connaissant comme il la connaissait, il savait aussi qu'elle ne lui aurait pas seulement dit cela : « Allez, que ce soit ta dernière affaire ! Termine en beauté. »

Et ça, il ne s'en sentait pas capable.

La maison de Wagner lui apparut soudain. Il ne l'avait pas crue si proche. Il traversa la grande pelouse, avec ses massifs enfouis sous la neige. Une magnifique galerie, soutenue par de beaux piliers. Parvenu devant la porte, il tapa du pied pour avoir moins de neige à ses bottes et se sentit alors grelotter.

La porte s'ouvrit, démasquant un domestique.

— M. Wagner est là ? bredouilla Karl.

— Oui, monsieur, mais...

— Qui est-ce, Arthur ?

Un homme se tenait dans la pénombre du vaste hall. Il s'avança lentement vers la porte. Karl reconnut le visage tanné, le corps solidement charpenté, et un intense soulagement l'envahit.

Wagner le détaillait avec attention :

— Vous étiez avec nous lors de...

— ... l'affaire Lee, oui. (Il essaya de sourire, mais eut l'impression que son visage se craquelait.) Vous avez bonne mémoire, monsieur Wagner.

— Et que faites-vous dans ces parages par un tel temps ?

— Lee s'est évadé de prison. Il est blessé. Nous pensons qu'il se cache dans les bois qui sont près d'ici.

Wagner enfonça ses mains dans les poches de sa robe de chambre.

— Ah ? Grièvement blessé ?

— Je l'ignore, mais je ne le pense pas... Et il est armé.

Un long frisson lui parcourut le corps et il dut s'appuyer d'une main contre le mur. Comme son interlocuteur gardait le silence, il risqua gauchement :

— Monsieur Wagner... Je me demandais...

— Oui ?

Il était incapable d'ordonner ses pensées, comme s'il avait eu le corps et le cerveau complètement gelés. Le visage de Wagner parut se rapprocher.

— Vous voudriez que je me joigne à vous ?

— Oui.

Un froncement de sourcils :

— Non. Je regrette, mais c'est hors de question.

Karl n'en croyait pas ses oreilles.

— Mais... l'autre fois... ?

— C'était différent. J'étais porté par la colère et je m'étais persuadé que c'était mon devoir. Aujourd'hui, non.

— Il a tué votre fils, rétorqua Karl, indigné.

— Je sais, mais ceci ne me concerne pas. C'est l'affaire des forces de l'ordre. Alors aussi, d'ailleurs. C'est pourquoi je me réjouis parfois qu'il se soit rendu comme il l'a fait.

— Ça vous est indifférent ? dit Karl, stupéfait, en regardant à l'intérieur d'une vaste pièce dont ils étaient séparés par une arche. Une jeune fille et une femme d'un certain âge étaient assises de chaque côté de la grande cheminée où brûlait un bon feu.

— Non, bien sûr que non, répondit Wagner. Seulement, ça n'est pas mon affaire mais la vôtre.

— La mienne ? (Oui, bien sûr, décharge-t'en sur moi, afin de pouvoir retourner avec les tiens, dans cette pièce bien chaude !) Ainsi donc, vous ne voulez pas venir avec moi ?

— Désolé...

Alors, sans plus se soucier des conséquences, Karl lui lança :

— Pourquoi ? Vous avez peur ?

Wagner marqua un temps, avant de rétorquer avec un sourire glacial :

— Et vous ?

S'étranglant de colère, le shérif ouvrit la porte et sortit.

— Attendez... Voulez-vous boire un verre de quelque chose ? lui cria Wagner.

— Non, je ne veux rien ! lui cria en retour Karl tandis qu'il pataugeait à travers la pelouse.

Il atteignit la route, se courbant pour lutter contre le vent. « Qui se soucie que je lui donne la chasse ? pensait-il. Pas plus Wagner et sa famille que la femme qui a téléphoné. » La ville s'en foutait. Seul Al considérait que c'était son devoir. Al qui avait vu trop de films policiers à la télé.

De nouveau, il se sentait gelé jusqu'aux os, mais convaincu qu'il avait raison. Trente ans, ça suffisait. A présent, *basta !* Maintenant, il avait droit lui aussi à un peu de bon temps. Il se foutait de ce qu'Al dirait, même s'il le traitait de froussard. Il allait remonter dans la voiture et rentrer chez lui. Si Al voulait rester ici pour y patrouiller à la recherche de Bobby Lee, grand bien lui fasse !

Lorsqu'il aperçut la voiture, il éprouva comme une envie de se défouler en hurlant et riant. Il se foutait de tout ce qu'Al pourrait penser, il se sentait libre, *libre* !

Plié en deux à cause du vent, il ouvrit la portière et commença de dire :

— Al, je...

Mais Al n'était pas là. Ni la carabine non plus.

— Oh, l'idiot !... s'écria-t-il.

Il pouvait voir les traces de pas traversant le champ en direction des bois. Mon Dieu, quel idiot d'être allé là-bas ! Et tout seul !

Alors, Karl éprouva quelque chose contre quoi il s'insurgea... Un sentiment de responsabilité... Oh ! pas envers les gens, la municipalité, mais envers un « bleu » qui se trimbalait avec une photo dans son portefeuille et qui avait chez lui une jeune femme enceinte.

Karl saisit un des fusils et partit sur les traces de son adjoint, qui allaient droit vers les grands arbres chargés de neige. Il ne distinguait rien qu'une pénombre blanche et un sentier zigzaguant entre les troncs. Il se dépouilla vivement de la grosse écharpe rouge qui le rendait trop facile à repérer.

Il s'engagea sous les arbres, tenant baissé le canon de son fusil. Les traces continuaient droit devant lui... Il pouvait encore faire volte-face, regagner la voiture et rentrer chez lui, d'où il téléphonerait à Ed Gruen qu'Al s'en était allé tout seul...

Non. Il *voulait* savoir où Al était allé et s'il avait trouvé Bobby Lee... Oh ! mon Dieu, pourvu surtout qu'il ne l'eût pas trouvé ! Lee était rompu à ce genre de sport. Il savait comment rebrousser chemin en remettant les pieds dans ses propres traces, comment se ménager dans les bois une cachette que même un chasseur expérimenté ne pouvait repérer...

En avant de lui, dans une clairière, Karl discerna une Dodge grise abandonnée.

Il se mit à courir. L'ancien motel des Pins, avec sa voie d'accès venant de la route, se trouvait par là... Oui ! Karl apercevait l'espace découvert de ce qui avait été le parking, et les vestiges d'une dizaine de bungalows, hantés par le vent. Il se jeta par terre, pressant son visage contre la neige. Son corps était comme anesthésié, rendu insensible par le froid. Un bungalow se trouvait à une vingtaine de mètres en avant de lui, vers lequel — mais il n'en était pas certain — les traces de pas semblaient aller tout droit. Plissant les paupières, il s'efforça de mieux voir et eut l'impression que la porte était ouverte.

Il se mit à ramper très doucement afin de gagner l'arrière du bungalow. Là, il se redressa lentement.

Il y eut une détonation assourdissante, qui se répercuta aux murs du bungalow, parut emplir tout le ciel. Il s'était élancé presque avant de s'être rendu compte que cela provenait du bungalow. Il trébucha à travers la clairière, son fusil braqué vers la porte béante. Il franchit le seuil d'un bond dans le même temps qu'il se jetait derrière la porte en s'accroupissant.

— Lee ! hurla-t-il. Lee !

Le bungalow n'avait plus de toit et la neige tombait doucement sur le plancher pourri. Un homme gisait à plat ventre près de la porte. Il était coiffé d'un bonnet vert et tenait un Colt 45 dans sa main crispée.

Karl s'approcha pour regarder le visage. C'était Bobby Lee et il était mort. Pivotant alors lentement sur place, il vit Al debout à l'autre extrémité de la pièce.

— Al ! Qu'est-il arrivé ?

Al appuya sa carabine fumante contre la paroi. Il avait le visage bleui par le froid.

— Je l'ai trouvé là il y a cinq minutes environ. Il était mort. L'hémorragie de sa blessure à la hanche, je suppose...

— Mais cette détonation à l'instant ? Qu'est-ce que c'était ?

Al ne dit rien.

— Qu'est-ce que c'était ? répéta Karl en s'approchant d'Al et scrutant son visage.

— Je vous ai vu ramper dans la neige, dit Al d'une voix à peine audible. J'ai tiré impulsivement au cas où...

Il n'acheva pas.

Karl baissa les yeux et garda le silence, mais il

éprouvait un soulagement grandissant. Sa dernière affaire. Trente ans, et à présent c'était fini.

— J'arrête demain, dit-il.

— Oui, je m'en doutais...

— Un jour, Al, vous saurez comme c'est bon de pouvoir dire ça.

Et ils repartirent ensemble vers leur voiture, à travers la neige qui tombait en flocons de plus en plus serrés.

One bad winter's day.
Traduction de Maurice Bernard Endrèbe.

L'HOMME AU HOBBY

par CARROLL MAYERS

Tout le monde sait que c'est une marque d'intelligence d'avoir un hobby. Un passe-temps qui vous détend, captive votre attention et allège le stress de la vie quotidienne, ne peut être que bénéfique. Pourtant, sauf un bref laps de temps consacré pendant ma jeunesse à la collection de bagues de cigares, je n'ai jamais eu de hobby ; et dès mon entrée en fonction en tant qu'adjoint — j'étais d'ailleurs le seul — du shérif Wexler à Surf City, je n'ai plus eu le temps d'en adopter un. Les moments passés à lorgner discrètement les filles n'entrent pas en ligne de compte.

***

Sam Hubbard, lui, avait un hobby et c'est le sujet de mon récit.

Pour s'en tenir à la stricte vérité, l'activité déployée par Sam ne rentrait peut-être pas dans la catégorie « hobby ». Il ne s'agissait pas pour lui d'occuper de brefs loisirs, car il avait du temps à revendre. Il était veuf et avait élu domicile à Surf City pour y vivre d'une modeste pension de retraite.

De plus, sa marotte, loin de le décontracter, le maintenait au contraire tendu, l'attention en éveil. Mais, comme Sam se constituait en quelque sorte une collection qui tenait une place importante dans son train-train journalier, le terme « hobby » convenait mieux que tout autre.

Tout commença le jour où le shérif identifia et arrêta un escroc recherché pour utilisation de chèques contrefaits. L'homme avait été repéré, étendu paresseusement sur la plage et se livrant à l'observation des bikinis, comme il m'arrivait de le faire. Pendant neuf mois par an, Surf City, petite bourgade située au bord de la mer, compte quelque trois mille âmes. En revanche, durant la saison d'été ce chiffre doit être triplé, du fait de l'afflux des touristes et des vacanciers qui encombrent tous les espaces disponibles. Cette foule comporte, cela va sans dire, quelques indésirables que la police ne manque pas de pourchasser, comme le démontrait l'arrestation de l'artiste en faux chèques. C'est cet état de choses qui avait provoqué un déclic dans l'esprit de Sam Hubbard.

***

Bref, Sam devint ce que l'on pourrait appeler un amateur passionné de crimes et délits. Il fréquentait assidûment notre bureau, feuilletant les affichettes relatives aux malfaiteurs recherchés. Il se rendait régulièrement à la poste pour examiner les imprimés analogues qui s'y trouvaient, s'efforçant de se graver en mémoire les visages et les noms. Il collectionnait dans le même but les publications officielles de la police. Il passait le reste du temps à la gare routière des autobus ou sur les planches de la plage, scrutant les physionomies et recherchant d'éventuelles ressemblances.

Bien que n'ayant qu'une chance infime de répéter l'exploit accompli par Wexler, il ne se décourageait pas pour autant.

— Vous perdez votre temps, lui disait souvent le shérif.

— C'est possible, répondait Sam en hochant la tête et souriant d'un air confiant, mais on ne sait jamais. Je pourrais avoir la chance d'identifier un malfaiteur venu se planquer par ici, un caïd activement recherché, avec la promesse d'une grosse prime. Ma foi, ce fric ferait bien mon affaire.

***

J'en viens maintenant au jour où Sam, gonflé d'importance, fit irruption dans le bureau du shérif. C'était par une chaude matinée d'août et Sam, qui était petit, trapu et bedonnant, transpirait à grosses gouttes. Mais ce désagrément physique ne l'incommodait point en cet instant. Il épongea machinalement son front couvert de sueur et me gratifia d'un large sourire en disant :

— Cette fois-ci, j'ai découvert quelque chose, Peter, j'en suis sûr.

Je compris évidemment à quoi je devais m'attendre et n'en ressentis aucun plaisir. Je me trouvais seul au poste, car le shérif Wexler s'était rendu dans le nord de l'État pour participer à une convention d'officiers de police qui devait durer quatre jours. De plus, les « quelque chose » précédemment découverts par Hubbard s'étaient avérés malencontreux. Ainsi, le P.D.-G. d'une banque, en vacances, avait été soupçonné d'être un promoteur de loteries frauduleuses ; et une modeste secrétaire avait été identifiée, à tort, comme étant la maîtresse d'un chef syndicaliste inculpé de détournements.

— Vraiment ? fis-je, d'un ton volontairement froid.

Mon manque d'enthousiasme ne le découragea pas et il s'exclama :

— Je sais que je me suis gouré quelquefois, mais ce coup-ci, je suis certain d'avoir mis dans le mille, absolument certain.

— C'est quelqu'un que vous avez reconnu ? demandai-je en étouffant un soupir.

— Enfin, pas exactement...

La réponse de Sam avait marqué une certaine réticence, mais il s'efforça de reprendre l'avantage en poursuivant d'un ton plein d'optimisme :

— C'est un malfrat, sans aucun doute. Le vrai criminel type : un front étroit, une bouche veule, un mauvais regard.

— Il n'existe pas de criminel type, observai-je avec un soupir de soulagement. Cette notion a été réduite à néant. On ne peut pas arrêter un individu à cause de son visage.

Il secoua la tête, s'essuya le cou avec son mouchoir humide et revint à la charge :

— Je n'en suis pas si sûr. De toute façon, c'est plus grave que ça. Vous en conviendrez quand je me serai expliqué.

* * *

Je jetai un coup d'œil à la pendule. Onze heures quarante. Encore vingt minutes à attendre pour aller déjeuner. Mais cette agréable perspective avait son revers, car Sam attendrait mon retour au bureau ou me relancerait au petit restaurant « Chez Millie ».

M'avouant vaincu, je m'installai plus confortablement dans mon fauteuil et dis :

— D'accord, allez-y.

Assis sur le bord de mon bureau. Sam se pencha vers moi d'un air pénétré, les yeux brillants de surexcitation, et déclara :

— C'est au bureau de poste que j'ai vu cet individu pour la première fois. Vous savez que j'ai l'habitude d'y aller...

— Je sais, Sam.

— Il se trouvait là et retirait une lettre de la poste restante. Dès que je l'ai repéré, j'ai senti que c'était une fripouille.

Il s'arrêta un instant, les yeux fixés sur moi, avant de reprendre son récit. Je m'abstins de discuter pour le moment, me bornant à dire :

— Et alors ?

— Je l'ai suivi quand il a quitté la poste, répondit carrément Sam.

Bien que soucieux d'être impartial, je fus frappé par le côté grotesque de cette affirmation. Ne pouvant dissimuler mon étonnement, je lui demandai :

— Vous l'avez vraiment suivi ?

— Certainement.

— Au nom du Ciel, pourquoi, Sam ?

Ses joues rouges s'empourprèrent encore plus et il s'essuya de nouveau le cou avant de répliquer :

— Je viens de vous le dire, cet homme est un malfaiteur et je tenais à le surveiller. Après avoir lu sa lettre, il s'est rendu au bureau du télégraphe et il a envoyé une dépêche. Puis, il est revenu au restaurant « Chez Millie », s'est assis à une table près d'une vitre de façade et il est resté là plus d'une heure, en commandant du café pour justifier sa présence.

*
* *

Arrivé à ce point de son histoire, Sam s'arrêta de nouveau en me regardant d'un air interrogateur. De toute évidence, il considérait son compte rendu comme judicieux et important. Mais j'étais d'un avis tout à fait opposé. Il s'en aperçut au bout d'un moment et me demanda :

— Vous ne saisissez pas, Peter ?

— A vrai dire, non, admis-je.

Bien qu'étant d'un naturel sans prétention, c'est avec un sourire un peu condescendant qu'il me demanda :

— Où se trouve « Chez Millie » ?

— Comment ? dis-je, étonné.

Sam tapota mon bureau de ses doigts boudinés pour donner plus de poids à sa réponse :

— Ce restaurant est situé juste en face de la société de crédit Fidelity, de l'autre côté de la rue.

La lumière se fit soudain dans mon esprit sur ce qu'impliquaient ses paroles et je me rendis compte des déductions qu'il avait tirées. Prenant mon temps et pesant mes mots, je décrivis les événements tels qu'il les imaginait :

— L'individu en question, un braqueur, arrive à Surf City et repère le siège de la société Fidelity comme se prêtant à un hold-up. Il aura besoin d'aide pour cette opération et il écrit donc à ses copains. Au reçu de leur réponse l'informant que le job les intéresse, il télégraphie pour qu'ils le rejoignent ici. Après quoi, il se livre à un nouvel examen des lieux, observant la circulation, le nombre des clients et notant les heures creuses.

Je regardai attentivement Sam et lui demandai :

— Est-ce à peu près ça ?

— C'est absolument exact.

— Non, dis-je en secouant la tête, ça ne tient pas debout. Mis à part la question du criminel type dont nous ne parlerons plus, vous n'avez aucune preuve. Il suffirait selon vous qu'un homme reçoive une lettre, envoie un télégramme et passe ensuite une heure dans un restaurant...

Je marquai une pause et poursuivis avec un sourire compréhensif :

— Je sais que, en faisant échouer un hold-up, vous auriez droit à une prime intéressante qui vous serait bien utile. A moi aussi, d'ailleurs. Malheureusement, vous avez laissé la bride sur le cou à votre imagination.

— Vous le pensez vraiment ? s'enquit-il avec calme.

— Oui.

— Dans ce cas, dit-il en se levant de mon bureau, comment se fait-il que j'aie repéré l'individu de retour sur les lieux, voici dix minutes à peine ? Il n'était pas accompagné par une bande, mais par un seul homme. Mieux encore, ils étaient tous deux assis dans une auto à l'arrêt devant la société Fidelity. Et malgré la chaleur ils portaient des blousons présentant un renflement sous le bras gauche.

« Des sentiments contradictoires » est une expression couramment employée. Je n'avais jamais réfléchi à sa signification précise, mais ces mots définissaient parfaitement mon état d'esprit à ce moment. J'étais agacé par la roublardise de Sam. Prévoyant ma réaction initiale, il avait agencé son récit de manière à en tirer le maximum d'effet et de crédibilité. D'autre part, je devais admettre qu'il existait certaines possibilités. Il me fallait donc agir d'urgence pour le cas où les supputations de Sam se révéleraient justes.

— Je pense, dit celui-ci, qu'ils doivent attendre

la pause du déjeuner, car le personnel est moins nombreux à cette heure-là.

J'étouffai un juron. Hubbard et son maudit « hobby » me conduisaient sans doute vers une impasse où j'allais me casser le nez. Mais le contraire n'était pas exclu et je devais en tenir compte.

— D'accord, dis-je brièvement en me mettant debout, allons voir ce qui se passe.

*
* *

Le shérif Wexler avait emprunté la voiture de service. La conduite intérieure banalisée dans laquelle je pris place avec Sam aurait pu constituer un petit avantage en me permettant d'arriver sans avertissement, à supposer — cela va sans dire — que ma présence fût nécessaire.

En fait, mon uniforme de shérif adjoint non seulement provoqua l'échec du hold-up, mais le réduisit presque au niveau d'une tragi-comédie.

*
* *

Car Sam avait raison, un hold-up était en cours. A l'instant où je tournais à toute allure l'angle du pâté de maisons qui nous séparait de notre but, je vis que l'opération était déjà bien engagée. Devant le siège de la société Fidelity stationnait un coupé à la carosserie brillante, dont le moteur tournait au ralenti. La portière donnant sur le trottoir était ouverte. Le conducteur, courbé sur le volant, observait un autre homme qui poussait la grande porte vitrée et pénétrait dans l'établissement.

— Restez là, criai-je à Sam, freinant à fond avec un crissement des pneus.

***

Le conducteur du coupé n'avait peut-être pas entendu ma voix, mais le bruit des pneus attira son attention. Il regarda dans ma direction et une expression d'effarement contracta son visage — était-ce un criminel type ? — dès qu'il aperçut mon uniforme. Une seconde lui suffit pour tourner la tête vers l'avant, démarrer brutalement et s'éloigner du trottoir à toute vitesse.

***

Comme je l'ai dit, cette fuite sous l'empire de la panique avait un côté comique. Pourtant, à ce moment j'étais loin de sourire. J'avais à la main mon revolver de service. Une balle tirée dans l'un des pneus arrière du coupé aurait certainement mis fin à la fuite du bandit, mais je ne voulais pas courir le risque de blesser par ricochet un paisible passant. Je laissai donc la voiture poursuivre sa course folle et me précipitai jusqu'à l'entrée de la société Fidelity.

La scène qui se déroula dans la grande salle fut aussi violente que décisive. Deux employés seulement, un jeune homme et une dame d'un certain âge, étaient restés en service pendant l'heure du déjeuner. Le gangster les tenait en respect avec un petit pistolet automatique et contournait le comptoir pour atteindre un coffre-fort ouvert. A mon entrée subite, il se retourna vivement, reconnut mon uniforme et fit feu sur moi. Sur quoi, l'employée s'évanouit. Le malfrat m'avait raté, mais je ne le manquai pas. Il recula en chancelant une balle dans la cuisse, et s'écroula. Avant qu'il pût tenter de tirer une seconde fois, j'avais fait sauter d'un coup de pied l'automatique hors de sa main, je lui avais passé les menottes, et tout était fini.

***

Toutefois, ce qui s'ensuivit se révéla déconcertant. Les claquements des coups de feu s'étaient à peine fait entendre que le quartier fut envahi par la foule. Les piétons encombraient les trottoirs, bavardant et se haussant pour tenter de voir ce qui se passait. Quelques audacieux, qui s'étaient frayé un chemin jusqu'à l'intérieur de l'établissement, posaient des questions et regardaient de tous les côtés. Parmi eux se trouvait Sam Hubbard qui s'était faufilé dans la salle. Je le vis pour la dernière fois, tenant délicatement entre ses mains la tête de la brave femme qui s'était évanouie.

Je réussis à calmer un peu le tohu-bohu, à obtenir une ambulance pour le bandit blessé et à avertir de la fuite de son complice la police de l'État. Enfin, je libérai — non sans mal — la rue de l'embouteillage. J'avais récolté une violente migraine. D'autres ennuis m'attendaient. De retour à mon bureau, j'en étais à mon cinquième comprimé d'aspirine quand je reçus un coup de fil du directeur de la société Fidelity.

— Vous feriez bien de revenir ici, me dit-il sans ambages. Nous venons de découvrir qu'il nous manque douze mille dollars.

***

Quand le shérif Wexler revint à Surf City, on lui fit un rapport sur les événements. Je préfère passer sous silence ses commentaires ironiques touchant la façon dont je m'en étais tiré. Nous n'avons jamais trouvé trace des douze briques. Et nous n'avons pas non plus retrouvé Sam Hubbard.

***

Si on conduit assez rapidement, deux heures donnent une avance largement suffisante pour être déjà loin de la ville, avoir franchi la frontière de l'État et pris la route qui vous mènera, par exemple, vers la côte, le Mexique ou le Canada. Si Sam est raisonnable, douze mille dollars lui permettront de se laisser vivre jusqu'à la fin de ses jours. Où qu'il puisse se trouver actuellement, j'imagine qu'il doit se réjouir en se rappelant que son hobby s'est révélé payant au moment où, obéissant à une inspiration soudaine, il a simplement cueilli les billets dans le coffre ouvert, sans éveiller l'attention de la foule qui tournait en rond.

***

Pour ma part, j'aime autant oublier toute cette histoire.

Man with a hobby.
Traduction de F.W. Crosse.

ON NE VIT PAS DANS UN CERCUEIL

par HELEN NIELSEN

Il s'assombrissait à vue d'œil. Le géant mal fagoté que Veda n'avait d'abord trouvé que gauche et mal fichu s'était peu à peu transformé en un monstre terrifiant. Littéralement pétrifiée à côté du vase de roses rouges, elle restait vissée sur sa chaise à le regarder continuer sa toile. Lorsque, entre deux coups de pinceau, il relevait la tête pour l'examiner, Veda sentait monter en elle une étrange chaleur — comme si son corps percevait un danger que son esprit ne parvenait pas à identifier. Et chaque fois que son regard rencontrait les yeux d'un noir insondable, elle se médusait encore davantage.

Pendant tout ce temps, sous le chevalet, la toile qui était tombée par terre. L'esquisse d'un visage, avec une entaille vermillon au cou...

***

Lorsque Elaine et Veda s'étaient retrouvées ce mercredi pour déjeuner — comme elles le faisaient invariablement depuis des années —, Elaine était aussi survoltée que d'habitude. Mais cette exaltation — qui n'avait pas faibli depuis les vingt-deux ans que les deux amies se connaissaient, et qui avait parfois le don d'exaspérer Veda — était aussi spontanée qu'incoercible. Cette fois encore, avant même qu'Elaine — en retard, à son habitude — se fût assise, Veda se retrouva, comme d'ordinaire, noyée sous un intarissable flot de paroles. Veda ne supportait pas qu'on fût en retard. L'exactitude, ça s'apprenait. Mais Elaine n'avait jamais rien appris. Ses propos n'en témoignaient que trop.

— J'ai déniché un coiffeur divin, il faut absolument que tu y ailles ! Je suis sûre qu'il ferait des merveilles, avec des cheveux ravissants comme les tiens. Ça te donnerait quand même un air un peu moins sévère. Il s'appelle Henri, avec un *i* — un Français, tu te rends compte ! Il m'a fait son grand succès, « Zéphyr d'avril ». Ça te plaît ?

Elaine tourna majestueusement la tête. Ses cheveux — aujourd'hui d'un blond tirant sur le miel — étaient ramenés en avant et se redressaient tout autour de son front en un tourbillon de boucles folles qui cachaient presque entièrement l'incroyable petit bibi qu'elle avait perché à l'arrière de son crâne.

— Ravissant, convint Veda. Et qu'est-ce qu'il a prévu pour le mois de mai ?

— Toi, alors... (Elaine ne put retenir un sourire.) Je ne sais pas, fit-elle d'un ton rêveur. On verra bien. Mais si tu décides d'aller chez Henri, il faudra que ce soit moi qui lui demande un rendez-vous pour toi. Tu comprends, débordé comme il est, il ne prend pas n'importe qui.

— Quel honneur ! railla Veda. Mais je n'ai pas

envie d'aller me perdre à La Jolla seulement pour me faire coiffer.

— Seulement pour te faire coiffer ! (La phrase sacrilège faillit faire s'étouffer Elaine avec la bouchée de Délice du Chef Basses Calories qu'elle venait d'enfourner.) Parce qu'à ton avis il y a quelque chose de plus important ? Écoute, Veda, tu ne vas tout de même pas rester sur la touche jusqu'à la fin de tes jours ?

Veda savait comment écouter Elaine. C'était tout un art. La conversation avec son amie ne mobilisait guère que la couche superficielle de son cerveau, laissant ainsi les parties plus profondes disponibles pour des pensées moins futiles. Mais les mercredis devenaient de plus en plus pesants, avec les sempiternels sermons qu'Elaine ne manquait pas de servir à Veda Richards sur l'élégance, le bon goût et les bonnes manières. Ainsi, lorsque le serveur, après avoir débarrassé leur table, déposa devant Veda un appétissant dessert, Elaine prit un air horrifié.

— De la crème aux pruneaux ! s'exclama-t-elle lorsque le garçon eut tourné les talons. Veda, je t'en supplie, réfléchis un peu à ce que tu vas faire !

Veda observa quelques secondes de silence et s'empara de la cuiller.

— J'ai bien réfléchi, lança-t-elle. (Elle avala une cuillerée de crème et hocha la tête, l'air satisfait.) Délicieux ! Tu veux goûter ?

— Jamais de la vie, protesta Elaine. C'est un suicide pur et simple ! Tu te rends compte de ce que tu fais ?

— Elaine, s'il te plaît... Tu m'as déjà dit ça au moins cent fois...

— Parfaitement. Et je te le répéterai mille fois, s'il le faut. Tu es encore jeune, Veda. Et si tu voulais t'en donner la peine, tu pourrais être très séduisante. Je sais combien tu aimais Ken. Mais l'accident remonte à quatre ans. Quatre ans, tu te rends compte ?

— Quatre ans et deux mois, précisa tranquillement Veda.

— Tu vois ! Tu comptes même les mois ! Ça n'est pas normal. Prends mon cas, par exemple. J'étais folle de Peter, tu le sais. Ça ne l'a pas empêché de me quitter, la crapule. Eh bien, le jour où le divorce a été prononcé, je me suis mise en quête d'un autre homme au sortir du tribunal. Rien n'est encore définitif, mais j'ai bon espoir. J'aurai la réponse dans quinze jours. Tu ne peux quand même pas continuer à jouer les veuves éplorées jusqu'à la fin de ta vie. Il faut que tu voies d'autres hommes.

— Elaine, fit Veda avec un sourire patient, il n'est pas un jour où je ne voie des hommes. Une agence immobilière, ça n'a rien d'un couvent, que je sache.

— Mais c'est à l'agence de *Ken*, souligna Elaine, que tu es mariée depuis sa mort. Et tu n'as pas besoin de ça, tu le sais bien. Ken avait pris une grosse assurance, et il t'a laissé la maison.

— Elaine, je t'ai déjà demandé...

— Pourquoi t'obstines-tu, Veda ? Pourquoi t'enterres-tu littéralement dans cette agence ? As-tu donc si peur de refaire ta vie ?

Stupéfaite de sa propre franchise, Elaine sombra dans le mutisme. Une seule chose parvenait à la faire se taire : la vérité.

Veda releva les yeux, un sourire aux lèvres.

— Tu ne crois pas que ça suffit pour aujourd'hui ? Dis-moi, qu'as-tu fait d'intéressant cette semaine ?

C'était vraiment le cadet des soucis de Veda, mais il fallait à tout prix changer de sujet. Elaine ravala sa déception et retrouva comme par enchantement sa vivacité coutumière.

— Eh bien, figure-toi que je me fais faire mon portrait.

En plein dans le mille. Elaine n'avait pas peur du ridicule. La pensée traversa l'esprit de Veda mais ne franchit pas ses lèvres.

— A la peinture à l'huile ? s'enquit-elle par pure politesse.

— Parfaitement. Et par un artiste merveilleux, vraiment merveilleux ! Attends une seconde — je crois que j'ai encore quelques esquisses préliminaires dans mon sac.

Les sacs d'Elaine, qui ne sortait jamais sans l'équivalent d'un équipement de safari complet, étaient pour le moins volumineux. Elle dut fouiller jusqu'au fond de son fourre-tout pour dénicher un grand porte-documents de cuir dont elle extirpa plusieurs esquisses qu'elle tendit par-dessus la crème aux pruneaux. Veda s'en saisit et les examina. C'étaient des dessins simples, sommaires même, mais exécutés d'une main sûre. Sûre, forte et presque... — cela semblait étrange pour un pareil sujet —, presque violente. Mais il s'agissait sans aucun doute d'Elaine.

— Elles sont bien, non ? s'enquit cette dernière qui n'était jamais vraiment sûre de rien.

— Oui, confirma Veda. Très bien.

— Et ce ne sont que des esquisses. Si tu voyais les huiles qu'il a faites !

— Il est... (Veda hésita à poser sa question.) Il est jeune ?

— Michael ? Oh non, il a des cheveux gris.

— Alors il est vieux, fit Veda en quittant les esquisses des yeux.

— Non, il est... oh, à peu près de ton âge, j'imagine. Ses cheveux ne sont pas entièrement gris... seulement quelques mèches. Dis donc, si tu te faisais décolorer ?

— Elaine, tu es incorrigible, fit Veda en riant. Si je t'ai demandé son âge, c'est parce que... (Elle se tut un court instant. Pourquoi avait-elle donc posé cette question ? La réponse était facile à admettre.) Parce qu'il y a une grande force dans son style.

Elaine consulta sa montre.

— Je ferai part à Michael de ce que tu viens de dire. Il sera ravi. Mais dis donc, si nous voulons arriver à l'heure au théâtre, il faut que nous partions tout de suite.

— Michael, répéta Veda, de nouveau absorbée dans les dessins. Michael qui ?

— J'ai horreur d'être en retard et de devoir marcher sur les pieds de toutes ces chipies. (C'est alors que, pour une obscure raison, Elaine prit vraiment conscience de la question de Veda.) Hardin, dit-elle. Il s'appelle Michael Hardin. Dépêche-toi, ma chérie. De toute façon, ça ne peut te faire que du bien de ne pas finir cette horrible crème aux pruneaux.

Elaine était déjà debout. Veda n'avait plus le choix. Elle lui rendit les esquisses et lui emboîta le pas.

***

Elle n'aurait jamais dû entendre reparler de Michael Hardin.

Ce soir-là, Veda rentra tard. Le soleil couchant faisait un baroud d'honneur rouge sang à l'horizon. Après avoir rangé sa voiture au garage, Veda monta l'escalier et trouva devant sa porte un gamin de douze ans en salopette, à la frimousse piquée de taches de rousseur.

— Vous m'aviez dit que vous vouliez payer le journal le mercredi. Alors je suis passé...

Veda introduisit la clef dans la serrure.

— Je sais, Jerry. J'ai été coincée dans les embouteillages.

— La pièce était bien ?

— La pièce ?

Veda poussa la porte, entra et se retourna en fronçant les sourcils.

— La semaine dernière, vous m'aviez dit que vous deviez aller au théâtre.

— Tu ne... (Veda ouvrit son sac. Le gamin devenait empoisonnant avec ses questions.) Voyons, je te dois un dollar et vingt-cinq *cents*. C'est bien ça ?

Comme le petit ne répondait pas, elle releva les yeux et le trouva en train de regarder loin derrière elle, bouche bée. De l'autre côté du séjour, en face de la porte d'entrée, deux baies vitrées donnaient sur un patio qui dominait la ville en contrebas. La vue était d'une beauté à couper le souffle. La cité entourée par les collines mauves qui se découpaient sur le ciel de feu était nimbée d'une lumière dorée. Jerry, interdit, les yeux en billes de loto, était en arrêt devant le spectacle comme un enfant qui découvre la beauté.

— Mince alors, souffla-t-il, on dirait un tableau, sauf que c'est pour de vrai !

Veda se retourna pour contempler la scène elle aussi. Elle sourit, une lueur de fierté dans le regard.

— Tu as raison, renchérit-elle. Tu vois, Jerry, c'est mon mari qui a fait les plans. Il disait que quand il travaillait, il avait l'impression de porter le monde sur ses épaules. Aussi, quand il rentrait le soir après une dure journée, il voulait l'avoir à ses pieds.

— Alors c'est pour ça que vous habitez ici, conclut

Jerry. Une femme toute seule dans une grande maison comme ça, c'est pas normal. Même que tout le monde en parle.

Le visage de Veda se figea. Elle mit quelques pièces dans la main du gamin.

— Merci ! fit-il en se retournant pour partir.

La voix de Veda l'arrêta.

— Et qu'est-ce que les gens disent sur moi ?

— Oh, des tas de trucs, répondit Jerry. Qu'une belle femme comme vous devrait pas rester ici toute seule. Y en a qui disent que vous feriez mieux de vendre la villa, et d'autres que vous n'avez qu'à trouver un autre type pour vivre avec, comme ça vous seriez pas tout le temps toute seule. Vous savez, tout ça c'est pas important. Mais moi, si j'étais à votre place, je sais ce que je ferais.

— Quoi donc, Jerry ?

— Une piscine à la place du patio, comme ça tous les enfants du quartier ne seraient pas obligés d'aller au parc.

— Que deviendraient mes tapis dans tout ça ?

— On sortirait du côté des rochers... Alors à mercredi, Mrs. Richards ?

— A mercredi, Jerry.

Une fois la porte refermée sur Jerry, Veda se dirigea vers la baie vitrée. A cette heure de la journée, la lumière déclinait rapidement et elle aimait contempler le spectacle de la ville engloutie dans les ténèbres. Pendant des années, Ken et Veda avaient observé ce rituel sans un mot, en buvant un cocktail. Avec Ken, il était inutile de parler. Communion et silence allaient de pair. Elle tourna la tête. De l'endroit où elle se trouvait, elle apercevait le portrait de Ken trônant au-dessus de la cheminée. Dans la pièce maintenant envahie par la pénombre, la mâchoire et la bouche volontaires restaient encore visibles. C'était toujours lui le maître de maison, et elle se sentait rassurée de le savoir toujours présent. Les ragots l'irritaient. Ceux que le petit livreur de journaux lui avait rapportés ne faisaient pas exception à la règle. Les paroles d'Elaine lui revinrent brutalement à l'esprit :

« As-tu donc si peur de refaire ta vie ? »

Veda tourna le dos à la fenêtre. La pièce s'était transformée en royaume des ombres, mais elle ne se donna même pas la peine d'allumer avant de gravir l'escalier. Sur le palier, elle s'arrêta un instant — comme d'habitude — pour jeter un coup d'œil sur la porte de la chambre de Ken avant de gagner la sienne. Elle actionna le commutateur, et son humeur sombre s'évanouit avec l'obscurité. Après tout, ce n'était rien que le petit coup de déprime habituel du mercredi soir, consécutif à ses retrouvailles avec Elaine. Si d'ailleurs cette dernière ne mettait pas très vite un terme à ses sermons, elle pourrait dire adieu aux déjeuners. Mais Veda connaissait le moyen d'oublier tout ça. Elle se déshabilla, enfila une robe de chambre de chenille et se rendit à la salle de bains où, après avoir pris un flacon de shampooing dans l'armoire à pharmacie, elle se mit en devoir d'emplir d'eau chaude le lavabo.

— Allez, Henri, lança-t-elle au miroir. A vous de jouer !

A peine eut-elle arrosé sa tête de shampooing que la sonnerie du téléphone retentit. Toute dégoulinante, elle saisit une serviette à la hâte et se précipita dans la chambre. Elle se jeta en travers du lit pour attraper le combiné qu'elle décrocha à la quatrième sonnerie. C'était Elaine, aussi survoltée que d'habitude.

— Veda, j'ai du nouveau !

— Pas une catastrophe, j'espère.

— Ne dis pas de bêtises ! Ça fait presque une heure que je suis rentrée. Michael est passé voir si je pouvais poser pour lui demain, et je lui ai raconté ce que tu m'avais dit, sur la virilité de son style.

— J'ai dit que ses dessins étaient bien et qu'ils avaient de la force, corrigea Veda. Mais jamais je n'ai parlé de *virilité*. Tu as déformé mes propos.

— Mais tout ça c'est pareil, glapit Elaine. De la force, c'est de la force, un point c'est tout. Bref, il m'a posé des questions sur ton compte, et je lui ai dit tout ce que je savais. Je lui ai même montré les vieilles photos des vacances que nous avons passées ensemble à Ensenada, Ken, Pete, toi et moi. En un mot comme en cent, il veut faire ton portrait !

Au ton d'Elaine, on eût cru qu'il s'agissait d'une véritable révélation divine. Mais Veda n'en sembla pas impressionnée outre mesure.

— Bien sûr qu'il veut faire mon portrait, ironisa-t-elle. Après tout, c'est son boulot. Je suis même prête à parier qu'il n'est pas un seul de ses clients chez qui il ne trouve par hasard la photo de quelqu'un dont il a envie de faire le portrait. Ça lui coûte certainement beaucoup moins cher qu'une campagne publicitaire.

Il y eut un hoquet à l'autre bout du fil. Après un instant de silence, une voix d'homme reprit :

— Excellente idée, Mrs. Richards. Comment n'y ai-je pas pensé plus tôt ? Michael Hardin à l'appareil.

Michael Hardin. Elaine aurait pu la prévenir !

— Il écoutait sur un autre poste ! pleurnicha celle-ci.

— Grossier personnage ! s'exclama Veda.

— Et pourquoi donc ? répliqua Hardin en riant. Je maintiens que votre idée est excellente, mais ce n'est pas pour cela que j'ai demandé à Elaine de vous appeler. Je désire vraiment faire votre portrait, Mrs. Richards. Vous avez un visage très intéressant. Et une bouche superbe. De plus.... (Il hésita un long moment.) J'admire votre franc-parler. Que pensez-vous de ma proposition, Mrs. Richards ?

— C'est que... je suis très prise.

— Pas le mercredi après-midi en tout cas, si j'en crois Elaine. Écoutez, accordez-moi seulement une journée pour la mise en place. Vous prendrez votre décision après.

C'était le moment ou jamais de refuser, et fermement. Mais elle l'avait déjà rabroué une fois.

— Je ne sais pas... commença-t-elle.

— Allons donc ! coupa Elaine. Sois chic, Veda. Nous avons tout prévu, Michael et moi. Nous viendrons tous les deux chez toi mercredi matin. Tu n'auras qu'à me laisser préparer un petit en-cas dans la cuisine pendant que tu poseras pour lui. De toute façon, je commence à en avoir soupé du restaurant.

Elaine avait de toute évidence une idée derrière la tête. Ça sentait le coup monté à plein nez. Veda fut saisie d'appréhension... et accepta malgré tout.

— Formidable ! s'exclama Elaine. Alors, à mercredi.

— Bonsoir, Mrs. Richards, articula Michael Hardin d'une voix douce et chaleureuse.

Bonsoir, Mrs. Richards. Les mots résonnèrent dans la pièce longtemps après que Veda eut raccroché. Elle retourna dans la salle de bains et s'examina dans la glace. Lorsqu'elle enleva la serviette qu'elle s'était enroulée autour de la tête, ses cheveux courts, presque secs, retombèrent, formant de petites boucles tout autour de son front. Elle les rejeta en arrière, ce qui lui fit presque la même coiffure qu'Elaine.

Elle retrouva alors ses esprits. « Il veut placer sa camelote », fit-elle à haute voix. S'emparant d'une brosse, elle se mit à défaire furieusement les boucles.

***

Le mercredi était un jour de détente. D'habitude, Veda dormait jusqu'à neuf heures, moment où la tondeuse à gazon du jardinier la réveillait invariablement. Mais le mercredi qui suivit le coup de téléphone d'Elaine, ce fut différent. Veda s'éveilla bien plus tôt, la gorge serrée par une angoisse inhabituelle. Encore dans les brumes du sommeil, elle s'assit dans le lit et jeta un œil à sa table de nuit. Sur son agenda, en travers de la page du jour, était inscrit un nom : Michael Hardin. Son angoisse s'expliquait. Elle se cala contre les oreillers, furieuse après elle-même d'avoir ainsi laissé envahir sa vie privée. Encore un coup d'Elaine. C'est alors qu'elle se dit que rien ne la forçait à voir Hardin. Elle n'avait qu'à décrocher...

Le téléphone sonna avant même qu'elle eût eu le temps de s'emparer du combiné.

— Mrs. Richards ? (Elle reconnut immédiatement la voix veloutée. Elle n'en connaissait qu'une comme ça.) Michael Hardin à l'appareil. J'ai une mauvaise nouvelle à vous annoncer.

Il ne venait pas. La main de Veda serra très fort le combiné.

— Il s'agit de votre amie, Mrs. Davis.

— Elaine ?

— Oui, Elaine. Elle a des affaires à régler, et elle ne pourra pas m'accompagner aujourd'hui. J'espère que ça ne change rien à nos projets ?

Ça changeait tout au contraire. Cette histoire puait le coup monté.

— Des affaires, reprit Veda. Quelles affaires ?

— Des papiers relatifs à son divorce, je crois. Elle est furieuse, mais après tout, nous n'avons pas besoin d'elle pour travailler. Ne vous en faites pas pour le déjeuner, j'apporterai le nécessaire.

— Je ne m'en fais pas pour le déjeuner, mais...

— Oui ?

— ... la maison est très difficile à trouver.

— Mrs. Davis m'a indiqué le trajet en détail hier soir. Je trouverais le chemin les yeux fermés.

— Hier soir ?

C'était le moment ou jamais de l'envoyer promener. C'était du Elaine tout craché. Mais il y eut un déclic au bout du fil. Michael Hardin avait raccroché. Il allait venir.

Il arriva à midi pile. Debout devant la porte d'entrée, Veda grimaça un sourire. Michael Hardin. Elle avait vu un beau dessin et entendu une voix chaude. Mais maintenant, elle se trouvait en face d'un individu hirsute et mal fichu, au costume de tweed tout tirebouchonné, au poil gris, au front dégarni, à l'œil sombre et brillant enfoui sous le sourcil broussailleux. Son allure était bien plus celle d'un haltérophile sur le retour que d'un peintre. Il ne pouvait s'agir de Michael Hardin. Pourtant, il avait sous un bras une toile et un chevalet replié et tenait de l'autre main un coffret à peintures.

Il arrive parfois qu'une seconde d'hésitation en dise plus que de longs discours. Le sourire se figea sur les lèvres de Hardin.

— Mrs. Richards ? s'enquit-il. Oui, je reconnais votre visage. J'espère que le mien ne vous a pas trop effrayée.

La bousculant presque, il entra dans la salle de séjour, les yeux rivés sur la baie vitrée donnant sur le patio. Arrivé au beau milieu de la pièce, il s'arrêta en apercevant le portrait accroché au-dessus de la cheminée, qu'il regarda longuement.

— Votre mari ?

Veda ferma la porte derrière elle et traversa lentement la pièce, intriguée autant qu'irritée.

— Oui.

Il ne lâcha pas la toile des yeux.

— C'était un homme cruel, laissa-t-il tomber.

— Cruel ? Mon mari ? Mais c'était l'homme le plus attentionné...

— Il y a de la cruauté dans sa bouche, insista Hardin. La bouche ne ment jamais. Les yeux souvent, mais la bouche jamais. (Il se retourna et la dévisagea, une lueur amusée dans le regard.) La bouche jamais, répéta-t-il. Mais peu importe maintenant, ça fait longtemps qu'il est mort.

— Quatre ans, précisa Veda.

— Je sais, Elaine m'a mis au courant.

Il se dirigea vers la baie vitrée et passa dans le patio. La cour formait un grand arc pavé de vieilles briques. Au-delà, s'étendait la pelouse fraîchement tondue ponctuée de superbes parterres de fleurs. Sur un côté, le long du mur de briques qui séparait la maison de la propriété voisine, grimpait une clématite violette. Ailleurs, le patio ouvert surplombait la ville. Michael Hardin étudia les lieux, avança jusqu'au milieu de la cour et se retourna lentement pour faire face à Veda qui se tenait maintenant devant la baie vitrée.

— J'ai tout de même eu du mal à trouver la villa, reconnut-il. Ce n'est pas très passant par ici. Vous ne devez pas souvent entendre vos voisins, ajouta-t-il en regardant le mur de briques. Et vice versa.

— C'est effectivement un coin très tranquille, confirma Veda.

— Tant mieux. Le bruit, ça me dérange. Et je ne

dois pas être dérangé quand je travaille. (Il jeta un coup d'œil circulaire.) Par un jardinier, par exemple.

— Mon jardinier est passé tôt ce matin, fit Veda. Il ne vient qu'une fois par semaine.

— Et celui des voisins ?

— C'est le même. Il s'est rendu chez eux dès qu'il en a eu fini ici. Quant aux voisins, ils ne risquent pas non plus de vous déranger. Ils sont à Palm Springs en ce moment.

— Parfait. Dans ce cas, nous travaillerons ici, au soleil.

Il se mit en devoir de déballer son matériel. Il avait au sommet de la tête une tonsure grande comme une pièce d'un dollar qui brilla au soleil lorsqu'il se baissa. Veda, comme fascinée, ne put en détacher son regard que lorsqu'il se redressa. Il se tourna alors vers elle et la contempla de ses yeux noirs et perçants.

— Cette robe ne va pas, fit-il. Enlevez-la.

— Pardon ? fit Veda qui faillit s'étrangler.

— C'est le col. Je ne veux pas de col. Il me faut aussi une chaise et quelque chose pour poser ma boîte.

Dans un coin du patio se trouvaient une table de fer forgé blanche et des chaises assorties. D'un geste violent, Hardin saisit une chaise et, dans le mouvement, aperçut le vase blanc rempli de roses rouges posé sur la table. Il s'empara du récipient qu'il tint quelques instants à bout de bras à côté du visage de Veda.

— ... ainsi que ces roses, continua-t-il. Le rouge vous va très bien au teint. Vous avez une robe rouge ?

— Oui, mais c'est une robe du soir, concéda Veda.

Michael Hardin, le vase de roses à bout de bras, fixa la jeune femme.

— Chère Mrs. Richards, déclara-t-il, ma toile et mon pinceau n'ont pas de montre. Ils n'ont pas la moindre notion du temps et se moquent de l'heure à laquelle je peins. Allez passer cette robe de soirée.

C'était un ordre, un ordre grossier.

— Mr. Hardin..., protesta-t-elle.

— La robe de soirée, je vous dis.

— Mr. Hardin, nous n'avons même pas déjeuné.

— Je ne déjeune jamais. La lumière est bonne, il faut que j'en profite. La lumière ne dure jamais très longtemps, Mrs. Richards. Rien ne dure jamais très longtemps, il faut savoir saisir les occasions aux cheveux. (Il ne l'avait pas quittée des yeux pendant sa tirade. Il se retourna pour jeter un regard circulaire sur la villa.) Votre mari devait être quelqu'un. Cette maison est trop grande pour une femme seule.

— C'est Elaine qui vous a suggéré de dire ça ?

L'ombre d'un sourire se dessina sur les lèvres de Hardin.

— C'est vous-même qui me l'avez dit, Mrs. Richards.

— Moi, je vous ai dit...

— Au téléphone, la semaine dernière. (Il lui passa sous le nez et entra dans la maison.) Rez-de-chaussée, premier étage, murmura-t-il l'air songeur. Parfait. (Son regard se riva de nouveau sur Veda.) Vous êtes une femme intelligente, Mrs. Richards. J'aime les femmes intelligentes. Contrairement à la plupart des hommes, qui sont bien trop chatouilleux de l'ego. Ils préfèrent les écervelées gazouillantes. Celles qui démarrent au quart de tour, les incontinentes de l'admiration à bon marché.

— Elaine Davis ? risqua Veda.

Michael Hardin avait toujours le vase de fleurs

dans les mains. Il s'en aperçut, fronça les sourcils et alla le reposer sur la table. Puis, il s'empara de son chevalet et mit son matériel en place.

— Cette chère Elaine, murmura-t-il.

Veda l'examina.

— Je commence à comprendre, fit-elle. Quand l'hospitalité d'Elaine a commencé à s'épuiser, vous êtes venu ici refaire le plein.

— Je suis venu ici faire votre portrait.

— Je n'en veux pas, de votre portrait, Mr. Hardin.

Il sembla ne pas entendre, ouvrit sa boîte de couleurs, prit un couteau dont la lame étincela au soleil, et se mit en devoir d'arrondir la mine d'un fusain.

— La robe rouge, ordonna-t-il sans lever les yeux.

Grossièreté, arrogance, insolence, Veda en avait assez. Elle fit un pas vers lui — et s'arrêta. Quelque chose venait de glisser de derrière la toile et de tomber sur le sol de briques, sous le chevalet. Michael Hardin ne s'était aperçu de rien, mais Veda s'était immobilisée, les yeux écarquillés, tandis qu'il continuait de tailler son fusain. C'était le portrait qu'Elaine lui avait montré la semaine précédente. A un détail près, cependant. Un affreux trait rouge barrant le cou.

*
* *

— A la galerie des Offices de Florence, dit Michael Hardin, se trouvent deux statues très intéressantes. Vous n'auriez pas par hasard visité la galerie des Offices lors de votre lune de miel, Mrs. Richards ?

Le soleil de l'après-midi brillait sur le patio. Hardin avait tombé la veste et retroussé ses manches. Il avait des bras de déménageur et peignait frénéquement, par à-coups, comme s'il avait été mû par une dynamo.

Veda, assise sur la chaise de fer forgé, portait la robe rouge. Bien que ne datant pas d'hier, la robe était restée élégante. C'était Ken qui l'avait choisie, comme tous ses autres vêtements, d'ailleurs. Ken avait un goût infaillible. Au bord du décolleté profond, Veda avait épinglé la fine broche de mosaïque — rose rouge sur fond noir — que Ken lui avait offerte à Florence lors de leur voyage de noces. Michael Hardin avait reconnu l'origine du bijou, d'où sa remarque.

— Je suppose, répondit Veda. Je ne me souviens pas très bien. C'était il y a dix ans.

— ... et c'était votre lune de miel, ajouta Hardin. (Lorsqu'il s'arrêta un instant de peindre pour la contempler, l'ombre d'un sourire aux lèvres, elle eut l'impression d'être transpercée par son regard.) Vous aviez autre chose en tête. Il y a dans cette galerie deux statues d'un même homme. Deux statues fascinantes. Saviez-vous, Mrs. Richards, que les Florentins de la Renaissance étaient des joueurs invétérés, dotés en outre d'un remarquable sens de l'humour ? Supposons qu'aujourd'hui je fasse avec quelqu'un un pari dont l'enjeu serait que le perdant soit écorché vif. Supposons encore que je perde. En serais-je écorché vif pour autant ? Bien sûr que non. Eh bien, apprenez qu'un gentilhomme de Florence avait précisément fait ce pari, et l'avait perdu. D'où les deux statues de la galerie, Mrs. Richards. Avant et après. Seriez-vous fatiguée de garder la pose ? Vous êtes toute pâle.

Il était diabolique. Une heure plus tard, Veda se demandait toujours si elle avait bien vu le portrait sous le chevalet. Peut-être qu'il avait fait exprès de le laisser tomber.

— Quelle époque extraordinaire, continua-t-il. Si je devais me réincarner, ce serait à cette période. Vous m'imaginez, Mrs. Richards ? Artiste florentin célèbre, romantique en diable, vivant comme un prince dans une magnifique villa...

Il avait au pantalon, juste sous le genou, une minuscule reprise que seul un examen attentif permettait de remarquer. Il avait dû faire ça lui-même, ce n'était pas un travail de professionnel.

— ... reconnu et respecté, ajouta-t-il, ne devant rien aux écervelées caqueteuses...

— Vous haïssez les femmes, n'est-ce pas ?

Hardin ne répondit pas et continua de peindre.

— Et Elaine Davis plus que toute autre.

Il se pencha en avant et fixa la toile d'un œil noir.

— Qu'est-ce que c'était que cette histoire de papiers, Mr. Hardin ?

— Désolé, Mrs. Richards, mais je n'entends rien au droit. Une affaire de divorce, semble-t-il.

— Mais quel était le problème ?

— Une question de procédure. C'est bien le mot des avocats, non ? « Procédure » ? Votre mari n'était-il pas avocat, Mrs. Richards ?

— Avocat ? Pas du tout. Qu'est-ce qui vous fait penser ça ?

— Les avocats gagnent beaucoup d'argent.

— Quelques-uns, reconnut Veda. Mais pas tous. De toute façon, c'est la même chose dans n'importe quel métier, j'imagine. Ken se tuait au travail pour gagner sa vie. Et maintenant qu'il n'est plus, j'en fais autant.

— Pourquoi, Mrs. Richards ? (On aurait cru une remarque d'Elaine. Il sourit.) Voilà bien une question de peintre minable, vous ne trouvez pas ? Moi, je ne travaille jamais. Je joue avec mes pinceaux, comme un enfant. Je n'ai pas fait d'études. Je ne me suis pas plongé dans les livres d'anatomie pour connaître le corps humain comme un chirurgien. Je suis allé plus loin. Un chirurgien ne connaît que l'organisation et les fonctions du corps. Mais un artiste doit en connaître les rythmes, la poésie. Saviez-vous qu'il y a de la poésie dans le muscle sterno-hyoïdien, Mrs. Richards ? Tenez, je vais vous montrer.

Il avança vivement d'un pas et lui enserra la gorge entre ses doigts. Veda recula, effleurant de l'épaule le vase de roses rouges posé sur un guéridon à côté d'elle. Ce fut le bruit du récipient s'écrasant au sol qui, surprenant Hardin, lui fit lâcher la gorge de Veda.

— Quel dommage, commenta-t-il. Elles vont se faner.

Il se baissa pour prendre une fleur qu'il garda un instant dans la main. Puis, il en brisa la tige et la jeta. Il retourna au chevalet en faisant ostensiblement un pas de côté pour éviter le portrait d'Elaine. Le mouvement était bien trop théâtral pour n'être qu'une coïncidence.

Il jouait avec elle. Cette mise en scène était une revanche, pensa Veda. Mais elle sentait encore sur son cou la pression des doigts de Hardin et elle avait sous les yeux le portrait à la gorge tranchée.

Il lui fallait en avoir le cœur net.

— Vous m'avez promis une pause, lâcha-t-elle.

Sans lui laisser la moindre chance de refuser, elle se leva et se précipita vers le téléphone de la salle à manger. Elle avait l'automatique, mais, ne parvenant pas à se rappeler le numéro d'Elaine, elle dut demander la communication à l'opératrice. Elle laissa sonner une bonne dizaine de fois et raccrocha, découragée. Lorsqu'elle se retourna, elle se trouva nez à nez avec Michael Hardin.

— Vous auriez dû vous douter qu'elle n'était pas en état de répondre.

*
* *

Il était fou à lier. Les ombres commençaient à s'allonger. En bas du patio en forme de croissant, la ville était plongée dans une épaisse brume de chaleur, vaste, silencieuse, indifférente. Veda eut soudain l'impression de se trouver au bout du monde. Ils étaient seuls, comme Hardin l'avait toujours voulu. Il était fou. Il ne savait pas ce qu'il disait.

— Un homme cruel, dit-il. La bouche ne ment jamais.

Il parlait de Ken. Elle ne parvenait pas à le croire. Ken, qui était si gentil.

— Alors, il a conçu les plans de la maison sans l'aide de quiconque, poursuivit Hardin.

— Non. Nous avions un architecte. Ken travaillait en collaboration avec lui.

— Et vous, qu'avez-vous conçu ?

— Moi ? Mais...

— Rien ? Rien du tout ? Oh, je les connais, les maris des femmes que je peins. Et je connais les femmes aussi. Les femmes creuses comme des potiches, décorées, drapées, exhibées en public comme des fleurs à la boutonnière. Avec leurs manières exquises, leur conversation pétillante — mais jamais, jamais vraiment brillante. Avec leur esprit insipide à la limite du vulgaire, leur rire forcé...

C'était Elaine qu'il décrivait là. C'était à elle qu'il n'avait jamais cessé de penser. Et puis ce portrait, par terre, délibérément mis en avant et délibérément ignoré.

— Merci, dit Veda.

Il releva vers elle des yeux brillants.

— Mais pas vous, Mrs. Richards. Vous n'êtes pas du genre gazouilleur ou pétillant. Vous êtes prisonnière. Vous vivez dans un cercueil...

— Un cercueil ?

— C'est pourquoi je vous ai peinte en rouge. Le rouge est la couleur de la vie. Je dois vous sortir de votre cercueil.

Debout au soleil, Hardin transpirait. Les gouttelettes de sueur qui s'étaient formées au-dessus de ses sourcils lui dégoulinaient le long des joues. Il s'assombrissait à vue d'œil. Malgré cela, Veda était incapable de bouger. C'était étrange. Elle se sentait obligée de rester là, à essayer de s'arracher à un affreux cauchemar.

— Je n'ai pas la sensation de vivre dans un cercueil, contra-t-elle.

— Vous êtes comme tous les autres. Ils remplissent leur vie de rendez-vous, de voyages et de dîners. Ils s'occupent, s'étourdissent, tel un essaim d'abeilles bourdonnantes. Les hommes gagnent de l'argent pour s'acheter des femmes qui attendent patiemment qu'ils crèvent...

— Mr. Hardin !

— Parce que vous n'êtes pas contente qu'il soit mort ?

— Non ! J'aimais mon mari !

— Vous faisiez votre devoir.

— Pardon ?

— Oui, votre devoir. On vous a conditionnée à aimer votre mari. Depuis l'enfance. Comme on vous a conditionnée à écrire et à compter.

— Je ne vois pas ce que vous voulez dire, siffla-t-elle, furieuse.

— J'essaie simplement de vous expliquer pourquoi vous m'avez fait venir ici.

— Moi ? Je vous ai fait...

— Je me trompe ?

Elle en resta coite. Elle s'était simplement rendue dans la salle de bains et avait un peu joué avec ses cheveux après le coup de téléphone de Hardin. Son « Bonsoir, Mrs. Richards » lui avait bien résonné un certain temps aux oreilles, mais il n'était alors qu'une voix. Tandis que maintenant, il était devant elle, en chair et en os. Et menaçant.

Derrière, la maison était à moitié plongée dans l'obscurité. Lorsqu'elle s'était rendue au téléphone, il l'avait suivie. Mais si elle courait à la porte et réussissait à sortir dans la rue, la suivrait-il de nouveau ? Il y avait une bonne quinzaine de mètres à parcourir, la baie vitrée à franchir, le séjour et l'entrée à traverser. Si elle restait tranquillement assise à écouter ses divagations, peut-être reviendrait-il à la raison. Mais si elle bougeait...

C'est alors que la sonnette retentit. Hardin arrêta de peindre.

— Qu'est-ce que c'est ? demanda-t-il.

On sonna de nouveau.

— Vous attendez quelqu'un ? Non, je vais...

Il tenta de la retenir, mais Veda avait bondi sur ses pieds au premier coup de sonnette. Elle arriva la première à la porte qu'elle ouvrit brutalement pour se retrouver nez à nez avec Jerry.

— Votre journal, Mrs. Richards.

— Oh, Jerry, fit-elle haletante. Que je suis contente de te voir. Attends, je vais chercher mon porte-monnaie et...

— Vous m'avez payé la semaine dernière, Mrs. Richards.

— La semaine dernière ?

— Oui. Et vous me payez une fois par mois. Je venais seulement vous apporter votre journal. Mais dites donc, on fait de la peinture, ici.

Les yeux rivés sur le patio, Jerry fit un pas dans l'entrée, mais la main de Hardin se posa fermement sur sa poitrine et le repoussa.

— Nous travaillons.

— Mais je voulais seulement voir...

— Nous devons faire vite tant qu'il y a encore du soleil.

— D'accord, m'sieur, vous fâchez pas. (Jerry resta un long moment les yeux rivés sur ceux de Hardin, puis il haussa les épaules et battit en retraite.) A la semaine prochaine, Mrs. Richards.

Hardin ferma la porte.

— Donnez-moi ce journal, ordonna-t-il.

Elle tenait mollement le quotidien dans la main. Il le lui arracha brutalement des doigts.

— Il y a encore du soleil, fit-il. Au travail.

***

Le genre d'expérience vécue par Veda comporte trois phases : choc, peur et colère. Elle en était maintenant à la colère.

— Vous êtes trop crispée, dit-il. Détendez-vous.

— Je suis fatiguée, rétorqua Veda.

— C'est pour ça qu'on voit vos rides ?

— Quelles rides ?

— Aux coins de votre bouche. Entre les sourcils. On ne trompe pas l'œil d'un artiste, Mrs. Richards. Vous travaillez trop, vous courez trop à droite et à gauche. Tenez, je parierais que vous prenez des somnifères.

— A l'occasion.

— Je dirais même souvent. De plus en plus souvent. Et vous voyez de moins en moins de gens.

— Et ceux avec qui je travaille tous les jours ?

— Vous avez de plus en plus de mal à les supporter.

— Je n'aime pas qu'on m'analyse, Mr. Hardin.

— Je ne peins que ce que je vois.

— Mais vous ne voyez pas ce que vous cherchez, seulement...

— Touché ! fit Hardin qui releva la tête en souriant.

— ... ce qu'il y a dans votre esprit, continua Veda. Dans vos yeux...

— Elle ne se laisse pas faire, commenta Hardin. Je savais bien que sa couleur était le rouge.

— ... dans votre désir...

Elle était maintenant écumante de colère. Le charme qui l'avait longtemps subjuguée était rompu. Elle se dressa sur ses pieds, enfin consciente de la peur qui l'avait paralysée, mais dont elle était maintenant débarrassée parce qu'elle comprenait enfin. Tout d'abord, elle n'avait pas cru Elaine capable d'aller aussi loin. Mais elle savait maintenant que son amie était capable de tout — même de cette mise en scène ignoble.

— ... et dans le désir d'Elaine, conclut-elle.

— Elaine ?

— Toute cette aimable plaisanterie est bien d'elle, n'est-ce pas ? Même la scène douteuse avec le trait rouge sur le cou ?

Il s'arrêta de peindre, posa sa palette et la regarda, bouche bée.

— Tout comme la petite histoire de l'écorché vif, ainsi que votre numéro d'étrangleur ? Jusqu'au coup de téléphone auquel Elaine ne répond pas ? Ah, vous avez bien joué la comédie !

— La comédie ? répéta-t-il, interloqué.

— Mais vous êtes allé trop loin, Mr. Hardin. Je vois clair dans votre jeu, maintenant. C'est Elaine qui vous a envoyé ici pour me ridiculiser et se venger — mon mode de vie, ma maison, mon mari...

— ... dont la mort est tombée à point.

Veda s'arrêta net. Comme cela lui était arrivé une fois auparavant, pendant le déjeuner, lorsque Elaine lui avait posé une question à laquelle elle n'avait pas pu répondre.

As-tu donc si peur de refaire ta vie ?

— On ne peut pleurer un homme si longtemps que lorsqu'on le haïssait, reprit Hardin. Lorsqu'on le haïssait tant qu'on ne veut laisser personne prendre sa place. Pour vous, c'est de la fidélité. Mais la fidélité à la mort n'est-elle pas une forme d'infidélité à la vie ?

— C'est Elaine qui vous a conseillé de me dire ça !

— D'égoïsme bien commode, Mrs. Richards ? Un mort, ça ne demande rien...

Il avait les mains serrées sur ses bras, mais ce n'était pas cela qui la retenait. C'était ses mots, brûlants comme un fer rouge.

Pendant une insupportable seconde, ils restèrent face à face.

— Mrs. Richards ! Mrs. Richards !

Veda se dégagea.

— Ohé, Mrs. Richards. Je vous l'avais dit, pas vrai, que les gosses passeraient par-dessus les rochers.

Elle n'en croyait pas ses yeux. C'était Jerry, debout sur le parapet de pierre, à l'extrémité du patio.

— Je suis venu... (Il se tut un instant pour dévisager Hardin.) Je suis venu pour le journal.

— Le journal ?

— Je crois bien que je me suis mélangé les pinceaux et que je vous ai laissé l'édition de deux heures. Alors, comme je vous apporte toujours la dernière, je suis venu vérifier. Vous voudriez pas regarder un peu la première page et me dire s'il y a une bande bleue en haut ?

Hardin avait posé le journal sur la table. Lorsque Jerry s'en approcha, il lâcha les bras de Veda et la poussa brutalement vers le garçon. Le regard fou, il jeta un coup d'œil circulaire, sauta par-dessus le parapet et se mit à dévaler les rochers.

Quelqu'un cria d'en bas :

— Le voilà ! Attrapez-le !

Veda s'élança, mais Jerry la retint.

— C'est les flics, expliqua-t-il. Quand j'ai vu ce type et sa peinture, je suis allé les prévenir. Cherchez pas à le poursuivre, vous pourriez choper une balle.

— Une balle ? reprit Veda, interloquée.

— C'est dans le journal, Mrs. Richards. L'histoire de cette dame égorgée.

Lorsque Jerry déplia le journal, Veda vit de ses yeux ce que son esprit avait jusqu'alors refusé de croire. La photo d'Elaine sous le titre : « Une riche divorcée assassinée. »

— Même qu'y a un dessin de ce type à l'intérieur, ajouta Jerry. Elle l'avait engagé pour peindre son portrait. Hier soir, les voisins les ont entendus s'engueuler. Il voulait qu'elle l'épouse, et elle lui a rigolé au nez. Ils l'ont retrouvée ce matin avec la gorge tranchée.

Veda porta la main à son cou et y sentit encore les doigts de Hardin. Elle qui avait imaginé que c'était un coup monté par Elaine pour l'obliger à sortir de son cocon ! Désirant soudain sentir la chaleur de la vie, elle tendit le bras en direction de Jerry. Mais le garçon était maintenant planté devant le tableau, ébahi.

— Ça, alors ! souffla-t-il.

Elle alla le rejoindre. « On ne trompe pas l'œil d'un artiste », avait dit Hardin.

Il l'avait peinte en rouge, du même rouge que le sang qui coulait d'une entaille zébrant son cou. Et au-dessus, un visage terrifiant, comme seul un artiste fou peut en voir. Un visage sans bouche.

Don't live in a Coffin.
Traduction de Dominique Wattwiller.

SON SANG NE SAURAIT MENTIR

par ARTHUR PORGES

« Pour tous ces flics à la peau dure,
Quatre amendements, quelle sinécure ! »

Ulysses Price Middlebie, professeur d'histoire et de philosophie des sciences — et accessoirement expert en criminologie — salua d'un sourire de ses lèvres minces les vers de mirliton du sergent Black.

— Le Cinquième Amendement, poursuivit-il sur un ton quelque peu solennel, est d'une haute inspiration puisqu'il a été institué pour empêcher que les aveux soient obtenus sous la torture. Il n'est pas plus à blâmer pour le mauvais usage qu'on en fait que la morphine utilisée par un jeune voyou pour se donner des émotions au lieu de servir à soulager les cancéreux.

— Je le sais bien, répondit Black. C'était seulement pour vider ma bile. C'est diablement vexant de voir un meurtrier rentrer chez lui en se frottant les mains — quelle que puisse être la noble inspiration qui a présidé à l'institution du Cinquième

Amendement. D'ailleurs, il ne nous apparaît pas toujours clairement à nous autres flics, jusqu'où les avocats peuvent étendre les conséquences d'une règle qui, au départ, est si lumineusement simple.

Middlebie s'enfonça plus profondément dans son vieux fauteuil de cuir. Il fixa ses yeux gris lumineux sur le jeune détective.

— Je ne suis pas avocat, dit-il. Je ne vois donc pas très bien ce que vous attendez de moi à ce point de vue. En matière de technique scientifique de détection criminelle, j'ai pu vous être de quelque secours en plusieurs occasions. Mais si vous cherchez le moyen de tourner le Cinquième Amendement, je dois avouer être tout à fait hors d'état de vous donner un conseil.

— Vous marquez un point, reconnut Black. Je sais que vous êtes un théoricien. Mais même si nous voulons rester sur un terrain légal, il peut y avoir certaines approches que je ne concrétise pas. Vous pouvez être en mesure de trouver une solution à mon problème en utilisant votre expérience du passé. D'une façon ou d'une autre, j'aimerais en discuter avec vous. Y voyez-vous un inconvénient ?

— Bien sûr que non ! Vos problèmes sont généralement très intéressants. Peut-être vous arrangez-vous pour ne pas me raconter ceux qui le sont moins...

— C'est vrai, je m'en abstiens. Je ne viens vous voir que quand je suis coincé. Je suis un assez bon détective, ajouta-t-il sans fausse modestie, mais vous vous êtes fait une réputation de spécialiste de la déduction logique : et vous avez cinquante ans de pratique de la méthode que vous enseignez. Je ne viens pas voir le jurisconsulte de droit pénal, mais plutôt le docteur en philosophie. Vous êtes un homme capable d'aider n'importe quel jeune étudiant faisant de la recherche et qui se trouve bloqué en cours de projet. De l'un à l'autre, la différence n'est pas si grande. Ce que vous avez mené à bien dans le passé le prouve.

— Merci, fit Middlebie un peu sèchement. Encore un peu de beurre et il faudra me faire un dosage de cholestérol !

Puis il sourit d'une façon qui élimina toute l'amertume de sa plaisanterie.

— Je sais que vous avez voulu me faire un compliment sincère : mais il est difficile à un vieil ours comme moi d'accueillir la louange de bonne grâce... Donc, quel est votre cas, ou plutôt, ironisa-t-il lourdement, qu'avez-vous contre ce Cinquième Amendement ?

— Eh bien, au départ, mon cas est assez simple. Il s'agit d'un individu, nommé Charleton Chambers Dell — c'est au moins le nom que nous lui connaissons — qui a déjà presque certainement liquidé trois épouses pour profiter des assurances-vie et de leurs économies. Je précise, entre parenthèses, que ces meurtres ont été perpétrés dans d'autres États. Il vient d'en liquider une quatrième ici même et, heureusement pour nous, il a commis quelques négligences dans les détails. Il apparaît que l'épouse n° 4 l'a atteint d'un crochet du droit au nez — cible assez facile à toucher pour qu'elle ne l'ait pas manquée — tant et si bien qu'il a perdu quelques centimètres cubes de sang sur le lieu du crime. Tout cela voulait être camouflé en accident mais le héros perdit pied et le décès « fortuit » pourrait être qualifié de meurtre.

Black marqua une pause et Middlebie demanda :

— Que vient faire le Cinquième Amendement dans tout cela ? Ça me paraît un cas très typique d'Homicide du Premier Degré...

— Normalement oui, mais Dell a une chance du diable ! Il y a plusieurs suspects dont il ignorait l'existence : mais nous avons mis la main dessus (non pas dans l'idée de faciliter sa défense, bien sûr !). Ces suspects ont été découverts à la suite de l'enquête habituelle, avant même que nous ayons reçu des renseignements édifiants sur le passé de Dell... Autrement dit, nous ne possédons pas de preuves décisives contre lui — de ces preuves qui en imposent aux magistrats et qui ferment la bouche à l'avocat (celui que Dell a choisi est l'un des meilleurs à cent cinquante kilomètres à la ronde). Quant au Cinquième Amendement, savez-vous s'il peut s'appliquer, dans un cas pareil, à une analyse de sang ? Pouvons-nous obliger Dell à nous donner un peu de son sang ? La flaque de sang que nous avons trouvée près de la victime provenait très certainement du nez de Dell qu'on a vu rouge et tuméfié le lendemain matin. D'après le laboratoire de la police, le sang trouvé sur place est d'un groupe très peu fréquent : si nous prouvons aux magistrats que le sang de Dell correspond à ce groupe, je pense que nous pourrons le confondre, car le sang des autres suspects appartient à des groupes différents.

— Si l'on procède par élimination, cela devrait être suffisant, prononça Middlebie.

— Pas avec Parks, son avocat. Il fera entrer dans la danse un autre meurtrier anonyme et il brouillera les cartes. Mme Dell n'était pas une femme sérieuse, elle avait une quantité d'anciens amis. L'un d'eux pourrait toujours avoir fait le coup...

— Et pourquoi pas ? Êtes-vous si sûr de vous ?

— Moralement, oui. A cause du passé de Dell. Mais c'est un argument que nous ne pouvons utiliser devant le tribunal : un argument de ce genre n'est pas retenu. Ajoutez à cela que Dell se montre scandalisé à l'idée qu'on pourrait lui demander un prélèvement de sang. Il invoque tous les principes de toutes les religions — il a autant de convictions religieuses que feu Staline — et il se recommande du Cinquième Amendement. Nous y voici. Et le juge nous a fait comprendre que nous ne devions pas toucher à ses veines, sans quoi...

— Je suppose, fit Middlebie avec un éclair de malice dans le regard, que vous ne pouvez pas vous arranger pour que quelqu'un lui boxe le nez en public — tout à fait par hasard !

— J'y avais songé, avoua Black à regret. Mais, à l'audience, nous nous ferions honnir. Et Dell serait transformé en martyr. Il y a actuellement trop de plaintes contre les abus de pouvoir de la police. Certaines d'entre elles sont justifiées, ajouta-t-il précipitamment, mais les flics sont des hommes : ils aiment les raccourcis comme n'importe qui. Quand on est en présence d'un voyou qui se moque de la loi et qui vous met pratiquement au défi de justifier votre inculpation, il est parfois difficile de se souvenir de telles ou telles garanties dues au citoyen. Ce n'est pas une excuse : ce n'est qu'une explication.

— Ne critiquons personne avant d'avoir chaussé ses bottes pendant quelques jours, déclara Middlebie. Mais je pense que Dell doit avoir une fiche signalétique militaire, qui indique son groupe sanguin.

— On ne l'a pas trouvée. Mon idée, c'est qu'il a tourné cette obligation aussi facilement qu'il a tourné la loi. Il est passé au Mexique, il a inventé une maladie, il a trouvé le moyen de se faire désigner comme « affecté spécial » par corruption ou par piston, que sais-je ?

— N'a-t-il jamais été hospitalisé ?

— Non. Ou bien sa santé est excellente, ou, plus vraisemblablement, il a plusieurs identités. Vous vous rendez compte que je suis au pied du mur. Pas de sang, pas de preuve. Ou bien je le fais bénéficier d'un non-lieu, ou je le traîne à l'audience en courant le risque qu'il soit acquitté parce que je n'apporte pas la preuve que ce sang vient de son gros nez tuméfié.

Middlebie demeura un moment silencieux, les yeux dans le vide. Au bout de quelques minutes, il déclara :

— Considérez que si — faites attention : je dis « si » ; je ne vois pas encore comment vous pourriez procéder — mais si vous pouviez vous procurer un peu de son sang sans violence, par une astuce quelconque, l'affaire serait dans le sac.

— Encore nous faudra-t-il prouver devant les magistrats que le sang prélevé provient bien de Dell. Ce qui implique que nous ayons une bonne preuve, médicalement valable, par exemple sous la forme du témoignage d'un médecin réputé honorable.

Le visage de Black s'était assombri.

— C'est un problème sans solution. Du sang sans violence. Dell est tellement sur ses gardes que si Albert Schweitzer voulait l'égratigner pour quelque raison que ce soit, il refuserait par principe. Personne n'est en mesure d'obtenir une goutte du sang de Dell de son plein gré, c'est certain. Or, nous ne pouvons pas le prélever de force. Donc, je conclus que je vous ai fait perdre votre temps. Le problème est insoluble.

— Pour le moment, je suis obligé de me dire d'accord avec vous, répondit le professeur. Mais laissons passer la nuit. Il arrive qu'un problème réputé insoluble se trouve résolu d'une façon toute simple.

Black le considéra d'un air surpris.

— Voulez-vous dire qu'il y aurait peut-être une chance ?

Il secoua plusieurs fois sa tête en signe de doute.

— Vous ne jetez jamais le manche après la cognée, n'est-ce pas ? Eh bien, je ne veux pas avoir l'air de vous défier, mais je ne vois aucun moyen de sortir de ce pétrin.

Il s'arrêta encore sur le seuil de la porte.

— J'espère bien que vous me donnerez de vos nouvelles demain matin.

— Le sang est une substance merveilleuse, déclara Middlebie d'un air distrait. Pas surprenant que tant de gens haïssent l'idée d'en perdre une seule goutte. Je ne parle pas des criminels du genre de Dell. Nous ne pouvons pas laisser courir ce tueur de femmes avec, comme seule punition, un coup de poing sur le nez !

— Il courra pourtant, si vous ne trouvez pas le moyen de l'arrêter, rétorqua Black avant de s'en aller.

Après son départ, le professeur se prépara un grand verre de son breuvage favori, un écœurant mélange de rhum, de cassonade et de bière. Il le dégusta avec une paille, tout en lisant un long article qui avait pour sujet « le sang ». Cet article lui apprit plus qu'il ne voulait en savoir, mais il ne contenait absolument rien d'utilisable pour la solution du dilemme posé à Black. Cependant le paragraphe sur les parasites sporozoaires...

***

Le lendemain soir, assez tard, Middlebie, le sergent Black et un petit homme rond d'allure maussade, connu du monde entier comme une autorité en matière de médecine tropicale, s'avançaient avec des airs de conspirateurs vers une fenêtre située à l'arrière d'un bâtiment appartenant à un motel.

— C'est celle-ci, annonça Black à voix basse.

— En êtes-vous certain ? insista Middlebie sur un ton enroué, très bas et monocorde.

— J'en suis sûr. Dell dort actuellement dans cette chambre. Êtes-vous prêt, docteur Forrest ?

Le petit homme répondit par une sorte de coassement :

— Bien sûr que je suis prêt. Il fallait que ce soit Middlebie pour que je me laisse entraîner dans une telle aventure... et au milieu de la nuit encore !

La suite de ses protestations se perdit dans un murmure grognon.

Tranquillement, avec une dextérité de chirurgien, Black pratiqua un trou dans l'écran en treillis fin placé dans la fenêtre et servant de moustiquaire. La nuit était chaude et la vitre était levée de quelques centimètres. Sur un mot de Middlebie, Forrest souleva quelque chose et l'appliqua contre le trou. Quand il ôta l'objet quelques instants plus tard, le sergent boucha l'orifice avec du coton. Puis les trois hommes se retirèrent.

— Deux inspecteurs vont surveiller les lieux jusqu'au matin, déclara Black alors qu'ils rejoignaient la voiture. Dès le lever du jour, je fais arrêter Dell. Bien entendu, j'aurai encore besoin de vous. Mes hommes pourront déclarer que personne d'autre que Dell n'a pénétré dans la chambre : mais vous aurez à témoigner du reste. Ça va marcher ! annonça-t-il, jubilant. Ça devrait marcher !

L'État... contre... Charleton Chambers Dell.

L'avocat général Brand : Professeur Middlebie, veuillez dire à la Cour, qui désire l'entendre de votre bouche, ce qui s'est passé dans la nuit du 18 juin. Veuillez être aussi précis que possible.

Middlebie : Le docteur Forrest, le sergent Black et moi-même nous nous sommes rendus au motel « Écume de Mer », nous avons identifié la fenêtre de la chambre de l'inculpé et avons pratiqué un petit trou dans l'écran moustiquaire de ladite fenêtre. Par ce trou, le docteur Forrest a lâché dans la chambre cinquante moustiques d'espèce commune. Ils avaient l'estomac vide et ils étaient colorés en jaune brillant à l'aide d'un pigment chimique ne présentant aucun danger.

Brand : Veuillez expliquer : pourquoi l'estomac vide ? Et pourquoi colorés en jaune ?

Middlebie : Je m'explique. Ces moustiques femelles (les seuls qui piquent) ont été élevés en laboratoire, dans des cages en treillis, pour les besoins des travaux de parasitologie du docteur Forrest. En conséquence, tout sang trouvé dans leur estomac, le matin, devait provenir nécessairement du seul être à sang chaud ayant occupé cette chambre du motel. En ce qui concerne la coloration, elle avait seulement pour but de nous assurer que les insectes repris et analysés par nous étaient bien ceux que nous avions lâchés dans la chambre. C'est-à-dire que nous avons voulu écarter tout risque de prendre en compte un autre moustique qui aurait pu nous apporter un sang qui n'aurait pas été celui de l'inculpé.

Brand : Je vois. Le matin donc, il vous a fallu, en

conséquence, faire prisonniers un certain nombre de moustiques colorés en jaune ?

Middlebie : Bien sûr. Nous les avons ramassés sur les murs de la chambre du motel. Le sang récupéré dans leur estomac a été analysé par le docteur Forrest et par le laboratoire de la police.

Brand : A cet égard, un autre témoignage va nous montrer que le sang — d'un groupe fort peu courant — perdu par le meurtrier dans la chambre même de la victime...

***

— Je n'ai jamais vu un homme plus étonné que Dell, racontait plus tard le sergent Black. Le jury était plutôt ahuri, mais Dell !... Je me sentais presque navré pour lui. Les jurés étaient bien obligés de prendre en considération le témoignage d'hommes tels que Middlebie et Forrest. Et comment aurait-on osé nous reprocher d'avoir utilisé « la force et la violence »... des moustiques ?

— Il y a pourtant une certaine subtilité dans la conception même de la Justice que vous semblez négliger, fit alors remarquer le professeur Middlebie. Il y a d'abord que ce pauvre Dell a passé une nuit épouvantable, étant livré comme proie à cinquante moustiques affamés dans un local aussi exigu. Il y a en outre que cette torture et ensuite son inculpation pour meurtre lui ont été infligées... par les femelles de l'espèce.

Blood will tell.
Traduction de Gersaint.

UN FAMEUX BOURGOGNE

par Harold Rolseth

Arly Minto était un homme d'affaires heureux. Il habitait une cabane au bord de la décharge municipale, et, pour les services qu'il rendait en veillant au feu et en écartant les fouineurs d'ordures, les autorités de la ville lui concédaient le droit d'être le seul à faire de la récupération.

A l'exception de sa nourriture, tout ce dont il avait besoin lui était fourni par cette décharge. Le pantalon qu'il portait, par exemple. D'un excellent tissu et pratiquement neuf; son abandon par son propriétaire était incompréhensible.

Le fait qu'il était d'un bleu vif et taillé pour un homme d'un mètre quatre vingts alors que le mètre cinquante d'Arly projetait à peine une ombre ne l'empêchait pas de s'en servir. Il avait simplement raccourci chaque jambe d'environ trente centimètres et épinglé des plis tout autour de la taille. Il trouvait qu'avec ces retouches, le pantalon tombait parfaitement.

La décharge ne lui apportait pas seulement le nécessaire, mais aussi le luxe. Un tapis persan recouvrait le sol de sa cabane. Et si des taches de toutes sortes superposaient un second dessin à l'original, ce n'en était pas moins un véritable persan.

Même ses boissons lui étaient fournies par cette décharge. Les bouteilles des bars et des night-clubs de la ville y arrivaient en grande quantité. Et une partie de la journée d'Arly se passait à verser les quelques gouttes que contenaient souvent encore ces bouteilles dans une bonbonne de près de cinq litres dont l'étiquette colorée portait ces mots : Bourgogne Fleur de Lys.

Arly ne faisait aucune discrimination entre les liquides variés qu'il mélangeait ainsi. Whisky, rhum, gin, vin, tout lui était bon. L'extrait de citron aussi, de même que certaines lotions capillaires à la haute teneur en alcool selon l'étiquette. Il y avait également cette mixture d'un rouge vif connue sous le nom de Super Tonic Schipp et qu'Arly tenait en grande estime. Assez fréquemment, il en découvrait des flacons presque pleins, ce qui indiquait peut-être que les acheteurs se rendaient compte à la première gorgée que leurs maux étaient encore plus doux à endurer que ce fortifiant à boire.

Arly devait admettre que, pris sec, le breuvage Schipp n'était pas spécialement agréable. Mais, mélangé à un assortiment d'autres liquides, une grande partie de son amertume disparaissait. De plus, il donnait, il fallait bien dire, une splendide couleur et de l'éclat au contenu de la bonbonne.

Arly ne buvait pas tout seul. Il mettait soigneusement de côté chaque récolte hebdomadaire pour le vendredi soir. Il recevait alors son ami intime, Joseph J. Jeffwick, plus connu sous le nom de Jay-Jay.

Jay-Jay vivait dans la cave de la prison, à côté de la morgue. A cause de cela, il se considérait comme un membre estimé des forces de police, bien que ce ne fût pas précisément le cas. La vérité était que la police, lasse de le ramasser sans cesse pour ivresse ou toute autre inculpation, avait fini par lui procurer ce coin de cave en échange de travaux divers. Jay-Jay pouvait aller et venir comme il le voulait, à la condition de ne pas boire outre mesure. Ce qui, à part ses bombances avec Arly, ne lui arrivait pas souvent, étant donné qu'il ne disposait d'aucun revenu.

Un lien profond unissait les deux hommes. Jay-Jay aimait Arly pour son hospitalité généreuse du vendredi soir. Arly tenait à Jay-Jay à cause de la sagesse de celui-ci et de la compagnie qu'il lui apportait. Car Jay-Jay, résidant sous la prison et à deux pas de la morgue, représentait une mine intarissable d'histoires noires et horribles.

Ce soir-là, Arly attendait son ami avec une particulière impatience. Un échantillon d'un demi-verre de son mélange l'avait convaincu que, cette semaine, il avait un mélange parfait. La manière dont il lui brûlait la gorge et lui soulevait l'estomac en était une preuve indéniable. De plus, Jay-Jay allait, sans aucun doute, lui apporter une profusion d'informations détaillées. Durant la semaine, il y avait eu un hold-up dans une banque de la ville et un assassinat. Arly escomptait passer une excellente soirée.

Jay-Jay arriva ponctuellement à sept heures. Depuis des années, son entrée chez Arly était devenue quasi rituelle. Il frappait un seul petit coup sec à la porte, sage mesure car, sans cela, la porte n'eût pas résisté.

Puis, sans attendre, il passait sa tête dans l'entrebâillement. « Y a personne ? »

— Oh ! c'est toi ! s'exclamait Arly, comme surpris par cette arrivée. Entre, entre.

Ayant satisfait à cette coutume, tous deux se serrèrent cérémonieusement la main, et Arly, d'un geste courtois, désigna une chaise près de la table. Jay-Jay s'assit et laissa tomber son chapeau à terre.

— Tu prendras bien un petit verre ? demanda Arly, se donnant comme toujours un air détaché.

— Il ne faut pas que ça te dérange, répondit Jay-Jay en se raclant la gorge par anticipation.

Arly sortit deux verres qu'il remplit jusqu'au bord. Puis il regarda attentivement son ami fermer les yeux, verser le breuvage dans sa bouche, l'y tenir quelques instants avec ravissement, puis se pencher en arrière pour le faire descendre dans sa gorge.

— Arly, dit Jay-Jay, cette fois, c'est la perfection.

Rayonnant, son hôte avala une grande gorgée, mais la modestie lui interdisait de se permettre un commentaire sur son chef-d'œuvre.

— J'me suis laissé dire que tu avais été joliment occupé cette semaine, Jay-Jay.

Jay-Jay hocha la tête :

— Tu peux pas t'en faire une idée. Avec le chef me courant après toutes les cinq minutes pour me demander un avis et moi interrogeant des prisonniers jour et nuit, j'te prie de croire que ça a été dur.

Les yeux d'Arly brillèrent d'admiration.

— Tu mènes une vie vraiment intéressante, Jay-Jay. Parle-moi de la morgue.

Jay-Jay frémit. Il vida son verre d'un trait pour se donner du courage.

— Un coup du Syndicat. La pauvre victime était

une véritable passoire. Jamais vu un meurtre aussi bien fait.

Arly frissonna de plaisir.

— Beaucoup de sang, je suppose.

Jay-Jay secoua la tête.

— Non. Pas une goutte. Le corps de la victime s'était complètement vidé de son sang par tous les trous qu'on y avait faits.

Il avala une longue gorgée avant de continuer :

— Ces cadavres-là sont pires encore que ceux qui saignent. On dirait des statues de marbre, à part les trous.

— Et pourquoi on a fait ça, Jay-Jay ? demanda avidement Arly.

— Un type qui avait parlé. Les autres, ceux du Syndicat, n'aiment pas ça du tout. (Il agita un doigt vers Arly.) Tu te souviens de l'affaire que j'ai résolue il y a cinq ou six ans ?

Arly s'efforça de ne plus fixer le doigt de Jay-Jay et revint au passé. Jay-Jay vida son verre, le remplit de nouveau.

— Celui-là aussi avait été trop bavard, dit-il après avoir laissé Arly réfléchir quelques minutes.

— Lequel ? demanda Arly dont l'esprit se perdait à présent dans des rêves.

— Le grand.

— Ah, je croyais que c'était le petit.

— Non. Le petit, c'était un accident.

— Les accidents, ça arrive, dit Arly, d'un ton sentencieux.

— C'est vrai. Y a une chose que j'ai remarquée, Arly... c'est qu'ils arrivent toujours aux gens qui en ont. C'est drôle, hein ?

— Sûr, Jay-Jay. Et ils n'arrivent jamais à ceux qui n'en ont pas. Curieux aussi, pas vrai ? Pourquoi, à ton avis, c'est comme ça ?

Jay-Jay se préparait à répondre quand, brusquement, sans avertissement, la porte s'ouvrit. Deux énormes revolvers apparurent, suivis de deux hommes.

— Eh, fit l'un de ceux-ci, un affreux jeune homme aux cheveux blond filasse et aux yeux bleu pâle, deux vieux en train de lamper du vin.

— Nous n'avons rien fait, s'écria Arly indigné. Qu'est-ce qui vous prend d'entrer de cette façon dans ma maison ?

— Il appelle ça une maison, gloussa le blond en se tournant vers l'autre, qui regardait fixement Arly et Jay-Jay de ses petits yeux noirs.

Arly se leva pour mieux protester contre cette insulte. Mais Jay-Jay, tendant le bras par-dessus la table, l'obligea à se rasseoir. « Chchch... Arly, fit-il. (Et on aurait pu l'entendre à cent pas bien qu'il eût baissé la voix.) T'énerve pas. Ce sont des types du Syndicat. Entrons dans leur jeu.

Arly, l'air sérieux, parut considérer la chose.

— Tu as raison, Jay-Jay. Je vais chercher des cartes.

Le jeune homme blond les regardait à la fois avec colère et perplexité.

— Vous êtes cinglés, non ? Parler derrière notre dos, comme ça, devant nous ?

Son compagnon prit la parole pour la première fois.

— Ce ne sont que deux poivrots. Ils sont soûls.

— Ouais, fit le blond. (Il avança d'un pas pour examiner l'étiquette que portait la bonbonne.) Bourgogne Fleur de Lys. Voilà qui paraît de la fameuse marchandise.

Et, se tournant vers Arly et Jay-Jay, il ajouta d'un ton accusateur :

— Habiter une turne pareille et boire du Fleur de Lys. Vous devriez avoir honte.

Il alla ouvrir un placard mural dans lequel il prit deux verres qu'il remplit. Il en tendit un à son compagnon qui l'accepta avec un pctit sourire.

— Jerry, dit le blond, montrons à ces vieux clowns comment il faut boire. Allez, cul sec.

Ensemble, ils portèrent leur verre à leurs lèvres et en avalèrent le contenu d'un trait.

L'instant qui suivit fut comme électrisant. Les deux hommes laissèrent tomber leurs armes et leurs verres, suffoquant, échangeant des regards horrifiés. Puis, comme la mixture d'Arly atteignait leur estomac, ils tombèrent en se tordant sur le sol.

— Un docteur ! hurla le blond.

— Deux ! rectifia l'autre dans une plainte angoissée.

Arly et Jay-Jay les regardaient, étonnés.

— Qu'est-ce qui leur arrive ? demanda le premier.

— Des drogués, déclara Jay-Jay en professionnel. Ça les prend quelquefois comme ça. Ce qu'il leur faudrait, c'est de la came.

— Je n'en ai pas sous la main, répondit avec regret Arly. (Et, se retournant vers les deux hommes étendus et gémissants :) Eh, les gars, pourquoi vous n'iriez pas vous chercher un peu de came ? Vous vous sentiriez beaucoup mieux après.

— Un docteur... un docteur... geignaient-ils tous deux.

Jay-Jay se versa un verre, puis regardant pensivement les deux hommes :

— Tu sais, Arly, dit-il, ces deux types-là, ils n'ont pas le droit de faire ce qu'ils font.

— Ouais ? fit Arly, frappé par cette idée.

— Ouais, répéta Jay-Jay, ils nous ont menacés de

leurs revolvers, pas vrai ? Eh bien, c'est contraire aux lois.

— Bien sûr, Jay-Jay. Et puis, qu'est-ce qu'on leur a fait ? Rien.

Leur conversation se trouva interrompue par le gémissement d'une sirène. Un instant plus tard, deux policiers en uniforme faisaient irruption dans la pièce, revolver en main.

— Auriez-vous vu deux... commença l'un d'eux.

Puis il aperçut les hommes gisant sur le sol.

— Bon sang ! Les voilà ! Mais qu'est-ce qui leur est arrivé ?

— C'est pas notre faute, monsieur l'agent, répondit Arly. Ils sont tombés malades, c'est tout. Ils étaient entrés ici en nous menaçant, des vrais gangsters, et...

— Eh bien, à l'heure qu'il est, ils n'en ont plus l'air, remarqua l'un des policiers. Nous ferions bien de les emmener à l'hôpital. Qu'ils meurent, cela nous est égal, mais ce que nous voulons d'abord, ce sont leurs aveux au sujet du hold-up de la banque. Quant à vous, il vous faudra venir raconter votre histoire au chef.

Un moment après, Arly et Jay-Jay étaient assis en face du chef de la police et d'un sténographe.

— Allons, vieux poiv... messieurs, détendez-vous. Vous n'êtes en aucune façon impliqués dans l'attaque de la banque. Creepy James et Jerry cherchaient à se cacher. Dites-nous ce qui s'est passé, et vous pourrez partir.

— Voilà comment c'est arrivé, chef, commença Jay-Jay.

— Mieux vaut laisser parler Arly, interrompit le chef, non sans bonté. Nous présumons qu'il n'est pas ivre, mais nous ne pouvons en dire autant de vous. Voyons, Arly, racontez-nous.

Arly s'éclaircit la gorge. Mais avant qu'il eût pu prononcer une parole, un policier fit irruption dans la pièce.

— Chef, nous avons les aveux signés des deux, non seulement à propos de l'affaire de la banque, mais aussi de trois ou quatre autres hold-up. Les types croyaient qu'ils allaient mourir. Ils ont tout avoué.

Le policier tendit au chef un papier.

— Voici le rapport du docteur. Ils vivront, mais ils auront mal à l'estomac toute leur vie. Le docteur ignore la nature de ce qu'ils ont pu boire, mais c'était sûrement très puissant.

Le chef de la police s'adressa à Arly.

— Qu'ont-ils bu ?

Arly se tortilla sur sa chaise.

— C'est... c'est quelque chose que j'ai trouvé dans la décharge.

— Dangereux, vous ne croyez pas ? Que vouliez-vous en faire ?

Arly se tournait vers Jay-Jay pour chercher de l'aide quand, sur le nez de son ami, se posa une mouche.

— Les punaises... dit-il, pris d'une brusque inspiration. C'était pour tuer les punaises. N'est-ce pas, Jay-Jay ?

— Ouais, fit Jay-Jay en louchant pour regarder la mouche sur son nez. Tu te souviens, Arly, les cafards... ils sont morts aussitôt que j'en ai versé un peu sur eux.

— Mettez insecticide, dit le chef de la police au sténographe. (Et, se tournant de nouveau vers Arly :) Maintenant, dites-moi, comment avez-vous fait pour qu'ils boivent ce poison ?

— Ils ont cru que c'était du Bourgogne Fleur de Lys.

— Du Bourgogne Fleur de Lys ? (Le chef réfléchit pendant quelques instants, puis il haussa les épaules en désespoir de cause.) Notez qu'ils ont confondu l'insecticide avec du vin.

Un moment passa. Le sténographe tapait ses notes à la machine. Pendant ce temps, le chef de la police observait Arly et Jay-Jay comme s'il essayait d'arriver à prendre une décision à leur sujet.

Lorsque les papiers furent prêts, Arly et Jay-Jay les signèrent sans poser de questions. Puis Arly demanda. « On peut partir, maintenant ? »

Le chef leur fit signe de rester assis.

— Encore une chose, messieurs. Je ne vous ai pas dit... il y a une récompense de cinq mille dollars pour qui fera arrêter les deux gangsters. Vous avez droit à cette somme, c'est évident.

Il se pencha en avant.

— Voici ce que j'ai pensé. Cet argent peut vous permettre d'entrer tous les deux comme pensionnaires dans une maison de retraite. Il y en a une très bien ici, en ville. Un de mes oncles y vit, et il s'y plaît énormément. Beaucoup de vieux amis, d'excellents repas, une chambre propre, aérée, un bain tous les jours...

— Un bain tous les jours ? répéta Arly.

— Deux, si vous voulez.

Le chef gardait les yeux fixés sur ses ongles.

— Chef, dit Arly, je ne crois pas que Jay-Jay et moi, on ait droit à la récompense. Pas vrai, Jay-Jay ?

— C'est la vérité, chef, répondit Jay-Jay avec emphase. Nous ne méritons aucune récompense pour ce qu'on a fait. Les deux types allaient nous tomber dessus quand vos hommes sont arrivés à notre secours.

— Ce sont eux qui ont droit aux cinq mille dollars, reprit Arly. Ils ont fait tout le travail.

Le chef de la police secoua la tête. « Ce serait contraire au règlement. » Il parut réfléchir encore profondément, puis : « Il y a un autre moyen, dit-il. Vous pouvez accepter la somme, et en signer l'abandon au profit des Œuvres de la Police. Cela vous serait-il agréable ? »

C'était plus qu'agréable. Arly et Jay-Jay signèrent les documents qui leur furent présentés avec des signes visibles de soulagement.

Le chef appela une voiture pour les reconduire à la cabane d'Arly, et, comme ils venaient de quitter son bureau, il se tourna vers le sténographe.

— Al, je crois que je leur ai fait grand-peur. Une maison de retraite serait l'enfer pour eux. Ils n'y seraient pas restés un an. Par ailleurs, je doute qu'ils auraient pu supporter de s'offrir pour cinq mille dollars de tord-boyaux, même en ajoutant dans leur verre ce fameux insecticide.

*
* *

De retour dans la cabane d'Arly, les deux amis se remirent vivement à boire.

— Je tremble encore quand je pense au guêpier dans lequel on a failli tomber, dit Arly. Pense un peu... un bain tous les jours.

Il but un grand coup comme pour effacer en lui cette vision d'horreur.

— Et vivre dans une boîte remplie de vieux idiots, ajouta Jay-Jay. Jamais on aurait eu la chance de boire quelque chose d'aussi bon.

— Le chef est sûrement intelligent pour avoir trouvé cette solution.

— Il pense toujours à ses hommes, assura fièrement Jay-Jay. Et, naturellement, comme tu es mon ami, il a pensé à toi aussi.

— Si on parlait de quelque chose de plus gai ? fit Arly. Raconte-moi ce qui se passe à la morgue.

Tight Fix.

Traduction de Simone Millot-Jacquin.

DANS LE PANNEAU

par ERNEST SAVAGE

C'était moi qui avais reçu l'appel au commissariat et j'avais dit à Mme Martin de commencer par dresser une liste de tous les objets qui avaient disparu. A mon arrivée chez elle, elle était toujours occupée à cette tâche. Au téléphone, elle ne m'avait pas semblé trop troublée par le cambriolage de sa maison, mais lorsqu'elle m'ouvrit la porte, elle avait des larmes dans les yeux.

— Ils ont tout pris, déclara-t-elle d'une voix tremblante. Ce que j'avais de plus précieux. L'argenterie qui me venait de ma mère et les bijoux que m'avait offerts mon défunt mari...

Sa voix se brisa et elle grimaça un pauvre sourire.

— ... Tout, absolument tout ce à quoi je tenais ! C'est affreux !

— Est-ce la liste que je vous ai demandé de dresser ? questionnai-je en indiquant le bloc qu'elle serrait sous son bras.

Elle me le tendit sans un mot et j'y jetai un rapide coup d'œil.

— Je suis le sergent Peckinpaugh, me présentai-je. C'est moi que vous avez eu au téléphone tout à l'heure. Peut-être pourrions-nous examiner cette liste devant une tasse de café ?

Elle hocha la tête et je la suivis à la cuisine.

Par expérience, je savais que le seul fait d'occuper ses mains lui changerait les idées et l'aiderait à se reprendre.

Une vieille chienne de race indéterminée nous accompagna en traînant la patte.

Mme Martin nous avait appelés cinq minutes à peine après être rentrée chez elle au terme de deux semaines de vacances au Canada. Tout de suite, elle avait remarqué que l'une des fenêtres de la salle à manger était entrouverte et que la chaise qui se trouvait habituellement devant l'embrasure avait été poussée sur le côté. Ensuite, elle avait vu que son service à thé en argent n'était plus sur le buffet et elle s'était précipitée sur le téléphone pour nous appeler. Ce service à thé en argent était en tête de la liste qu'elle avait dressée. Une dizaine d'autres objets avaient disparu, parmi lesquels des armes de collection qui avaient appartenu à son mari, deux figurines en porcelaine de Dresde, des bijoux, des pièces d'or et d'argent et une somme assez importante qu'elle avait laissée imprudemment dans une boîte en fer dans le buffet de la cuisine. Par contre, le poste de télévision et la chaîne haute fidélité avaient été négligés par le cambrioleur. D'après les estimations de Mme Martin, le préjudice s'élevait à au moins dix mille dollars et l'ensemble des objets dérobés aurait pu tenir aisément dans un grand sac de voyage. Immédiatement je songeai à un autre cambriolage qui avait été commis quinze jours auparavant dans une villa à quatre ou cinq rues seulement de là où habitait Mme Martin. Dans les deux cas, le voleur n'avait pris que des objets de valeur, peu encombrants et facilement revendables.

Assise sur un petit tapis dans le passage entre la cuisine et la buanderie, la vieille chienne regardait alternativement d'un air suppliant sa maîtresse et son écuelle à eau qui était vide. Me levant, je la pris, la remplis à l'évier et la lui rendis. La pauvre bête remua la queue en signe de gratitude et se mit à laper frénétiquement.

— Oh, et moi qui l'avais complètement oubliée ! s'exclama Mme Martin avec remords. Pauvre Trudy, elle devait mourir de soif.

La chienne vida presque l'écuelle pendant que Mme Martin me racontait pour la troisième fois ce qu'elle savait. Il n'y avait pas eu effraction et pourtant — elle en était absolument certaine — elle avait fermé soigneusement cette fenêtre, ainsi d'ailleurs que toutes les autres fenêtres de la maison. Et, en plus, son fils, Harold, était passé derrière elle et avait vérifié que tout était en ordre avant son départ.

Ayant fini de boire, Trudy se dirigea en se dandinant vers la porte de la buanderie qui donnait sur la cour. Une porte dont le bas avait été remplacé par l'un de ces panneaux basculants que l'on trouve maintenant dans toutes les boutiques spécialisées et qui permettent à un chien d'entrer ou de sortir sans déranger ses maîtres. Pendant quelques secondes, la vieille chienne resta immobile, le museau appuyé contre le panneau, puis, d'un coup de reins laborieux, elle sauta à travers. Deux ou trois minutes plus tard, ayant satisfait ses besoins, elle rentra par le même chemin et alla se coucher dans sa panière.

Une brusque idée me traversa l'esprit. Je me levai et, après avoir marmonné une vague excuse à Mme Martin, je sortis dans la cour en refermant la porte derrière moi. Là, je m'assis sur la marche en béton, passai mon bras à travers le panneau basculant et cherchai le verrou à tâtons le long du chambranle. Je n'eus aucune peine à le trouver et le fis manœuvrer dans un sens puis dans l'autre. La démonstration faite, je me relevai et rentrai dans la cuisine.

Mme Martin avait observé mon manège, la bouche ouverte et les yeux ronds.

— Je... Jamais je n'aurais pensé..., bredouilla-t-elle. Ainsi, c'est par là qu'ils sont entrés ! Mais alors... la fenêtre de la salle à manger ?

— Ils l'ont ouverte pour brouiller les pistes, madame Martin, expliquai-je en souriant. C'est classique. Me permettez-vous d'utiliser votre téléphone ?

***

Quand je revins au commissariat, à cinq heures et demie, mon chef, le lieutenant Stanley Wells était occupé à feuilleter un dépliant d'agence de voyages qui vantait les délices de Hawaï et des îles paradisiaques du Pacifique. Depuis sept ans que j'appartenais à ce corps d'élite que constitue la police de Clausen, je l'avais surpris maintes fois en train de rêver devant des photos de plages ombragées de cocotiers ou devant les cartes des Galapagos ou de Tahiti, à la recherche de l'endroit idéal où il irait passer les dernières années de son existence. Mais il ne s'agissait que d'un jeu, d'une sorte de petite comédie qu'il se donnait à lui-même. Il était né ici et il mourrait ici, ce dont il était tout à fait conscient car sa femme lui avait dit que, de toute façon, il n'était pas question qu'elle quitte sa maison et ses amies. D'ailleurs, il était probable qu'il ne prendrait jamais vraiment sa retraite. Ce n'était pas dans son tempérament. Simplement, il regrettait que Clausen ne fût pas restée la petite ville tranquille qu'elle était voilà vingt ans. Son innocence perdue lui manquait.

Il posa son dépliant et me considéra d'un œil critique.

— Demain, déclara-t-il, tu tâcheras de trouver un moment pour aller te faire couper les cheveux.

— Sommes-nous déjà le premier du mois, chef ? affectai-je de m'étonner.

— Tu en as besoin, c'est tout ! répliqua-t-il. Qu'est-ce que cette histoire dont tu parlais avec Escalera tout à l'heure, à propos de l'affaire Martin ?

— Ce n'était pas seulement à propos de l'affaire Martin, répondis-je, mais à propos des cinq cambriolages qui ont été commis dans le quartier du Park Plaza, les deux dont je m'occupe et les trois d'Escalera. Premièrement, comptai-je sur mes doigts, toutes les villas cambriolées étaient équipées d'un panneau mobile pour les allées et venues du toutou de la maison, deuxièmement, toutes ont été dévalisées pendant que leurs propriétaires étaient en vacances, troisièmement, c'est à chaque fois le même type d'objets qui ont disparu — légers, peu encombrants, précieux, facilement revendables — et, enfin, quatrièmement, dans chaque cas une porte ou une fenêtre a été ouverte pour laisser croire que c'était par là que le voleur était entré.

— Pourquoi aurait-il pris la peine de faire une telle mise en scène ?

— Pour détourner l'attention de l'endroit par lequel il était réellement entré.

— Ce qui signifie, Sherlock ?

— Simplement que les gens dont les villas sont équipées de tels panneaux courent le risque d'être cambriolés pendant leurs vacances, cet été. Et il y a encore le point n° 5, mon lieutenant, le point le plus intéressant. Tous ces panneaux ont été achetés au même commerçant et mis en place par ses soins.

— Tu en es sûr ?

Ma petite démonstration commençait à l'intéresser.

— Absolument, chef.

L'idée m'en avait traversé l'esprit au milieu de l'après-midi et j'avais immédiatement vérifié mon hypothèse auprès d'Escalera et de chacune des victimes.

— Parfait, Peck, parfait ! Comment s'appelle ce commerçant ?

— Un certain Graham. Il tient une boutique d'aliments et d'accessoires pour animaux non loin du complexe commercial du Plaza.

— Un honnête commerçant auquel tu t'apprêtais à rendre visite, je présume ? déclara-t-il en jetant un coup d'œil distrait à sa montre.

Il y avait déjà plus d'une heure que j'aurais dû terminer mon service, mais comme lui-même ne dételait jamais, c'était le genre de détail dont il avait de la peine à se souvenir.

— Je m'y rendrai demain matin à la première heure, patron, répondis-je avec fermeté.

***

Le lendemain matin, j'arrivai devant la boutique de Graham une demi-heure avant l'ouverture et je m'assis, pour l'attendre, sur une murette en pierre. Le ciel était bleu et l'atmosphère n'était pas encore trop envahie par la fumée des incendies qui, depuis plus d'un mois déjà, ravageaient les collines autour de la ville. J'étais assis, approximativement, à l'endroit où, vingt ans plus tôt, j'avais appris à tenir une batte de base-ball, et, malgré moi, je me mis à rêver au passé. En ce temps-là, il n'y avait autour du stade que des vergers d'orangers et d'avocatiers, les deux arbres qui ont fait la richesse dc la vallée de Clausen et qui figurent aujourd'hui sur son emblème.

Mais, depuis lors, comme un cancer, le béton a tout envahi. Là où il n'y avait que de modestes exploitations agricoles, il y a maintenant le Plaza, un gigantesque centre commercial, entouré de galeries marchandes et de parkings tentaculaires, et des milliers de villas de banlieue pleines — selon le lieutenant Wells — de dangereux étrangers, prêts à tout pour troubler la quiétude des honnêtes citoyens de Clausen (par « honnêtes » il entend les gens dont la famille était déjà installée dans la vallée au début du siècle).

Je grimaçai. Ayant déjeuné de pâté et de cornichons, j'avais un goût désagréable dans la bouche. Célibataire, je vis seul dans le bungalow où je suis né et que mes parents m'ont légué à leur mort.

Trois ou quatre boutiques plus bas, l'enseigne d'un coiffeur se mit à clignoter. J'avais encore vingt minutes à tuer. Un peu à contrecœur, je me levai et allai m'asseoir sur le fauteuil de l'« artiste capillaire », pour employer le titre qu'il s'était donné sur sa vitrine.

— Sur les côtés et derrière, recommandai-je. Juste pour égaliser. Et vous me donnerez un reçu.

Quand je lui eus exposé l'objet de ma visite, Graham s'empourpra et me dit que si je croyais qu'il avait le temps ou l'envie d'aller cambrioler les gens après une journée passée à s'occuper de tous ces bon dieu de chiens, chats, serins, poissons rouges et autres mainates — sans parler des clients qui ne valaient guère mieux — je ne savais vraiment pas ce que c'était que de tenir un magasin comme le sien !

— Avec tous ces animaux, je suis moi-même à quatre pattes à la fin de la journée !

— Je ne vous accusais pas personnellement, monsieur Graham, répondis-je d'une voix aussi apaisante que possible. Mais peut-être avez-vous un collaborateur, un assistant ?

Il rit avec amertume.

— Un assistant ! J'en avais un — et pour une fois c'était un brave garçon, honnête et travailleur — mais un beau jour, voici deux mois, il m'a quitté. Sans un mot, sans une explication. Un matin, il ne s'est pas présenté au magasin et, depuis lors, je n'ai pas eu la moindre nouvelle de lui. De nos jours, on ne sait vraiment plus à qui se fier !

— Comment s'appelait-il ? questionnai-je.

Il m'emmena dans un minuscule bureau au fond de sa boutique et me tendit la fiche de son ancien employé.

— Tant que vous y êtes, peut-être pourriez-vous me donner les noms et les adresses de toutes les personnes auxquelles vous avez vendu l'un de ces panneaux mobiles dont je vous ai parlé ?

— Vous n'avez qu'à chercher vous-même, répliqua-t-il en m'indiquant une armoire métallique. Tout est là. Moi j'ai du travail à faire.

Sur ces mots dénués de toute amabilité, il me quitta et alla s'occuper de son cheptel qui aboyait, miaulait, pépiait et gazouillait à qui mieux mieux.

***

Une heure plus tard, j'avais une liste de quarante-quatre personnes qui, en un laps de temps de trois ans et demi, lui avaient acheté un panneau mobile et lui avaient demandé de venir l'installer chez eux. Une flopée, me dis-je en grimaçant. Hypocritement, je remerciai Graham de sa coopération et sortis de sa boutique.

Maintenant, il me fallait retrouver Daniel Richards, l'ancien employé de Graham. L'adresse que j'avais sur sa fiche était celle d'un emplacement dans un camping situé non loin d'un échangeur d'autoroutes à l'est de la ville. Un camping où étaient installés à demeure de nombreux mobile-homes et caravanes. Je m'y rendis et découvris qu'il y avait vécu effectivement avec l'un de ses oncles, Edward Richards, un vieil original qui m'accueillit très aimablement.

— Un jour, il est parti pour aller faire des courses et depuis je ne l'ai plus revu, expliqua-t-il tout en ouvrant une boîte de bière. Hormis ce qu'il avait sur le dos, il n'a emporté aucune de ses affaires.

— Il est parti en voiture ?

— Oui. Il a un minibus Volkswagen. Qu'a-t-il fait, sergent ?

— Rien, pour autant que je sache, répondis-je en m'asseyant à l'ombre de l'auvent en toile. (La chaleur commençait à être étouffante.) Mais il pourrait être en mesure de me donner des renseignements, concernant une affaire dont je m'occupe en ce moment. Était-il seul quand il vous a quitté ?

— Il était toujours seul, répondit Richards. C'est un solitaire. Voulez-vous une bière, sergent ?

— Non, merci, refusai-je.

Je jetai un coup d'œil à la fiche de Daniel Richards. Il allait avoir vingt-quatre ans au mois d'août.

— Il n'avait pas de petite amie ?

Le vieil homme hésita.

— C'est difficile à dire... Il y a bien cette fille qui

l'a appelé plusieurs fois au printemps dernier... Toutefois, il ne l'a jamais amenée ici.

Il finit sa bière et écrasa distraitement la boîte entre ses doigts puissants.

— Une fois ou deux, je l'ai taquiné à son sujet, mais comme cela l'embarrassait visiblement d'en parler, je me suis très vite abstenu de tout commentaire. C'est un garçon timide, sergent. Pas l'un de ces jeunes voyous auxquels vous avez affaire d'habitude. C'est un brave gosse, travailleur et économe. Il mettait de l'argent de côté pour aller à l'école vétérinaire de Davis. Il avait calculé qu'il pourrait s'y inscrire à l'automne prochain.

— Ah bon ? Où gardait-il son argent ? Ici ?

— Non, en ville, à la caisse d'épargne. Il avait un livret et y déposait régulièrement la moitié de sa paie.

— A-t-il emporté ce livret avec lui ?

— Autant que je sache, oui.

— Combien avait-il réussi à économiser ? Assez pour payer sa scolarité ?

— A vrai dire, je ne sais pas, avoua le vieil homme en se passant la main dans les cheveux. D'après ce que j'avais cru comprendre, il lui fallait travailler pendant encore une année. Mais, sans doute a-t-il trouvé un biais...

— Peut-être a-t-il joué aux courses et gagné une somme importante ? suggérai-je.

Richards secoua la tête.

— Ce n'est pas impossible, mais cela m'étonnerait. Il m'en aurait parlé. Moi, j'avais plutôt pensé que, en refaisant ses calculs, il avait estimé pouvoir se débrouiller même avec un peu moins d'argent...

Une brusque lueur d'inquiétude brilla dans ses yeux bleus.

— Vous craignez qu'il lui soit arrivé quelque chose, sergent ?

— Je ne sais pas, monsieur Richards, avouai-je. Et vous-même, qu'en pensez-vous ?

Il secoua la tête.

— Je suis un peu inquiet, admit-il. Jusqu'à présent je n'y avais pas tellement réfléchi, mais maintenant...

— Vous connaissez le nom de cette fille ?

— Non. Je l'ai eu seulement deux ou trois fois au téléphone et je n'ai jamais pensé à lui demander comment elle s'appelait. Elle avait une voix légèrement rauque, très sexy, vous savez, un peu comme la voix de cette chanteuse allemande...

— Et des amis, monsieur Richards ? Votre neveu n'en avait donc aucun ?

— Aucun, du moins pas que je sache. Il avait peu de distractions. De temps à autre, il allait faire du surf ou de la planche à voile sur la côte et, l'hiver dernier, pendant une quinzaine de jours, il a fréquenté un club de karaté. Mais, comme je vous l'ai déjà dit, Danny est un être plutôt solitaire, un rêveur.

— Ses parents ?

— Mon frère est mort au Vietnam. Sa mère était quelque part au Canada, la dernière fois qu'elle nous a donné de ses nouvelles.

— Quand cette fille dont vous m'avez parlé l'a-t-elle appelé pour la dernière fois ?

— Juste avant qu'il s'en aille.

— Vous pensez qu'il est parti avec elle ?

— Je n'en sais trop rien, avoua-t-il en haussant les épaules.

Dans un tiroir, il trouva une photo de son neveu, le dos appuyé contre l'arrière de son minibus, sur la galerie duquel était arrimée une planche à voile.

La plaque d'immatriculation du véhicule était clairement lisible, ce qui m'épargnerait des recherches fastidieuses. Les cheveux longs — presque sur les épaules — pas très grand, plutôt mince, Danny aurait ressemblé à n'importe quel jeune s'il n'avait arboré de magnifiques bacchantes en croc qui me surprirent par leur côté provocateur.

— Cela ne correspond guère au jeune homme timide et renfermé que vous m'avez décrit, fis-je observer en posant le doigt sur les moustaches. Peut-être n'était-il timide qu'en apparence et vis-à-vis de vous ?

Le vieil homme secoua la tête.

— Non. Il était tout à fait conscient que cela ne pouvait que lui valoir des moqueries, mais vous savez comment sont les jeunes... Un pari stupide et un peu d'entêtement...

— Bon, en tout cas, cela nous aidera à le retrouver, déclarai-je. Peut-être pourriez-vous remplir une demande de recherche dans l'intérêt des familles, monsieur Richards ?

Il refusa en disant que, de toute manière, son neveu était majeur et libre d'aller où bon lui semblait. S'il était vivant, une telle demande ne ferait que lui causer des ennuis et s'il était mort, elle ne lui rendrait pas la vie.

Je lui donnai mes coordonnées et il promit de m'appeler s'il recevait des nouvelles ou s'il venait à se souvenir de quelque chose d'autre.

***

En revenant au commissariat, je passai devant le siège social du *Herald*, notre journal local, et obéissant à une impulsion irraisonnée, je m'arrêtai devant la porte principale du bâtiment. Il était midi passé et Ed Munsey, l'un de mes anciens camarades d'école, qui était responsable de la distribution au *Herald*, venait de sortir de son bureau. En me voyant, il m'offrit aussitôt de venir déjeuner avec lui à la cafétéria du journal.

— Ce que je voudrais savoir, déclarai-je lorsque nous fûmes assis à une table un peu à l'écart, c'est ce qu'il se passe lorsqu'un abonné part en vacances et demande la suspension de son abonnement.

— Oh, c'est très compliqué, Peck, me répondit-il sur un ton moqueur. Nous cessons de lui envoyer son journal et recommençons à le lui envoyer quand il nous le demande.

— Ça, je le sais, répliquai-je. A ce que je vois, tu as toujours autant d'esprit. Ce que je désirerais connaître, c'est la façon dont cela est organisé ici, au journal et, principalement, qui est responsable du service qui s'en occupe.

— Jane Romero, l'une de mes plus délicieuses assistantes. Ma seule assistante vraiment délicieuse, en fait. C'est cette fille là-bas, à l'autre bout de la salle, celle en minijupe rouge, avec de longs cheveux noirs qui lui tombent sur les épaules.

J'émis un léger sifflement et Ed sourit ironiquement.

— A ta place, je ne m'y frotterais pas, mon petit poulet, murmura-t-il. C'est une fan de karaté et, au moindre geste déplacé, elle serait capable de te casser le bras... Pourquoi viens-tu de froncer les sourcils, Peckinpaugh ? Quelque chose viendrait-il de te mettre la puce à l'oreille, fin limier ?

— Non, c'était machinal... En dehors de Jane Romero, qui d'autre est au courant de ces suspensions d'abonnement ?

— Le directeur de district concerné et la personne qui livre habituellement le client. Nous sommes obligés de dire « personne » et non plus « garçon livreur », car depuis quelques années nous employons également des filles pour distribuer nos journaux. Qu'est-ce que tu mijotes, Peck ? Tu as dans les yeux une lueur qui ne me plaît pas.

— En dehors de cela, que fait d'autre au journal Mlle Romero ? C'est bien Mlle, n'est-ce pas ?

— Oui... enfin, si c'est un terme qui a encore cours de nos jours. Pour ce qui est de son travail, elle est chargée également de tous les petits problèmes qu'il peut y avoir avec un abonné. Défaut de livraison ou...

— Tu veux dire que si l'un des livreurs oublie un client et que ce client vient à se plaindre, c'est elle qui lui apporte son journal ?

— Exactement. Mais pourquoi toutes ces questions, Peck ? Est-ce d'une enquête qu'il s'agit ?

— Oui... Pourrais-tu m'obtenir la liste de tous les gens qui ont demandé une suspension d'abonnement pour raison de vacances ? A l'insu de Mlle Romero, bien entendu.

— Bien sûr, mais tu es en train de gâcher la fin de mon déjeuner, Peckinpaugh. Dois-je déduire d'une telle requête que Jane est mêlée à une affaire louche ?

— Ce n'est pas impossible, Munsey, mais motus et bouche cousue. Il s'agit d'une affaire qui ne regarde que la police et la justice.

— Tu ne voudrais pas le reste de mon hamburger ? Je n'ai plus faim...

— Non merci, mais, par contre, je voudrais cette liste dès cet après-midi. Jane Romero a-t-elle un petit ami ?

— Dix, cent, mille peut-être.

— Qu'est-ce que c'est que cette histoire de karaté ?

— Je ne sais pas exactement, mais, en tout cas,

il vaut mieux éviter les jeux de mains avec elle. Il y a une quinzaine de jours, l'un des pigistes l'a appris à ses dépens. Il a bien failli finir à l'hôpital. Elle est membre de ce club, tu sais, celui qui est dans la rue du marché... Tu ne pourrais pas me mettre un peu au parfum ? Entre anciens condisciples...

— Plus tard, promis-je. Tu auras la primeur, mais, surtout, n'oublie pas de m'envoyer cette liste le plus rapidement possible au commissariat.

***

A mon arrivée, le lieutenant Wells leva à peine les yeux du dossier qu'il était en train de parcourir.

— Je croyais vous avoir demandé d'aller chez le coiffeur, Peckinpaugh.

J'étais prêt à un tel accueil.

— Vous me l'avez ordonné et j'ai obéi, mon lieutenant, répondis-je en posant le reçu sur son bureau. Dix dollars.

Il prit le bout de papier avec réticence et me regarda en secouant la tête.

— Dix dollars ! Vous avez payé dix dollars pour ça et vous prétendez vous faire rembourser, je suppose ?

Je lui souris avec innocence.

— Bien entendu, chef, puisque j'étais en service commandé...

A cet instant Escalera entra pour rendre compte de son travail de la matinée. Il avait visité tous les antiquaires et toutes les boutiques de brocanteurs dans un rayon raisonnable autour de Clausen, à la recherche du butin des cinq cambriolages, mais il n'avait rien trouvé.

— Tout est sans doute déjà à Los Angeles, déclara-t-il sur un ton morose. Là-bas on peut vendre n'importe quoi si l'on sait à qui s'adresser.

Il était d'une humeur exécrable car il avait eu très chaud et était toujours vexé de ne pas avoir fait le rapprochement entre les panneaux mobiles et les cambriolages. D'après lui, un bon policier ne pouvait pas ne pas les avoir remarqués.

Nous discutâmes de la situation pendant quelques minutes, puis Wells résuma toutes nos hypothèses à sa façon, en trois phrases :

— Romero prévient Richards lorsqu'un abonné s'apprête à partir en vacances. Richards, probablement quelque part à Los Angeles, vient, cambriole la villa et s'en retourne à Los Angeles où il écoule son butin auprès d'un brocanteur compréhensif. Ensuite, ils partagent les bénéfices. Une affaire qui tourne, en somme. Que vous proposez-vous de faire, maintenant ?

Escalera se gratta la tête pensivement.

— Nous pourrions alerter Los Angeles, leur demander de retrouver Richards et de le mettre sous étroite surveillance.

— Bien sûr, et il faudrait également demander de l'aide au F.B.I. à Washington, ironisa-t-il. L'ennui, c'est que nous n'avons pas le temps. On n'arrête pas de me téléphoner pour me demander où en est cette enquête. J'ai besoin de résultats et cela rapidement.

Escalera eut un sourire sardonique et Wells haussa les épaules.

— D'accord, Luis, je sais, acquiesça-t-il avec lassitude. Pour que l'administration et la police s'occupent un peu des Chicanos comme toi, il faut qu'ils descendent dans la rue et cassent tout sur leur passage, alors que les gens des beaux quartiers n'ont besoin que de décrocher leur téléphone. C'est un fait et nous n'avons pas besoin de revenir sans arrêt sur le sujet.

— Notre jour viendra, murmura Luis.

Sur ce sujet, on ne savait jamais avec lui s'il était sérieux ou s'il plaisantait. Un quart au moins des cent mille habitants de Clausen étaient Chicanos, y compris sans doute Mlle Romero.

Je tournai la tête vers la fenêtre. Dans le ciel au-dessus des charpentes métalliques du nouveau commissariat qui commençaient à sortir de terre de l'autre côté de la rue, un nuage de fumée grossissait au loin, sur les crêtes des collines. Un nouvel incendie ravageait le maquis. Depuis six mois, il n'y avait pour ainsi dire pas eu de pluie et il s'en fallait d'un rien pour que tout s'enflamme, la nature et les hommes.

— A quoi penses-tu, Peck ?

La question de Wells me ramena instantanément sur terre.

— Ce qui nous manque, répondis-je, ce sont des faits précis. Pour l'instant, nous avons seulement échafaudé des hypothèses. Premièrement, nous ne sommes même pas sûrs que Jane Romero et Danny Richards se connaissent. Il y a beaucoup de gens qui font du karaté à Clausen, où il y a plusieurs clubs. Deuxièmement, rien ne nous indique que Richards se trouve à Los Angeles et, troisièmement, nous ne savons même pas s'il est encore en vie.

— J'aimerais que tu cesses d'énumérer les choses, fit observer Wells en soupirant. C'est énervant.

— Un policier se doit d'avoir un esprit organisé, chef, répliquai-je. C'est dans le règlement.

— *Uno, dos, tres,* murmura Luis. *Y quatro, que es numero quatro,* Peck ?

A cet instant, Tim Bashaw frappa à la porte, entra et me tendit une enveloppe. C'était la liste de

Munsey et je la posai sur le bureau de Wells à côté de celle des propriétaires de panneaux mobiles que j'avais dressée le matin même. Deux noms se trouvaient sur les deux listes et nous nous regardâmes.

— Grebs et Ellison, dis-je. Grebs part en vacances demain et Ellison lundi.

Wells se passa la main sur le menton.

— Hum, le moins que nous puissions faire est de les appeler et de leur dire de mettre un verrou à ces maudits panneaux.

— En avez-vous déjà vu un, mon lieutenant ? s'enquit Luis avec un petit rire amusé. Ils sont en plastique et assez léger pour que même un teckel puisse les ouvrir d'un coup de museau. Alors, un verrou là-dessus...

— Dans ce cas-là, il faudra leur demander de les barricader avec une planche.

— Non, j'ai une meilleure idée, déclarai-je.

— Tout ce que tu veux, grommela Wells, mais surtout pas de risque inutile.

— Il n'en est pas question, chef, affirmai-je. Je voudrais simplement passer la nuit de demain soir dans la maison des Grebs. Si mes déductions sont exactes, c'est dès la première nuit de leur absence que le cambrioleur agira.

— Et s'il ne vient pas ?

— Alors, je retournerai l'attendre la nuit suivante.

Luis émit un sifflement admiratif.

— Tout cela en dehors des heures de service, railla-t-il. C'est de l'abnégation !

Wells se pencha en arrière dans son fauteuil et soupira. Dehors, le nuage de fumée avait encore grossi et descendait lentement vers la plaine.

— Pour ma part, je n'y vois pas d'inconvénient, déclara-t-il finalement. A condition que Grebs soit d'accord. A ce propos, je veux une autorisation écrite de sa main.

— Vous l'aurez, promis-je.

— Bonne chasse, Peck, murmura Luis avec un sourire angélique. Je penserai à toi sur la plage.

Le soir même, il partait pour trois semaines de vacances à Acapulco.

***

Le bâtiment tout neuf (et d'un luxe presque ostentatoire) de la Caisse d'Épargne de Clausen était situé sur la 44e Rue Nord, à mi-chemin à peu près entre le commissariat et la maison des Grebs, je m'y arrêtai donc au passage. La mère de Bonny, ma petite amie, y travaillait depuis plus de vingt-cinq ans et faisait pratiquement office de directrice. Quand je poussai la porte, elle était derrière le guichet en train de se familiariser avec un nouvel ordinateur, plus gros et plus puissant que les anciens.

— Jeffrey Peckinpaugh ! s'exclama-t-elle d'une voix tonitruante en me voyant. Quand vas-tu te décider à faire une honnête femme de ma fille ?

— Lorsque l'amendement sur l'égalité des droits aura été abrogé, répondis-je en posant la photo de Danny Richards sur le comptoir. Je suis en mission officielle aujourd'hui, madame Johnson. Connaissez-vous cet individu ?

— Tout à fait, acquiesça-t-elle. Avec une pareille moustache, il serait difficile de ne pas le reconnaître. C'est Daniel Richards, l'un de nos clients. Que lui est-il arrivé, Jeffrey ? Cela fait au moins deux mois que je ne l'ai pas vu...

— A-t-il donc toujours un compte ici ?

C'était surprenant. Il est rare que quelqu'un s'en aille sans emporter son argent. A moins que...

— Je crois, oui.

— A-t-il beaucoup d'argent sur ce compte, Martha ?

— C'est confidentiel, fit-elle observer. Je n'ai pas le droit de te le dire sans une...

— Tu n'as pas besoin de me le dire. Il suffit que tu l'écrives sur un bout de papier et je le lirai par-dessus ton épaule.

— Dans chaque homme, il y a un criminel qui sommeille, murmura-t-elle en soupirant.

Néanmoins, elle prit une feuille, l'inséra dans son imprimante et tapa un numéro sur son ordinateur. Immédiatement, la machine se mit à crépiter. Quand elle eut terminé, Martha retira la feuille et la tint de manière à ce que — littéralement — je puisse la lire par-dessus son épaule. Le chiffre qui y était inscrit me fit sursauter : 6 176 dollars 98 *cents*.

Elle froissa la feuille dans sa main, la jeta dans une poubelle et se retourna vers moi avec un sourire angélique.

— Chère belle-maman, murmurai-je, serait-il difficile à quelqu'un d'autre que Richards de venir ici et de fermer ce compte ?

— Impossible, si c'est à moi qu'on le demande. Je le connais personnellement.

— Et si la personne a affaire à un autre employé ou un intérimaire, par exemple ?

— Dans ce cas-là évidemment, avec le livret et une signature approximative...

— Pourrais-tu t'arranger pour que toutes les opérations effectuées sur ce compte passent par toi ?

— Oui, certes, acquiesça-t-elle d'une voix hésitante. Mais...

— Fais-le, Martha, je t'en prie.

Une lueur d'inquiétude passa dans son regard.

— Tu crois que quelqu'un est susceptible de tenter le coup, Jeffrey ?

— On ne sait jamais, répondis-je en posant ma main affectueusement sur la sienne. Mais ne t'inquiète pas. Il s'agit simplement d'une précaution de routine.

***

Au téléphone, Mme Grebs m'avait promis que son mari serait rentré à quatre heures et demie et il était là, les traits tirés, le regard méfiant. J'avais préparé une demande d'autorisation en bonne et due forme. Il la lut trois ou quatre fois et me fit raconter toute l'histoire des cambriolages et du panneau mobile avant de consentir finalement à la signer.

— Pour l'instant, vous n'avez encore que de bien faibles indices, sergent, souligna-t-il d'un ton revêche. Des hypothèses, des déductions, tout ce qu'il faut pour faire un roman policier, mais rien de concret.

— C'est vrai, monsieur Grebs, admis-je. Cependant, je suis persuadé que nous avons raison et je suis prêt à donner beaucoup de mon temps pour le vérifier, en protégeant vos biens par la même occasion.

— Hum... peut-être... Mais, en somme, ce que vous me demandez, c'est de mettre ma maison à votre disposition pendant quinze jours ?

Son chien, un caniche répondant au nom de Fritzi, grognait sourdement, couché aux pieds de son maître, et me regardait en montrant les dents.

— J'espère que ce sera seulement pour une nuit, corrigeai-je. La nuit de demain soir.

— Ce ne serait pas plus simple que je mette une

planche en travers de ce maudit panneau ? suggéra-t-il.

Sa mauvaise volonté commençait à me porter sur les nerfs et j'eus de la peine à rester poli.

— Nous aimerions avoir l'occasion de le prendre la main dans le sac, monsieur Grebs. Il a causé déjà assez de trouble comme cela dans le voisinage.

— Qu'en penses-tu, Hélène ? questionna-t-il en se tournant vers sa femme qui nous écoutait, debout sur le pas de la porte de sa cuisine.

— C'est le moment ou jamais de mettre en pratique tes idées, Gérald, répondit-elle sur un ton aigre. Après tout, pendant trois ans, il y a eu un autocollant sur la voiture qui disait, si je me souviens bien : « Votre police vous protège. Aidez-la. »

Il soupira.

— Bon, c'est d'accord, Peckinpaugh. Mais si jamais il arrive quelque chose, c'est vous qui serez responsable.

— J'en suis conscient, acquiesçai-je avec froideur. Vous pourriez peut-être me faire visiter les lieux, maintenant ?

— Si vous y tenez...

C'était une grande villa composée d'un rez-de-chaussée et d'un étage, pleine de ces bibelots précieux et peu encombrants pour lesquels notre cambrioleur avait une prédilection. La plupart venaient de sa femme et avaient été dans sa famille depuis plusieurs générations, m'expliqua Grebs. Lui-même aurait préféré un décor plus moderne, plus fonctionnel. De retour en bas, je fis également signer l'autorisation à Mme Grebs et mis dans ma poche le trousseau de clefs que mon hôte me tendit à contrecœur.

— Bonnes vacances, madame, souhaitai-je à Mme Grebs.

J'avais le sentiment qu'ils eussent mieux fait de partir chacun de leur côté, mais je m'abstins d'émettre une pareille opinion.

Sur le pas de la porte, Grebs et moi regardâmes les nuages de fumée qui, maintenant, obscurcissaient presque complètement le ciel à l'est de la ville.

— Seigneur Dieu, murmura Grebs. Cela empire chaque jour un peu plus. Je me demande bien ce qui a pu le déclencher, celui-là.

— Une allumette, très probablement, répondis-je. La plupart sont des incendies criminels, monsieur Grebs.

Il secoua la tête.

— Plus ça va et plus il y a de détraqués. Quel plaisir peut-on trouver à tout détruire de cette façon ?

***

En revenant, je fis un crochet jusqu'au camping où habitait Richards. Il était six heures moins vingt. Une idée m'avait traversé l'esprit et il fallait que je la mette en œuvre sans plus attendre. Il était sous son auvent de toile, une boîte de bière à la main, le regard fixé sur les collines et les nuages de fumée. Quand je lui demandai si je pouvais passer un coup de fil de chez lui et s'il voulait bien m'accorder une heure environ de son temps, il accepta tout de suite. Il ne devait pas avoir grand-chose à faire dans sa journée et toute distraction était bonne à prendre.

Dans la caravane, j'appelai Bonny et lui demandai de contacter immédiatement le *Herald*, en prétendant n'avoir pas reçu son journal aujourd'hui. Elle s'étonna un peu d'une telle requête, mais je lui répondis que je serais chez elle dans vingt minutes avec un invité et que je lui donnerais alors toutes les explications qu'elle désirerait.

Richards changea de chemise, se donna un coup de rasoir électrique et, à six heures un quart, je le présentai à Bonny.

Elle lui serra la main et me regarda d'un air intrigué.

— Il se trouve que M. Richards a entendu une voix au téléphone, voici deux mois environ, et je voudrais savoir si cette voix est la même que celle de la fille qui va t'apporter le *Herald* tout à l'heure, lui expliquai-je laconiquement.

— La fille ? s'étonna-t-elle.

— Oui, normalement ce devrait être une fille. M. Richards se tiendra ici, derrière cette cloison, à l'abri de ses regards et toi, ma chérie, tu t'arrangeras pour échanger quelques phrases avec elle sur la pluie et le beau temps, afin que M. Richards ait tout le loisir de se faire une opinion.

— La personne que j'ai eue au standard du *Herald* m'a promis qu'on m'apporterait mon journal dans trois quarts d'heure au maximum et il vaudrait mieux que vous vous mettiez tout de suite à votre poste, monsieur Richards, conseilla Bonny en souriant avec gentillesse au vieil homme. Je vais vous apporter une bière pour vous aider à patienter. Asseyez-vous et mettez-vous à l'aise.

L'appartement de Bonny était au premier étage d'un petit immeuble un peu en retrait de la rue. Pendant qu'elle ouvrait une bière pour Richards, je me postai à la fenêtre de sa salle de séjour. Quelques minutes seulement s'écoulèrent avant qu'une voiture s'arrête le long du trottoir dans un crissement de freins. Mlle Romero en descendit, jeta un coup d'œil au numéro de l'immeuble et s'engouffra sous le porche.

— La voici ! criai-je et, immédiatement, Richards se mit à son poste.

Bonny alla ouvrir. Elle ne put guère échanger plus d'une phrase avec elle, mais cela suffit, car dès le premier mot de Mlle Romero, Richards avait hoché la tête.

— C'est bien elle, j'en mettrais ma main à couper ! s'exclama-t-il lorsque Bonny eut refermé la porte.

Je lui fis signe de venir me rejoindre à la fenêtre afin de voir s'il ne la connaissait pas, mais il arriva trop tard. Elle était déjà au volant de sa voiture.

— Hé, j'ai déjà vu cette voiture, fit-il en suivant des yeux la Porsche verte qui s'éloignait. Il y en a une comme celle-là au camping. Exactement la même couleur.

— A qui appartient-elle ?

— Je ne sais pas. A l'un des locataires de mobile-homes au fond du camping, je pense. Je la vois passer de temps à autre. C'est une fille qui la conduit.

— Il y a longtemps qu'elle habite là-bas ?

— Je ne pourrais pas vous le dire à coup sûr, mais il y a bien quatre ou cinq mois que j'ai vu cette voiture pour la première fois.

Bonny était toujours debout devant la porte, son journal à la main et un sourire un peu forcé sur les lèvres.

— Un joli brin de fille, non ? commentai-je.

— Oui, si on veut, admit-elle en faisant la moue. Mais, de ma vie, je n'ai vu des yeux aussi froids, Peck. Il y a quelque chose qui cloche chez cette fille.

— Oh tu crois ? lui répondis-je sur un ton taquin. Peut-être est-ce simplement parce qu'elle déteste les ravissantes blondes ? J'ai remarqué qu'il y avait souvent un antagonisme instinctif entre les jolies brunes et les jolies blondes...

***

Je fus réveillé, le lendemain matin, par l'odeur âcre de la fumée et me levai en toussant. J'allai jusqu'à la fenêtre. Une sorte de brouillard jaunâtre s'était abattu sur la ville et donnait aux maisons une allure fantomatique. Pendant la nuit, le vent avait tourné à l'est et rabattait la fumée des collines vers la plaine. C'était pire que le mois précédent, où des dizaines de personnes âgées avaient dû être hospitalisées, puis évacuées.

Je m'habillai à la hâte et, une demi-heure plus tard, j'étais au commissariat. Hawkins et Jones, mes deux collègues qui avaient été de permanence pendant la nuit, se trouvaient avec Wells dans son bureau. Il y avait eu un meurtre à une heure du matin, au cours d'une réception de mariage Chicano. Cinq coups de couteau. Et, bien entendu, pas un seul des quarante invités n'avait vu quoi que ce fût. Seul Escalera était capable d'enquêter efficacement au sein de la communauté Chicano et il était parti en vacances. Wells était sur le terrain depuis deux heures du matin. Il avait les yeux gonflés, les traits tirés. Lorsque Hawkins et Jones s'en allèrent, il se tourna vers moi et je n'eus guère de peine à deviner qu'il était d'une humeur exécrable.

— J'ai réussi à obtenir l'autorisation des Grebs, dis-je avec prudence.

Il ne jeta même pas un coup d'œil à la feuille que je lui tendais.

— Vous n'avez rien obtenu du tout, Peckinpaugh ! grommela-t-il. Rien du tout, si ce n'est la permission d'aller dormir dans la maison de ce type. Trouvez-moi Richards ! C'est cela qui m'intéresse et rien d'autre ! Lancez un mandat d'arrêt ou arrangez-vous pour que Richards signe une demande de recherche dans l'intérêt des familles, mais trouvez-le ! Transmettez sa photo aux polices de toute la Californie, faites-la publier par les médias et, Bon Dieu, ramenez-le-moi ! Je ne veux plus entendre parler de vos finasseries, Peckinpaugh. Je me moque de vos déductions comme de vos hypothèses, ce qu'il me faut, c'est des résultats. Les contribuables ne vous paient pas pour jouer au détective amateur, style Sherlock Holmes, mais pour arrêter les délinquants et les criminels. Compris ?

— A vos ordres, mon lieutenant, répondis-je en saluant militairement.

Je me rendis à la salle des transmissions, mais là, au lieu d'obtempérer immédiatement, je réfléchis. Je ne voulais pas retrouver Danny Richards à tout prix et tout de suite. Ce que je voulais, c'était qu'il me tombe dans les bras cette nuit chez Grebs afin de le livrer à Wells avec un chef d'inculpation aussi solide que le roc. Je savais que, pour le moment, nous n'avions aucune preuve tangible contre lui. Nanti d'un bon avocat, il s'en tirerait à coup sûr avec un non-lieu, surtout si nous n'arrivions pas à mettre la main sur son butin. La radio marchait et, tout en réfléchissant, j'écoutais d'une oreille distraite un compte rendu technique sur l'évolution des incendies en cours. D'après les spécialistes, la chaleur dans le désert à l'est allait s'élever et provoquer l'entrée d'un flux d'air maritime, lequel devrait, d'ici quelques heures, avoir raison de la fumée qui, pour le moment, menaçait d'étouffer une partie de la population de Clausen. Enfin une bonne nouvelle !

Retournant à mon bureau, j'appelai Richards et

lui demandai de venir signer un avis de recherche dans l'intérêt des familles. De nouveau, il hésita, mais lorsque je lui eus dit que sans cela je serais contraint de lancer un mandat d'arrêt à l'encontre de son neveu, il finit par accepter. Je lui dis de prendre son temps pour venir au commissariat. L'avis de recherche me donnerait un peu de répit du côté de Wells et me laisserait les mains libres pour ma planque chez Grebs.

« C'est étrange, me dis-je. Tu es en train de faire une affaire personnelle de l'arrestation de ce cambrioleur... Ne te vaudrait-il pas mieux agir comme Wells te l'a conseillé ? Ce serait moins risqué et tu n'aurais pas besoin d'aller passer la nuit dans la villa de ce Grebs, qui, en plus, ne s'est pas montré très sympathique à ton égard. » A quoi j'objectai aussitôt : « Peut-être, mais il est maintenant trop tard pour reculer. Si jamais Grebs vient à être cambriolé, ce sera toi le responsable. »

Richards vint signer son avis de recherche dans le courant de la matinée et pendant le reste de la journée, je m'occupai à diverses tâches administratives. A quatre heures de l'après-midi, Wells quitta le commissariat et je fis de même quelques instants plus tard.

***

Je me rendis chez Grebs à sept heures et demie, alors qu'il y avait encore assez de jour pour que je puisse m'habituer aux lieux et mettre au point un plan d'action. Le panneau mobile avait été installé dans la partie basse de la porte de la cuisine qui donnait sur un grand jardin paysagé, agrémenté d'une piscine et d'une terrasse carrelée.

Le cambrioleur entrerait par là et commencerait

ensuite sans doute par visiter la salle à manger où il aurait déjà de l'ouvrage avec l'argenterie et les bibelots précieux exposés sur le buffet.

Il m'était possible de lui mettre la main au collet dès l'entrée, mais je jugeai préférable d'attendre qu'il ait commencé à remplir son sac. Cela rendrait le flagrant délit encore plus évident.

Pour patienter, je m'assiérais sur la première marche de l'escalier conduisant à l'étage où se trouvaient les chambres et la salle de bains. De là, il me serait possible de surveiller la porte de la cuisine, la salle à manger et une partie du salon. Avant de m'installer, je mémorisai soigneusement l'emplacement des interrupteurs électriques et fis à nouveau un tour complet de la maison.

Depuis l'une des chambres, je jetai un coup d'œil dehors, sur les collines et le soleil couchant dont les rayons étaient voilés par le nuage de fumée des incendies. Les flammes étaient maintenant visibles. Des flammes qui dévoraient les buissons et les arbres à la vitesse d'un cheval au galop.

***

Il arriva à dix heures et demie, sans bruit et avec la souplesse d'un chat. Je le vis avant de l'avoir entendu. Brusquement, alors que je commençais à somnoler, la porte de la cuisine s'ouvrit lentement et sa forme noire apparut. Instinctivement, ma main se porta sur la crosse de mon pistolet, sous le pan de ma veste et je me recroquevillai dans l'ombre, en m'efforçant de réprimer les battements désordonnés de mon cœur.

Il resta un instant immobile dans l'entrée, puis se dirigea rapidement vers la salle à manger. C'était bien Richards. Malgré la pénombre, j'avais entr'aperçu les pointes de ses moustaches qui dépassaient fièrement de chaque côté de son visage. « Du gâteau ! » pensai-je.

J'entendis les tiroirs du buffet s'ouvrir et se refermer, puis le bruit sourd d'un objet qui venait de tomber dans le grand sac qu'il avait apporté. Il était au travail. C'était le moment d'agir.

Je me levai, gagnai le salon et le traversai sans bruit jusqu'à l'arche qui le séparait de la salle à manger. L'interrupteur était à gauche, à l'intérieur de la salle à manger. Mon pistolet dans la main droite, je tâtonnai à sa recherche.

Richards était toujours penché vers le buffet. Mes doigts glissèrent sur une moulure, manquant l'interrupteur. Il entendit l'infime frottement, se retourna et bondit comme un léopard.

— Police ! criai-je. Les mains en...

Je n'achevai pas ma phrase. Il était déjà sur moi. Je ressentis un coup violent au milieu de la poitrine et mon pistolet vola en l'air. Je roulai sur le côté, réussis à me relever, mais pas assez rapidement pour éviter une manchette fulgurante qui me fit grimacer de douleur. Je titubai, m'efforçant de parer ses coups sans même plus chercher à lui en rendre. Le bord de sa chaussure m'atteignit au visage et, frénétiquement, je m'accrochai à lui en tombant comme une masse ; mais, au lieu de parvenir à l'immobiliser, je reçus un coup de genou dans le ventre qui me fit me plier en deux. Une nouvelle manchette m'atteignit au cou et un dernier coup de pied acheva de me faire sombrer dans un trou noir.

***

Ma montre indiquait dix heures cinquante-deux.

J'avais mal partout. Bonny, qui enseignait l'éducation physique dans l'un des collèges de Clausen, m'avait dit souvent que je manquais d'exercice, que j'étais en train de m'amollir. J'avais haussé les épaules et bombé le torse, en lui faisant remarquer que je n'avais pas une once de graisse sur mes muscles d'athlète. Elle avait souri malgré elle et rétorqué qu'un véritable athlète avait besoin de s'entretenir tous les jours pendant quelques minutes, juste assez pour faire monter ses battements de cœur à cent vingt. Sans ce minimum d'exercice, j'allais finir par m'encroûter et devenir aussi raide qu'un manche de pioche. Je m'étais défendu en disant que je menais une vie dangereuse. Une lueur d'inquiétude était passé dans ses yeux et elle m'avait répondu qu'un jour ou l'autre je finirais par prendre un mauvais coup, si je continuais à ne pas l'écouter.

Le mauvais coup était arrivé.

Je roulai sur le côté et réussis péniblement à m'asseoir. Je n'arrivais pas à me rappeler où j'étais ni ce que je faisais là. Au fait, comment m'appelais-je ? Peck — Jeff. Je parvins à me mettre debout, mais dus m'appuyer au dossier d'une chaise pour ne pas retomber immédiatement. Quel était cet endroit ? Je ne reconnaissais aucun des objets autour de moi et tout était si sombre... Ah, il y avait une vague lumière, là-bas. Une porte ouverte. Comme dans un rêve, les jambes flageolantes, je me dirigeai vers elle. Dehors, l'air était frais. D'un geste machinal, je refermai la porte de cette maison dont j'avais oublié le nom du propriétaire. Où diable avais-je laissé ma voiture ? A un coin de rue, loin des regards. Ah oui, par là...

***

Je me réveillai à six heures et demie et sus tout de suite que j'étais dans mon lit. Et maintenant, je me souvenais de mon nom — tout entier. Jeffrey Peckinpaugh, pauvre hère endolori, souffrant de mille courbatures. J'allai à la salle de bains et me regardai dans la glace, m'attendant au pire, mais, chose incroyable, mon visage ne portait aucune marque de coups. J'avais seulement une bosse derrière la tête et une autre sur la tempe gauche. Cette dernière m'élançait horriblement et machinalement, je passai la main dessus, au travers de ces cheveux si épais et soyeux, que Wells, atteint de calvitie précoce, enviait et détestait tout à la fois. Wells ? Ah oui... Wells !

A sept heures quarante-cinq, j'étais à mon bureau. C'est la pendule murale qui me l'apprit. Il y avait une nouvelle pile de dossiers sur mon sous-main, tous marqués « Escalera » au feutre noir et l'espace d'un instant, je me demandai qui était ou ce que signifiait « Escalera ». J'ouvris le premier dossier. Il s'agissait d'un viol.

Wells apparut devant mon bureau, l'air content de lui. J'avais appris en arrivant au commissariat qu'il avait résolu durant la nuit l'affaire du meurtre dans la communauté Chicano. Le meurtrier était sous les verrous, après avoir signé des aveux en bonne forme.

— Alors, tu as passé la nuit là-bas pour rien, n'est-ce pas ? déclara-t-il avec ironie. Je savais que tu perdrais ton temps.

— Euh...

— Maintenant, je pense que tu accepteras peut-être de revenir aux bonnes vieilles méthodes. Celles qui ont fait leurs preuves ailleurs que dans les romans de Conan Doyle.

— Euh, oui...

De quoi diable pouvait-il bien parler ? Malgré tous mes efforts, j'étais incapable de me souvenir de ce que j'avais fait la nuit précédente. Il y avait comme un trou noir dans ma tête.

— Puisque nous sommes d'accord, poursuivit-il, tu vas me faire le plaisir de lancer un mandat d'arrêt à l'encontre de ce Danny Richards, au lieu de ce ridicule avis de recherche, que personne pour ainsi dire n'a dû lire.

— Comme vous voudrez, chef.

— Lieutenant, pas chef.

— A vos ordres, mon lieutenant.

— Et dès ce matin, Peckinpaugh, je veux que tu ailles voir l'oncle de ce Richards et que tu lui tires les vers du nez. Jusqu'à présent, il t'a mené en bateau et tu t'es laissé faire. Je suis persuadé qu'il en sait plus que ce qu'il a bien voulu te dire. Compris, sergent ?

— Compris, mon lieutenant !

Je me levai, réveillant d'un coup toutes mes douleurs et courbatures. J'eus peine à retenir un gémissement, mais, de toute façon, Wells avait déjà quitté mon bureau pour regagner le sien.

***

Comme à son habitude, Richards était assis devant sa caravane, et il regardait au loin les collines réduites à l'état de désert carbonisé. Encore en robe de chambre, il n'était ni rasé, ni coiffé.

— Ils ont enfin réussi à l'éteindre ! s'exclama-t-il en me voyant. Seigneur Dieu, ce n'est pas trop tôt !

Je tournai la tête et vis qu'effectivement le nuage de fumée avait disparu laissant la place à un ciel bleu et limpide. Jusque-là, je ne m'en étais même pas rendu compte !

— Oui, acquiesçai-je machinalement. Ce n'est pas trop tôt.

— Vous êtes bien matinal aujourd'hui, sergent. Avez-vous pris votre petit déjeuner ?

— Pardon ? (Le sens des mots, même les plus simples, ne me parvenait encore que difficilement, après un long et pénible cheminement.) Euh... Oh, non...

— Alors, vous allez le prendre avec moi.

Je le suivis dans sa caravane et d'un geste de la main, il m'indiqua le réchaud dans un coin de la minuscule cuisine.

— Le café est prêt, déclara-t-il. Il n'y a plus qu'à se servir. Mais, si vous voulez, vous pouvez prendre un pamplemousse pour commencer. C'est plein de vitamines et excellent pour la circulation. Il y a également des brioches dans le sac là-bas. Ne m'attendez pas. Moi, il faut d'abord que j'aille me raser. Je suis incapable de manger avec ma barbe de la nuit. Une vieille habitude...

Sur ces mots, il passa dans sa chambre et je pris distraitement un pamplemousse dans le panier en osier posé sur la table, tout en cherchant des yeux un couteau. Il y en avait un posé à côté de l'évier. J'allais le saisir, lorsque, brusquement, je suspendis mon geste.

Le pamplemousse était petit, rond et tiède. Je le pressai légèrement entre mes doigts et sa souplesse, d'un seul coup, me rendit toute ma mémoire. Une vague de chaleur m'envahit. La même consistance qu'un sein de femme ! La nuit dernière, pendant un bref instant, ma main avait accroché le sein d'une femme. Dans la villa de Grebs. Romero ! C'était elle qui m'avait administré cette correction ! C'était elle qui...

Je criai à Richards que j'avais une chose urgente

à faire, que je reviendrais un peu plus tard, et sortis en courant de la caravane.

Le salon des Grebs était sens dessus dessous, mais cela ne me surprit pas et je ne m'y attardai point. Il me fallait d'abord récupérer mon arme de service. Je la trouvai sous une chaise et, non loin d'elle, je ramassai une moustache postiche d'au moins vingt centimètres, dont la découverte ne m'étonna pas non plus.

Grâce à Dieu, rien n'avait été cassé dans la pièce et il ne me fallut que quelques minutes pour tout remettre en ordre. Une fois cette tâche terminée, je jetai un coup d'œil satisfait autour de moi. Mme Grebs aurait peine à imaginer qu'une jeune femme de soixante kilos ait donné une leçon de karaté dans son salon à un policier de cent dix kilos, taillé en athlète. Mais il ne lui faudrait pas longtemps, par contre, pour se rendre compte que l'aiguière en vermeil qui lui venait de sa grand-mère avait disparu du buffet de la salle à manger. Une pièce estimée à plusieurs milliers de dollars, m'avait précisé Grebs quand il m'avait fait visiter la maison. Des gouttes de sueur perlèrent sur mon front. Je n'étais pas responsable directement de son vol, mais si je ne la retrouvais pas rapidement, j'allais être la risée de toute la ville. Peut-être, même, Wells me demanderait-il ma démission...

Furieux contre moi-même, je refermai la villa et remontai dans ma voiture.

A neuf heures et demie, j'étais de retour chez Richards. Je n'avais pas l'esprit encore bien clair et il me restait des petits trous de mémoire, mais une chose en tout cas ne faisait aucun doute : je n'étais qu'au tout début de mes ennuis.

Richards était en train d'arroser ses fleurs. Il posa son arrosoir et me regarda en fronçant les sourcils.

— Où diable étiez-vous parti, tout à l'heure ?

— C'est une longue histoire, éludai-je.

Une question se forma sur ses lèvres, mais au même instant, son regard fut attiré par quelque chose derrière mon épaule.

— Là, c'est elle ! s'exclama-t-il.

— Qui ça, elle ?

— La petite Porsche verte de cette fille que...

Je me retournai assez vite pour voir l'arrière de la voiture de sport disparaître à un tournant de la route. Sa vue me suffit pour me ramener entièrement à la réalité et je sentis une fureur froide m'envahir.

— Il faut que je téléphone, dis-je. Pendant ce temps-là, vous allez essayer de me trouver le numéro du mobile-home où habite Mlle Romero, la propriétaire de cette Porsche, l'amie de votre neveu. A ce propos, vous avez tout intérêt à coopérer, car il y a de grandes chances qu'elle l'ait tué.

J'appelai Ed Munsey, au *Herald*, lequel me dit que Mlle Romero serait occupée jusqu'à midi et demi. L'édition du samedi était distribuée le matin et les réclamations acceptées seulement jusqu'à onze heures. Cela lui prenait en général une heure et demie ensuite pour faire sa tournée, après quoi elle était libre jusqu'au lundi après-midi.

A son retour, Richards m'apprit que le mobile-home de Mlle Romero occupait l'emplacement n° 179 et qu'elle l'habitait depuis le mois de février, c'est-à-dire seulement l'époque où Danny avait commencé à prendre des leçons de karaté. C'était l'un des grands mobile-homes de six mètres, tout au fond du camping.

Nous montâmes dans ma voiture. Richards me guida jusqu'au n° 179 et je me garai devant la porte, comme si j'en étais le locataire. Sans trop de difficultés, Richards accepta de faire le guet et quelques minutes suffirent à mon fidèle passe-partout pour venir à bout de la serrure.

A l'intérieur, je fus immédiatement frappé par l'absence totale de touche féminine. Aucun parfum, ni bouquet de fleurs, ni rideaux aux fenêtres, pas même un poster un peu gai ou une nappe sur la table. C'était une cellule quasi monacale, froide et aseptisée. Tout au fond, un lit double aux draps soigneusement tirés, avec, à côté, une penderie et une minuscule salle d'eau. Au milieu, une table recouverte de formica blanc et deux chaises ; sur ma droite, une cuisine si propre qu'elle donnait l'impression de ne servir qu'à faire réchauffer des plats tout préparés. Visiblement, Mlle Romero avait horreur du désordre, sous quelque forme que ce fût.

Au hasard, j'ouvris l'un des tiroirs du buffet et sursautai en découvrant une grande photo de Danny Richards, très claire et d'une qualité technique presque parfaite. L'écartant, je trouvai dessous ses papiers d'identité et son livret de la Caisse d'Épargne de Clausen. A l'intérieur du livret, il y avait une feuille de papier à en-tête du *Herald* couverte de signatures cherchant à imiter la griffe assez particulière de Daniel H. Richards. Certaines d'entre elles étaient presque parfaites et je me dis que Mlle Romero n'avait plus guère besoin de s'exercer avant d'aller à la banque pour vider le compte de Danny.

C'était la preuve évidente qu'elle l'avait tué, mais je ne pouvais y toucher officiellement sans un mandat de perquisition en bonne et due forme. Pour l'instant, je n'étais qu'un policier qui s'était introduit illégalement chez un particulier, et aucun tribunal n'accepterait une preuve obtenue dans de telles conditions. Non sans une grimace de dépit, je remis tout soigneusement en place et refermai le tiroir.

Dans la penderie, je découvris le sac noir qu'elle utilisait pour ses cambriolages et, à l'intérieur, l'aiguière de Mme Grebs. Pour la même raison, il m'était impossible de l'emporter. Dans une affaire où la culpabilité était aussi évidente, les avocats chercheraient à exploiter le moindre défaut de procédure et il ne me fallait surtout pas leur donner motif de mettre en doute la régularité de l'enquête. Les tribunaux, surtout en ce moment, étaient plus que sourcilleux sur les méthodes de la police et n'admettaient aucune atteinte à la liberté des individus ou à l'inviolabilité de leur domicile. Dans un tel cas, les juges accordaient presque automatiquement le bénéfice du doute et si rien d'autre ne venait étayer la thèse du meurtre, elle s'en tirerait avec une condamnation pour vol avec effraction, sans autres circonstances aggravantes.

A cet instant, Richards entrebâilla la porte et me dit que j'avais un appel à la radio. Je hochai la tête, sortis et refermai soigneusement la porte du mobile-home derrière moi.

— Peckinpaugh, dis-je dans le micro.

— Où es-tu ?

C'était la voix de Wells.

— Au camping, avec M. Richards. Je m'apprêtais justement à vous appeler. J'ai besoin d'un mandat...

— Richards peut-il m'entendre ? m'interrompit Wells.

Richards se pencha à la fenêtre, et je lui tendis le micro.

— Oui ?

— Bien...

La voix de Wells se fit un peu hésitante, presque embarrassée.

— Euh... Je crois que nous avons retrouvé votre neveu. Il est... mort.

Les yeux de Richards se troublèrent et je lui fis signe de monter dans la voiture à côté de moi.

— Où cela ? m'cnquis-je.

— Dans un petit arroyo, non loin du canyon de Davis.

— Dans la zone qui a brûlé ?

— Oui. Nous sommes arrivés sur les lieux il y a une heure environ. Le minibus avait été repéré par un hélicoptère qui faisait un passage à basse altitude, pour détecter d'éventuels nouveaux foyers. Son pilote nous a immédiatement appelés. Le minibus est bien celui de Danny Richards et le corps carbonisé à l'intérieur est probablement le sien. Je veux que vous veniez ici tout de suite, avec Richards, si cela est possible et s'il se sent suffisamment solide pour affronter un tel spectacle.

Les mâchoires serrées, Richards hocha la tête.

— Il le pourra, répondis-je à sa place. Nous arrivons, chef. De mon côté je voudrais un mandat de perquisition au nom de Romero, et aussi rapidement que possible.

— Pour quel motif ?

— Je pense qu'elle détient chez elle des objets volés lors des récents cambriolages de villas.

— Qu'est-ce qui te le fait penser ?

A nouveau, des gouttes de sueur perlèrent sur mon front.

— Je ne peux pas vous donner de détails, chef, mais j'en suis sûr.

— Sûr ? A quel point ? Tu sais comment est Bailey sur le chapitre des mandats de perquisition. J'espère qu'il ne s'agit pas à nouveau de l'une de tes fines déductions...

— J'en suis sûr à cent pour cent.

Wells resta silencieux pendant une seconde ou deux.

— J'ai l'impression que tu me caches quelque chose, Peckinpaugh... Je me trompe ?

— Me permettez-vous de tout vous raconter plus tard, chef ?

— Le terrain est solide ?

— Du béton, mon lieutenant.

— Dans ce cas, d'accord. Tu auras ce mandat sur ton bureau dès ton retour au commissariat. J'en fais mon affaire. Quelle est l'adresse exacte de cette demoiselle ?

Je la lui donnai, puis reposai le micro et démarrai en trombe.

*
* *

Nous dûmes faire les deux cents derniers mètres à pied pour atteindre l'endroit où était le minibus de Danny. J'avais roulé le plus loin possible sur une piste pleine d'ornières et de nids-de-poule, mais, finalement, j'avais dû m'arrêter et mettre pied à terre. Aller plus loin, c'était courir le risque de ne pas pouvoir faire demi-tour.

Le feu avait tout dévasté. Çà et là un tronc noirci émergeait de la cendre encore chaude. C'était tout ce qu'il restait d'une forêt de cotonniers qui, voilà quinze jours encore, regorgeait de toute une faune bruissante et bourdonnante dans la chaleur de l'été californien. Une forêt qui, de mémoire d'homme, n'avait jamais brûlé.

L'air avait l'odeur âcre du bois carbonisé et mouillé. Les Canadairs avaient déversé des tonnes d'eau sur les incendies. Richards marchait à côté de moi, la tête haute, mais les yeux pleins de larmes.

Danny avait été un peu le fils qu'il n'avait jamais eu.

Le minibus n'était pas dans le fond de l'arroyo, où il n'y avait jamais eu de végétation, mais au milieu de ce qui restait d'un bosquet d'arbres dont les frondaisons avaient dû dissimuler sa présence avant l'incendie. Il avait complètement brûlé, lui aussi, et ses vitres avaient littéralement explosé sous l'effet de la chaleur.

Deux policiers locaux attendaient, un peu à l'écart, et regardaient le médecin légiste qui, assisté d'un photographe, accomplissait sa macabre mission, penché à l'intérieur du véhicule.

— C'est bien le minibus de Danny, murmura Richards avant de s'approcher d'un pas hésitant du médecin légiste.

— Je me demande comment — et surtout pourquoi — il est venu jusque-là, déclara l'un des policiers en secouant la tête.

Pourquoi ? Parce que dans un endroit pareil, il y avait de bonnes chances pour qu'on ne le retrouve jamais, me dis-je intérieurement.

Pour toute réponse, je haussai les épaules en signe d'ignorance.

— C'est l'homme que vous cherchiez ?

— Il y a de grandes chances pour que ce soit lui, acquiesçai-je.

Très pâle, Richards revint vers nous et je posai la main sur son bras.

— J'ai reconnu ses chaussures, dit-il en grimaçant. Pour le reste...

Il n'acheva pas sa phrase. Nous tournant brusquement le dos, il s'éloigna avec précipitation et je ne cherchai pas à le retenir.

Entre-temps, le médecin légiste avait achevé son travail et, tout en enlevant ses gants maculés de suie, il s'avança vers nous. Visiblement, et bien qu'il en eût l'habitude, sa tâche l'avait beaucoup éprouvé.

— Pour le moment, je puis déjà vous dire que ce n'est pas le feu qui l'a tué, déclara-t-il en allumant une cigarette et aspirant une longue bouffée de fumée avec un soulagement évident. Je pense qu'il est mort d'une rupture des cervicales, consécutive à un choc violent.

— Depuis combien de temps est-il mort ? questionnai-je.

Il haussa les épaules.

— C'est difficile à estimer...

— Deux mois, peut-être ?

— Ce n'est pas impossible. Plusieurs semaines, en tout cas.

Je jetai un coup d'œil à ma montre et sursautai. Il était onze heures vingt. Jane Romero finissait son travail dans une heure et je voulais être chez elle à son retour. Par acquit de conscience, j'allai jusqu'au minibus et regardai à l'intérieur. Le corps était presque entièrement carbonisé. Seules ses chaussures étaient à peu près intactes. Des bottines, style western, avec des étoiles argentées sur le côté. Triste fin, songeai-je, pour un jeune homme qui aurait sans doute fait un bon vétérinaire s'il n'avait rencontré sur sa route une jeune femme trop passionnée d'arts martiaux.

— Il est impossible qu'il soit venu tout seul ici, n'est-ce pas ? dis-je au médecin légiste.

— Totalement impossible, affirma-t-il.

***

— Bon, maintenant il va falloir que j'essaie de retrouver sa mère, dit Richards en descendant de voiture devant sa caravane. Elle ne s'est jamais beaucoup occupée de lui, mais il est assez normal que la femme qui l'a mis au monde soit prévenue de sa mort. C'est cette Romero qui a fait le coup, n'est-ce pas, sergent ?

— Oui, acquiesçai-je en hochant la tête.

Je me sentais nerveux. Je n'étais pas sûr d'arriver au mobile-home avant elle. J'avais le mandat dans ma poche. Il était midi et quart.

— Avez-vous des preuves formelles contre elle ?

— Je le crois.

Il dut lire l'incertitude dans mes yeux, car il secoua la tête avec découragement. Il était vrai que, pour le moment, je n'avais encore rien de vraiment tangible contre elle. Sans compter qu'elle pourrait utiliser sa beauté et la fausse innocence de sa jeunesse pour se gagner tant le jury que les juges.

— Nous l'aurons et elle paiera, assurai-je.

Sa place de parking était vide. J'avais réussi à la battre de vitesse. Je passai devant le mobile-home, roulai encore une cinquantaine de mètres, me garai, puis revins à pied et m'introduisis chez elle.

Elle n'était pas revenue. Rien n'avait changé depuis mon départ. Il faisait toujours aussi chaud. J'enlevai ma veste, m'assis sur le lit et dégainai mon pistolet.

Je n'eus pas longtemps à attendre. Cinq minutes à peine s'étaient écoulées, lorsque j'entendis une voiture s'arrêter devant le mobile-home dans un crissement de freins. Il y eut un bruit de portière ouverte et refermée, puis celui de ses talons sur le ciment. Sa clef tinta contre la serrure, puis soudain, plus rien.

Tous les muscles tendus, j'étais prêt à bondir. Dix, vingt secondes s'écoulèrent. C'était trop long maintenant. Elle avait dû se rendre compte qu'elle avait de la visite. Peut-être avait-elle collé un fil ou un cheveu entre le montant et le battant de la porte avant de partir... Elle était du genre à ne rien laisser au hasard.

Je pris une profonde inspiration. Elle allait agir et il me fallait être prêt à toute éventualité. Je ne connaissais que trop sa rapidité et son efficacité.

Derrière mon dos, la petite fenêtre au-dessus du lit était occultée par un rideau. Romero ne pouvait donc pas voir où j'étais, mais il lui était facile de deviner que s'il y avait un intrus chez elle, c'était là qu'il se trouvait.

Enfin, la clef tourna dans la serrure. Le battant s'ouvrit largement et éclaira le côté où se situait la cuisine. Je vis son pistolet avant de la voir. Un pistolet qui tira dans ma direction, au jugé. Une balle frôla mon épaule et, instinctivement, je me jetai de côté en criant « Police ! Arrêtez ! », mais pour toute réponse une autre balle s'écrasa sur la cloison à quelques centimètres de ma tête. Elle m'avait repéré et il n'était plus temps de tergiverser. Je fis feu et la touchai à l'épaule. Elle roula sur le côté et je lui criai à nouveau d'arrêter, mais elle avait décidé d'aller jusqu'au bout. Elle se releva comme une tigresse, son pistolet braqué sur moi et elle m'aurait sans doute abattu si je n'avais été plus rapide qu'elle. Ma deuxième balle la frappa en pleine poitrine. Son arme lui échappa des mains et elle s'effondra sur le linoléum à damier noir et blanc.

Dehors, quelqu'un criait.

***

A deux heures et demie, une fois que le corps eut été emporté et la foule dispersée, je restai seul avec Wells dans le mobile-home. Assis sur l'une des deux chaises, Wells roula un cigare entre ses lèvres, l'alluma et me regarda d'un air pensif.

— Alors, mon petit, comment te sens-tu ? me demanda-t-il finalement.

— Crevé, répondis-je, ou plutôt « rompu », pour utiliser le terme recommandé par la hiérarchie.

— Mais toujours prêt à faire du mauvais esprit, n'est-ce pas ?

— Oh, moi, chef ? m'étonnai-je avec une feinte innocence. Lorsque cela m'arrive, c'est purement involontaire.

— Le hasard fait bien les choses, n'est-ce pas ? ironisa-t-il. Bon, mais maintenant je veux que tu me dises tout sur cette affaire. Sans rien oublier. Tu saisis ?

— Tout à fait. D'ailleurs, je n'ai rien à vous cacher, chef...

Sans lésiner sur les détails, je lui racontai ce qui s'était passé dans la villa des Grebs, les certitudes que ma mésaventure m'avait apportées, ma perquisition chez Jane Romero et les circonstances dans lesquelles j'avais été obligé de l'abattre.

Quand j'eus terminé, il hocha la tête d'un air sombre, qui ne me parut guère de mise. Après tout, le bilan de la semaine était plus que satisfaisant : l'énigme des cambriolages était résolue et la meurtrière de Danny avait payé son crime. Le dossier était classé et il n'y aurait même pas besoin d'un procès. Que pouvait-il demander de plus ?

— Elle a probablement deviné que tu étais le type de la villa de Grebs, et elle a joué son va-tout, suggéra-t-il en se caressant le menton. Ensuite, elle aurait plaidé la légitime défense ou prétendu que tu t'étais jeté sur elle et qu'elle avait eu peur que tu ne sois un violeur.

— C'est possible, acquiesçai-je. Elle était rusée et

réagissait en un clin d'œil. Je l'ai appris à mes dépens et, une fois encore, elle a bien failli avoir le dernier mot. Il lui aurait été facile ensuite de supprimer toutes les preuves qui l'accusaient, notamment ce livret de la Caisse d'Épargne.

Wells exhala une bouffée de fumée dans ma direction.

— Cette fois-ci, tu as encore eu de la chance, mon petit, déclara-t-il paternellement. Beaucoup de chance. Enfin, il faut bien que jeunesse se passe ! Avec le temps, tu finiras par comprendre qu'il est toujours préférable de respecter les règles de la procédure et tu deviendras alors un bon policier.

— Je l'espère, mon lieutenant.

— A ta place, ajouta-t-il, j'irais remettre cette aiguière chez les Grebs et je n'en parlerais pas dans mon rapport, non plus que de ta première visite dans ce mobile-home.

— Je suivrai votre conseil, chef.

— Et en revenant...

— Oui, chef ?

— Tu iras te faire couper les cheveux chez un vrai coiffeur.

— A vos ordres, chef !

The Park Plaza Thefts.

D'après la traduction de L. de Pierrefeu.

LE DON D'IRIS

par HENRY SLESAR

Il faisait déjà sombre quand Lucas rangea son taxi dans la propriété des Wheeler et remonta d'un pas pesant le sentier menant à la porte d'entrée. Il portait encore ses lourdes bottes bien que le dégel eût commencé. Son mackinau[1] et sa casquette de laine témoignaient que l'hiver avait été rude cette année et que le printemps était encore précaire.

Géraldine Wheeler lui ouvrit la porte et frissonna en le voyant. Elle était vêtue d'un ensemble léger de voyage.

— Entrez, dit-elle d'un ton coupant. Ma malle est à l'intérieur.

Lucas était le seul chauffeur de taxi de Medvale et connaissait bien la demeure avec ses meubles sombres et ses tentures assorties. Il traversa le salon, trouva la lourde malle noire au pied de l'escalier et la hissa sur son dos.

1. Couverture épaisse utilisée dans le nord-ouest de l'Amérique. *(N.d.T.)*

— C'est tout ce que vous avez comme bagage, mademoiselle Wheeler ?

— C'est tout. J'ai fait expédier le reste au navire. Au nom du Ciel, Lucas, vous n'avez pas trop chaud dans vos vêtements ?

Elle ouvrit un tiroir et fourragea dedans.

— J'ai probablement oublié des tas de choses, poursuivit-elle. Le gaz, l'électricité, le téléphone... ah ! la cheminée ! Voudriez-vous la regarder pour moi, je vous prie ?

— Volontiers, mademoiselle.

Lucas pénétra dans la salle de séjour, passa devant un meuble recouvert d'un drap et se pencha vers l'âtre. Quelques braises rougeoyaient encore au milieu des bûches noircies. Il les éteignit à l'aide du tisonnier.

Un moment plus tard, la femme entra en enfilant ses longs gants de soie.

— Ça va, je crois que tout est en ordre, dit-elle hors d'haleine. Nous pouvons partir.

— Oui, mademoiselle.

Elle lui tourna le dos. Il s'approcha rapidement par-derrière, poussa une sorte de grognement en levant le tisonnier et lui en assena un coup derrière la tête. Les genoux de la malheureuse fléchirent et elle s'effondra sans grâce sur le parquet. Lucas ne douta pas qu'elle fût morte instantanément car il avait tué ainsi un taureau malade. Il remit le tisonnier à sa place après l'avoir remué dans la cendre chaude, en s'efforçant d'agir avec calme. Il revint ensuite vers sa victime pour examiner la blessure. Elle était laide mais il n'y avait pas de sang.

Il souleva sans effort le corps, traversa la cuisine, déboucha sur l'arrière du jardin et se dirigea vers le bois qui entourait la propriété des Wheeler.

Quand il eut trouvé un endroit convenable pour servir de tombe à Géraldine Wheeler, il déposa le corps et s'en fut à la resserre aux outils chercher une pelle et une bêche.

On était au printemps mais le sol était dur. Quand il eut fini, il ne portait plus ni casquette ni mackinau. Pour la première fois depuis des mois, c'est-à-dire depuis le début de l'hiver, Lucas avait chaud.

***

Avril avait fait honneur à sa réputation de mois humide : les routes étaient recouvertes de boue et des flaques d'eau noire couraient sur la chaussée. Quand le gros autocar blanc s'arrêta, sa carrosserie était tachée d'argile rouge. Rowena, l'épouse de David Wheeler, n'en sortit pas tout de suite. Elle attendait avec un froncement impatient des sourcils que son mari l'aide. Quand, enfin, elle enfonça ses hauts talons dans la boue, elle eut un hoquet d'indignation.

David souriait d'un air ravi, sans se soucier de la boue, de la pluie et de l'humeur exécrable de sa femme.

— Allons, ce n'est pas si grave, dit-il. Tu n'as que quelques pas à faire.

Il entendit la porte d'entrée s'ouvrir et vit sa tante Faith leur faire de grands signes de la main.

— Tiens ! voilà la vieille sorcière, dit-il d'un ton joyeux. Rappelle-toi bien, ma chérie. Tâche de garder ton sérieux lorsqu'elle commencera à parler de revenants et de séances de spiritisme.

— Je ferai de mon mieux, rétorqua Rowena sèchement.

David et sa tante échangèrent des marques d'affection sur le pas de la porte. Il posa ses mains autour de sa taille, qu'elle avait conséquente, et pressa son nez d'aristocrate contre sa joue rebondie.

— David, mon superbe garçon ! Que je suis contente de te voir.

— Et moi donc, tante Faith.

Une fois à l'intérieur, David fit les présentations. Il avait épousé Rowena deux ans auparavant en Virginie, mais les deux femmes ne s'étaient jamais rencontrées, tante Faith n'ayant jamais dépassé les limites du comté de Medvale.

Tante Faith lança un regard chaleureux à Rowena.

— Vous êtes ravissante, ma chère. David, sale brute, comment peux-tu garder une si jolie femme pour toi tout seul ?

David et Rowena rirent. La glace était rompue. Tous trois entrèrent ensuite dans le salon. Là, toute trace de gaieté disparut de leur visage. Un homme se tenait debout près de la cheminée, tirant nerveusement sur sa cigarette et sa présence leur rappelait la raison tragique de leur réunion de famille.

— Lieutenant Reese, dit tante Faith, voici mon neveu David et sa femme.

Reese était un homme chauve aux traits brouillés et à l'expression mélancolique. Il serra la main de David avec solennité.

— Désolé de faire votre connaissance en de telles circonstances, dit-il. Il est vrai que je rencontre les gens presque toujours quand ils ont des ennuis. Je connais cependant Mme Demerest depuis un certain temps.

— Le lieutenant Reese m'a été d'une aide précieuse pour mes œuvres de charité, intervint tante Faith. Et d'un grand réconfort depuis... depuis que cette affreuse chose est arrivée.

David promena un regard circulaire autour de la pièce.

— Il y a des années que je n'ai pas mis les pieds ici. Du diable si je me rappelle où sont les liqueurs !

— Je crains fort qu'il n'y en ait pas, répondit Reese. Nous n'en avons pas trouvé lorsque nous avons fouillé la demeure il y a quelques semaines, après la disparition de Mlle Wheeler.

Il s'ensuivit un silence. David reprit :

— Eh bien, je crois que j'en ai dans la voiture. Je vais les chercher.

— Pas tout de suite, monsieur Wheeler. En fait, j'aimerais bien avoir un entretien avec vous en tête-à-tête.

Tante Faith alla se placer à côté de Rowena.

— Si nous montions toutes les deux au premier étage ? J'en profiterais pour vous montrer votre chambre.

— Excellente idée, répondit Rowena.

— Je pourrais même vous montrer la chambre où David est né et sa chambre d'enfant.

— Ce serait charmant.

Dès qu'ils furent seuls, Reese demanda :

— Combien de temps avez-vous été absent de Medvale, monsieur Wheeler ?

— Dix ans environ. J'y suis revenu en visite de temps à autre, bien entendu. Il y a quatre ans, précisément, mon père est mort et j'étais ici. Ainsi que vous le savez peut-être, la famille possède une affaire dans le Sud.

— Oui, je le savais. Votre sœur et vous-même...

— Ma demi-sœur.

— C'est vrai, votre demi-sœur et vous étiez les seuls propriétaires de l'usine, si je ne me trompe ?

— Vous ne vous trompez pas.

— Quand vos parents sont morts, Mlle Wheeler a gardé la propriété et vous, vous êtes parti en

Virginie diriger l'usine. Pensez-vous avoir été à la hauteur de la tâche ?

David s'assit dans un fauteuil Voltaire et étira ses longues jambes.

— Lieutenant, je vais vous faire gagner beaucoup de temps. Géraldine et moi ne nous entendions guère. Nous nous voyions le moins possible.

Reese s'éclaircit la voix.

— Merci pour votre franchise.

— Je puis même deviner votre prochaine question, lieutenant. Vous aimeriez savoir quand j'ai vu Géraldine pour la dernière fois.

— Quand ?

— Il y a trois mois en Virginie, à l'occasion de sa visite semestrielle à l'usine.

— Vous êtes pourtant revenu à Medvale par la suite, non ?

— Oui. Je suis venu la voir en mars pour une question importante, mais elle a refusé de me recevoir.

— Quel était le motif de cette visite ?

— Purement commercial. Je désirais que Géraldine donne son accord pour un emprunt bancaire et pour l'achat de matériel, mais elle était contre et elle refusa même d'en discuter. Je suis retourné en Virginie.

— Et vous ne l'avez jamais revue depuis lors ?

— Jamais.

David se leva, adressa un sourire engageant à Reese et ajouta :

— Je ne sais pas si vous êtes membre de la ligue antialcoolique comme ma tante mais moi, j'ai *besoin* d'un verre.

Il marcha en direction du couloir et s'arrêta sur le seuil.

— Au cas où vous vous poseriez des questions,

lieutenant, j'ignore absolument où se trouve Géraldine. Absolument.

Rowena et tante Faith ne descendirent qu'une heure après le départ du lieutenant. Tante Faith donnait l'impression d'avoir dormi. Rowena s'était changée et portait maintenant un sweater avec une jupe grise. Elles retrouvèrent David près du feu qui se mourait avec une bouteille de whisky à moitié vide.

— Eh bien ? s'enquit tante Faith. A-t-il été très ennuyeux ?

— Pas du tout, répondit David. Tu es ravissante, Rowena.

— J'aimerais boire un verre, David.

— Oui, bien sûr.

Il la servit en taquinant tante Faith au sujet de son abstinence. Elle ne parut pas s'en formaliser mais désirait parler de Géraldine.

— Je n'y comprends rien, dit-elle. La police non plus. Elle était prête à entreprendre une croisière dans les Caraïbes et une partie de ses bagages se trouvait déjà à bord du bateau. Tu te rappelles Lucas, le chauffeur de taxi ? Il est venu la chercher pour la conduire à la gare mais elle n'était pas ici. Elle n'était nulle part.

— Je suppose que la police a effectué les recherches habituelles ?

— Elle a cherché dans les hôpitaux, les morgues, partout. Le lieutenant Reese a dit qu'on pouvait formuler toutes les hypothèses possibles : elle a pu être enlevée et assassinée, elle a pu perdre la mémoire. Il se peut même qu'elle ait...

Tante Faith rougit avant de poursuivre :

— Moi, je n'y croirai jamais, mais le lieutenant Reese prétend qu'elle aurait pu disparaître délibérément... avec un homme.

Rowena buvait tranquillement près de la fenêtre.

— Je sais ce qui s'est passé, déclara-t-elle.

David lui adressa un regard aigu.

— Elle est partie tout simplement. Elle en avait assez de cette vieille demeure lugubre, de ce petit monde rampant. Elle en avait marre de vivre seule, de savoir que toute une ville attendait qu'elle se marie, de se faire du souci pour des métiers à tisser, des prêts ou des obligations. Elle n'en pouvait plus d'être elle-même.

Rowena tendit la main vers la bouteille de whisky mais David arrêta son poignet.

— Non, tu n'as pas mangé de toute la journée.

— Lâche-moi, dit-elle doucement.

Il sourit et la lâcha.

— Je pense que le lieutenant a raison, reprit-elle. Je pense qu'il y avait un homme dans sa vie. Quelque type vulgaire : un mineur ou un chauffeur de camion. En tout cas, quelqu'un sans *charme du tout.*

Elle leva son verre en direction de David et répéta :

— Sans charme aucun.

Tante Faith se leva.

— David, j'ai une idée. Je sais comment retrouver Géraldine.

— Vraiment ?

— Mais tu ne seras pas d'accord avec moi. Tu vas commencer par m'adresser ton charmant sourire puis me prendre pour cible de tes railleries. Mais peu importe ! Que tu m'approuves ou non, David, je vais demander à Iris Lloyd où est Géraldine.

Les sourcils de David formèrent un arc.

— Demander à qui ?

— A Iris Lloyd, répondit tante Faith avec fermeté.

Allons, ne me dis pas que tu n'as jamais entendu parler de cette enfant. Tous les journaux ont publié un article sur elle il y a seulement deux mois et je l'ai mentionnée dans mes lettres une douzaine de fois.

— Je m'en souviens, dit Rowena en s'avançant. C'est celle qui est médium ou quelque chose du genre. N'est-elle pas orpheline ?

— Iris est pupille de l'État et réside à l'orphelinat de filles de Medvale. J'en ai été la présidente pendant des années. Elle a seize ans et elle est étonnante, David, absolument extraordinaire !

— Je vois, dit-il en dissimulant un sourire amusé derrière son verre. Mais qu'est-ce qui fait d'elle un tel phénomène ?

— C'est une voyante, David, une vraie ! T'ai-je parlé de ce comte Louis Hamon, celui qui s'appelait Cheiro le Grand ? Certes il est mort maintenant — en fait il est mort en 1936 — mais il était doué comme l'est Iris aujourd'hui. Il lui suffisait de *regarder* quelqu'un ou un objet lui appartenant pour découvrir les choses les plus renversantes.

— Une minute ! Tu crois vraiment que cette enfant assistée va nous dire où est Géraldine ? Grâce au spiritisme ?

— Ce n'est pas exactement un médium. On pourrait l'appeler *une trouveuse*. Elle a le don de trouver les objets perdus. Les gens aussi.

— Comment s'y prend-elle, madame Demerest ? s'enquit Rowena.

— Je l'ignore. Je ne suis même pas sûre qu'elle le sache elle-même. Ce don ne l'a pas rendue heureuse, la pauvre enfant. Longtemps cela a ressemblé à un talent de société. Il y avait par exemple à l'orphelinat une certaine sœur Thérèse, plutôt portée sur la bouteille et qui égarait toujours son dé à coudre. Eh bien, Iris le retrouvait à chaque fois, même dans les endroits les plus invraisemblables.

David ricana.

— Les gosses aiment souvent cacher les objets pour faire des niches. Est-ce qu'Iris ne serait pas du genre facétieux ?

— Il y a plus, monsieur le sceptique. Un jour, l'orphelinat organisa un pique-nique à Crampton Lake. Au moment du départ, on s'aperçut qu'une fillette de huit ans, Dorothée, avait disparu. Impossible de la retrouver jusqu'au moment où Iris se mit à pousser des hurlements.

— Des hurlements ? s'étonna Rowena.

— Oui. La malheureuse ne s'est jamais habituée à *voir* ces choses-là et à chaque fois, elle en est toute secouée. Elle fut cependant en mesure de décrire l'endroit où se trouvait Dorothée. La petite avait fait une mauvaise chute dans une petite caverne naturelle et on la récupéra à moitié morte.

Rowena frissonna.

— Tu avais raison, tante Faith, dit David avec affabilité. Je ne saurais être d'accord pour cette histoire de spiritisme. Laissons la police démêler ce mystère.

Tante Faith soupira.

— Je me doutais bien que tu adopterais cette attitude. Mais je *dois* le faire, David. Je me suis arrangée avec l'orphelinat pour qu'Iris vienne passer quelque temps avec nous et fasse connaissance... avec l'*aura* de Géraldine qui règne encore dans cette demeure.

— Parles-tu sérieusement ? Tu as réellement demandé que cette fille vienne ici ?

— Je savais que ma démarche ne te plairait pas

mais la police n'a pas trouvé le moindre indice. Iris en trouvera un, elle.

— Je m'oppose à sa venue ici, affirma-t-il avec force. Je regrette, tante, mais cela frise le ridicule !

— Tu ne m'empêcheras pas d'agir à ma guise. J'espérais seulement que tu accepterais de coopérer.

Elle adressa un regard suppliant à Rowena.

— Je suis sûre que vous me comprenez, ma chère. Je le sais.

Rowena hésita puis, émue, saisit les mains de la vieille dame.

— Je vous comprends, madame Demerest. Et rien ne me ferait plus plaisir que de rencontrer Iris.

*
* *

Le lierre n'avait pas réussi à adoucir la froideur de la pierre de l'orphelinat, ni à atténuer la laideur de ses lignes. L'établissement avait été construit à une époque où l'on assimilait les orphelinats à des établissements pénitenciaires et son effet sur David fut déprimant.

La responsable de l'institution, sœur Clotilde, entra pleine d'entrain dans son bureau, s'assit et se croisa les mains.

— Je n'ai pas besoin de vous dire que je suis contre votre démarche, madame Demerest. J'estime que l'on a tort d'encourager Iris dans ces illusions.

Tante Faith semblait intimidée en présence de cette femme. Elle répondit d'une voix hésitante.

— Illusions, ma sœur ? C'est un don de Dieu.

— Si ce... pouvoir d'Iris a une origine spirituelle, je crains qu'il ne provienne pas de Dieu. Et je n'admets pas qu'il s'agisse d'un don.

David lui adressa son plus gracieux sourire mais sœur Clotilde y parut insensible.

— Je suis content de trouver en vous une alliée. J'ai dit à ma tante que ce sont des absurdités.

Sœur Clotilde se rebiffa.

— Il est vrai qu'Iris a fait certaines choses remarquables que nous sommes en peine d'expliquer, mais j'espère que cet état sera passager et qu'elle redeviendra une jeune fille normale, heureuse, car à l'heure présente...

— Est-elle très malheureuse ? demanda tante Faith avec tristesse.

— Elle est indisciplinée, on pourrait même dire dissipée. Dans moins de deux ans, quand elle atteindra l'âge légal, nous serons forcées de la libérer de l'institution et nous aimerions qu'elle soit à ce moment meilleure qu'elle n'est à présent.

— Mais vous allez bien nous permettre de l'emmener avec nous, ma sœur ?

— Pensiez-vous que mes pauvres objections aient pesé d'un poids quelconque, madame Demerest ?

Un moment plus tard, Iris Lloyd faisait son entrée. C'était une fille dans l'âge ingrat, à l'air gauche, aux longs bras et aux jambes émergeant d'une blouse à la couleur délavée. Ses cheveux étaient d'un blond filasse. Elle avait la démarche de quelqu'un qui a les pieds plats. Elle n'arrêtait pas de se tordre les bras tandis qu'elle s'avançait, guidée par sœur Clotilde, les yeux baissés vers tante Faith, David et Rowena.

— Iris, dit sœur Clotilde, tu connais Mme Demerest. Voici son neveu, monsieur Wheeler.

Iris fit un signe de tête, puis dans un éclair soudain, ses yeux se levèrent et elle les poignarda d'un regard tellement chargé d'hostilité que David faillit pousser un « oh ! » de surprise. Les autres ne parurent pas avoir senti ce regard.

— Tu te souviens de moi, Iris ? dit tante Faith. Je venais vous voir toutes, au moins une fois par an.

— Oui, madame Demerest, murmura-t-elle.

— La direction a eu la gentillesse de nous permettre de te prendre avec nous pendant quelque temps. Nous avons besoin de ton aide, Iris. Nous voulons savoir si tu peux nous aider à retrouver quelqu'un que nous avons perdu.

— Oui, madame Demerest, répondit-elle avec sérénité. J'aimerais bien aller avec vous. J'aimerais bien vous aider à retrouver Mlle Wheeler.

— Ainsi, tu es au courant au sujet de ma pauvre nièce ?

Sœur Clotilde gloussa.

— Les services secrets seraient tenus en échec ici, madame Demerest. Vous savez comment sont les filles.

David toussa pour s'éclaircir la gorge puis se leva.

— Je suppose que nous pouvons partir à tout moment si Mlle Lloyd a préparé ses valises.

Iris lui adressa un rapide sourire.

— Appelez-la Iris, je vous prie, monsieur Wheeler, dit sœur Clotilde. N'oubliez pas qu'elle n'est encore qu'une enfant.

***

Quand ses valises eurent été logées dans le coffre de la voiture, Iris s'installa à l'avant entre David et sa tante. Elle le regarda avec intérêt tourner la clef de contact.

— Hé ! dit-elle, vous n'auriez pas une cigarette ?

— Iris ! s'exclama tante Faith, le souffle coupé.

Elle sourit.

— Ça ne fait rien, reprit-elle d'un ton léger. Ça ne fait rien.

Elle ferma ensuite les yeux et se mit à fredonner. Elle fredonna pour elle-même durant tout le trajet.

*
* *

David se rendit en ville dans l'après-midi avec une longue liste d'articles d'épicerie et de produits divers que tante Faith lui avait préparée.

Il sortait du supermarché de Medvale quand il vit le taxi noir et cabossé de Lucas Mitchell rouler doucement dans le parking. Il fronça les sourcils et marcha d'un pas rapide en direction de sa voiture. Il finissait à peine de fourrer les articles à l'arrière que le taxi de Lucas s'arrêtait derrière lui.

— Hello ! monsieur Wheeler, dit Lucas en se penchant par la vitre abaissée.

— Bonjour, Lucas. Comment vont les affaires ?

— Pourrais-je vous parler une minute, monsieur Wheeler ?

— Non.

David fit le tour de sa voiture, s'installa au volant et fouilla nerveusement dans sa poche en quête de la clef. Elle lui parut d'autant plus difficile à trouver qu'il vit Lucas descendre du taxi et se diriger vers lui.

— Il faut que je vous parle, monsieur Wheeler.

— Pas ici, Lucas. Pas ici et pas maintenant.

— C'est important. Je veux vous demander quelque chose.

— Sacré nom... jura David en grinçant des dents.

Il venait de trouver enfin la clef de contact. Il la glissa dans la fente destinée à cet effet sur le tableau de bord.

— Écartez-vous, Lucas. Je ne puis m'arrêter maintenant.

— Cette fille, monsieur Wheeler... c'est vrai ce qu'on raconte sur elle ?

— Quelle fille ?

— Cette Iris Lloyd. Elle en fait de drôles. J'ai peur d'elle, monsieur Wheeler. J'ai peur qu'elle ne découvre ce que nous avons fait.

— Fichez le camp ! cria David.

Il tourna la clef et pressa l'accélérateur pour faire rugir le moteur. Lucas s'écarta, abasourdi. David fit rapidement une marche arrière et s'éloigna.

***

En rentrant, il trouva Rowena arpentant le salon. L'agitation de sa femme calma quelque peu la sienne.

— Qu'est-ce qui ne va pas ? demanda-t-il.

— Je ne saurais dire exactement. Tu ferais mieux d'interroger ta tante.

— Où est-elle ?

— Dans sa chambre. Tout ce que je sais, c'est qu'elle était montée voir si la *chère petite Iris* était éveillée. Puis elles se sont disputées. Je n'ai pu saisir que quelques mots mais une chose est certaine : cette fille a le langage d'un débardeur.

— Cela mettra peut-être un peu de plomb dans la tête de tante Faith, grommela-t-il. Je monte la voir pour lui dire que je ramène cette petite délinquante psychique à l'orphelinat.

— A ta place, je ne la dérangerais pas. Ta tante ne se sent pas bien.

— Dans ce cas, je vais voir le petit monstre. Où est-elle ?

— Dans la chambre de Géraldine qui jouxte la nôtre.

Arrivé devant la porte, il s'apprêta à frapper quand celle-ci s'ouvrit toute grande avant même que ses jointures ne touchent le bois et Iris parut sur le seuil, les mains sur les hanches, la bouche mauvaise.

— Salut mon beau, lança-t-elle. Ta tante m'a dit que tu es allé faire des courses pour moi.

— Qu'est-ce que vous avez fabriqué ?

Il entra et referma la porte.

— Ma tante n'est pas une femme bien portante, Iris. Nous ne supporterons pas longtemps votre façon de vous conduire. Racontez-moi ce qui s'est passé.

Elle haussa les épaules et recula vers le lit.

— Rien, dit-elle l'air maussade. J'ai trouvé un mégot dans un cendrier et je tirais une bouffée quand elle est entrée. A l'entendre hurler, on aurait cru que je mettais le feu à la maison.

— J'ai appris que vous ne vous êtes pas privée d'en faire autant. Est-ce cela que vous avez appris chez les sœurs ?

— Elles ne m'ont rien appris d'intéressant.

Soudain, Iris changea : visage, maintien, tout. En un clin d'œil, elle était redevenue une enfant.

— Je suis désolée, geignit-elle. Terriblement désolée, monsieur Wheeler. Je ne pensais pas faire quelque chose de mal.

Il la dévisagea, déconcerté, ne sachant pas comment prendre ce changement d'attitude, puis il se rendit compte que la porte s'était ouverte derrière lui et que tante Faith était entrée.

Iris s'effondra sur le lit et se mit à sangloter. En quatre longues enjambées, tante Faith traversa la pièce et l'entoura de ses bras en un geste maternel.

— Allons, allons, gronda-t-elle gentiment. C'est

fini, Iris. Je sais que tes propos ne reflétaient pas ta pensée. C'est *le don* qui te rend comme ça. Ne te tracasse pas à propos de ce que je t'ai demandé de faire. Prends tout ton temps pour Géraldine.

— Oh ! mais je *veux* vous aider, dit Iris avec ferveur. Sincèrement, tante Faith.

Elle se leva, le visage animé.

— Je peux *sentir* votre nièce dans cette maison. Je peux presque l'entendre me chuchoter, me dire où elle est !

— Tu le peux vraiment ? demanda tante Faith d'une voix où se mêlaient terreur et respect.

— Presque, presque ! s'écria Iris en se lançant dans une danse maladroite.

Elle tournoya devant un placard, s'arrêta et en ouvrit la porte. Il y avait à l'intérieur six robes sur des cintres.

— Ce sont *ses* toilettes. Oh ! que c'est beau ! Elle devait être superbe là-dedans.

David ricana.

— Iris a-t-elle jamais vu une photo de Géraldine ?

La jeune fille sortit une robe du soir en lamé d'or.

— Ce qu'elle est jolie. Je la *sens* dans cette robe. Oui, je la *sens*.

Elle regarda tante Faith avec une sorte de joie sauvage dans les yeux.

— Je sais maintenant que je vais pouvoir vous aider.

— Dieu te bénisse, dit tante Faith les yeux humides.

Iris se montra d'excellente humeur tout le reste de la journée et au dîner elle fut la seule à se sentir à l'aise.

Elle demanda cependant à quitter la table avant que l'on serve le café et monta dans sa chambre.

Quand la femme de chambre eut débarrassé la

table, tante Faith, Rowena et David se rendirent au salon.

— Que penses-tu, tante Faith, du *cinéma* qu'Iris nous a joué aujourd'hui ?

Elle se raidit.

— Tu te trompes. Tu ne t'y connais pas en psychologie. Ce n'est pas *elle* qui m'abreuvait d'injures, mais l'esprit qui la possède et qui lui donne son *don de voir.*

Rowena éclata de rire.

— A en juger par son langage, ce doit être l'esprit d'un vieux marin. Franchement, tante Faith, elle me paraît être une petite fille ordinaire.

— Vous verrez, dit tante Faith, l'air obstiné. Attendez un peu et nous saurons bien si elle est ordinaire ou pas.

Vingt minutes plus tard, Iris descendit l'escalier, vêtue de la robe en lamé d'or de Géraldine. Elle s'était outrageusement maquillé le visage et avait maladroitement relevé ses cheveux filasse en un chignon qui refusait de tenir. David et Rowena restèrent bouche bée devant le spectacle qu'elle offrait mais tante Faith parut à peine se formaliser.

— Iris, ma chère, qu'avez-vous fait ?

Elle s'avança en minaudant jusqu'au centre de la pièce et ils remarquèrent alors qu'elle avait gardé ses chaussures à talons plats de l'orphelinat. L'effet était franchement comique mais David ne rit point.

— Montez vous changer, ordonna-t-il sèchement. Vous n'avez pas le droit de porter les vêtements de ma sœur.

Le visage d'Iris marqua une vive déception.

— Oh ! tante Faith ! gémit-elle. Vous savez ce que je vous ai dit. Je dois porter les vêtements de votre nièce pour sentir... son aura.

— Aura, mon œil ! dit David.

Elle le regarda d'un air hébété puis, se laissant tomber sur le fauteuil Voltaire près de la cheminée, éclata en sanglots. Tante Faith se remit à la consoler, ainsi qu'elle l'avait fait l'après-midi.

— Tu n'aurais pas dû dire ça ! lança-t-elle en colère à David. Cette pauvre fille essaie de nous aider et tu gâches tout !

— Navré, dit-il avec une grimace de côté. Cela vient du fait que je ne suis pas crédule.

— Donne-lui au moins une chance de faire ses preuves.

Tante Faith, le visage pensif, attendit qu'Iris se calme un peu, puis se pencha à l'oreille de la jeune fille.

— Écoute-moi bien, Iris. Tu te souviens de la façon dont tu retrouvais les objets perdus par sœur Thérèse à l'orphelinat ?

Iris cilla pour chasser ses dernières larmes.

— Oui.

— Crois-tu que tu serais capable de le refaire tout de suite pour nous ?

— Je... ne sais pas. Je pourrais essayer.

— Lui permets-tu d'essayer, David ?

— Essayer quoi ? Je ne comprends pas.

— Je veux que tu caches quelque chose ou que tu nommes un objet que tu as égaré ou que tu as déplacé quelque part dans cette maison.

— C'est idiot. Ça ressemble à un jeu de société.

— David !

Il fronça les sourcils.

— Très bien, comme tu voudras. Avec quoi commencerons-nous ce petit jeu de cache-cache ?

— David, que dirais-tu du chat ? suggéra Rowena.

— Le chat ?

— Tu te rappelles ? Une fois, tu m'as parlé d'un minet en peluche que tu avais quand tu étais enfant.

Tu l'avais perdu dans la maison alors que tu n'avais encore que cinq ans et tu avais été si malheureux que tu avais refusé de manger pendant des jours et des jours.

— Mais c'est absurde ! Cela se passait il y a trente ans.

— Tant mieux, dit tante Faith. Tant mieux, David.

Elle se tourna vers la jeune fille.

— Crois-tu pouvoir retrouver le chat en peluche de David, Iris ?

— Je n'en suis pas certaine. Je ne suis jamais certaine, tante Faith.

— Essaie toujours. Nous ne te blâmerons pas en cas d'échec. L'objet a peut-être été jeté depuis des années, mais essaie toujours.

Le jeune fille se redressa et enfonça son visage dans ses mains.

— David, murmura tante Faith, veux-tu éteindre la lumière ?

Bientôt la pièce fut plongée dans une quasi-obscurité. Seules les flammes de la cheminée jetaient quelques lueurs et animaient leurs ombres.

— Vas-y, Iris, exhorta tante Faith.

Dans le silence qui suivit, l'horloge fit entendre distinctement son tic-tac. Iris laissa retomber ses bras mollement, ses mains sur les genoux, puis s'appuya contre le dossier du fauteuil en exhalant un long soupir.

— C'est une transe, chuchota tante Faith. Tu *dois* le voir, David. La petite est dans une transe médiumnique.

— Je ne veux pas le savoir, répondit son neveu.

Les yeux d'Iris étaient clos et ses lèvres remuaient. Des gouttes apparurent aux commissures des lèvres.

— Que dit-elle ? demanda Rowena. Je ne parviens pas à l'entendre.

— Attendez ! Vous devez attendre, recommanda tante Faith.

La voix d'Iris devint bientôt audible.

— Chaud, dit-elle. Oh ! il fait si chaud... si chaud.

Elle se tortilla dans le fauteuil et ses doigts tirèrent sur l'échancrure de la robe du soir.

— Si chaud ici, répéta-t-elle à haute voix. Oh ! je vous en prie ! Je vous en prie ! Minet a chaud ! Minet a chaud !

Elle poussa ensuite un cri perçant qui fit bondir David sur ses pieds. Rowena vint près de lui et lui serra le bras.

— Ce n'est rien ! dit-il. Tu ne vois pas qu'elle fait son numéro ?

— Chut, s'il vous plaît ! intima tante Faith. La petite souffre.

Iris se lamentait et se débattait sans cesse. La sueur perlait sur son front et à voir son corps se tordre, se tortiller dans tous les sens on avait l'impression d'une âme en proie aux affres de l'enfer.

— Chaud ! Chaud ! glapit-elle. Derrière le poêle. Oh ! je vous en prie... Minet a si chaud.

Puis d'un coup, elle s'affaissa en râlant.

Tante Faith se précipita et lui saisit les poignets qu'elle frotta avec vigueur tout en disant à son neveu :

— Tu l'as entendue, David. Peux-tu encore douter d'elle ?

— Je n'ai rien entendu si ce n'est des cris perçants, des gémissements et des mots sans suite concernant la chaleur. Qu'est-ce que tout cela est supposé signifier ?

— Tu n'es qu'un idiot entêté ! Tu n'as pas compris que ton chat est derrière le poêle, là où tu as dû le fourrer alors que tu n'étais encore qu'un gamin !

Rowena le tira par le bras.

— Nous pourrions vérifier, non ? Est-ce le même poêle qui se trouve dans la cuisine ?

— Je le crois. Il y a également un four électronique mais, à ma connaissance, on n'a jamais enlevé le vieux monstre de fer.

— Allons voir, David, je t'en prie ! pressa Rowena.

Iris commençait à revenir à elle. Elle cilla, ouvrit les yeux et vit les visages qui l'épiaient.

— Est-il là où je l'ai dit ? Derrière le poêle dans la cuisine ?

— Nous n'avons pas encore regardé, répondit David.

— Eh bien, regardez ! ordonna tante Faith.

Rowena et David allèrent regarder. Il se trouvait là, un minet en peluche, recouvert de poussière, roussi et presque décomposé par trois décennies de chaleur, mais il se trouvait bien là.

David étreignit le vieux jouet dans son poing et son visage devint livide. Rowena le regarda avec tristesse, pensant qu'il souffrait de nostalgie, ce qui n'était pas le cas.

En fait, il était blanc de peur.

***

Au début du mois de mai, les pluies disparurent pour faire place à une succession de journées ensoleillées. Iris Lloyd passait la plupart de son temps en plein air, communiant avec la nature ou avec ses pensées secrètes.

Un après-midi, David la trouva étendue sur l'herbe au milieu des marguerites. Elle en effeuillait une, selon le rite antique.

— Eh bien, dit-il. Quelle est la réponse ?

Elle sourit timidement et lança la fleur.

— Donnez-la vous-même, oncle David.

— Laissez tomber le *oncle David*.

Il se pencha pour ramasser la fleur et arracha les derniers pétales.

Elle m'aime... passionnément... pas du tout, dit-il.

— Qui ? Votre femme ? Inutile d'essayer de me tromper, oncle David, ajouta-t-elle avec un sourire provocateur. Je suis au courant.

Il fit mine de lui tourner le dos mais elle lui prit la cheville.

— Restez, j'aime bien bavarder.

Il s'arrêta et s'accroupit à son niveau.

— Qu'est-ce que vous fabriquez, Iris ? Vous êtes ici depuis plus d'une semaine et vous n'avez encore rien fait au sujet de... ce que vous savez. Votre séjour chez nous n'est qu'un grand pique-nique pour vous, pas vrai ?

— Et comment ! Pensez-vous que j'aie envie de retourner dans ce sale orphelinat ? Je suis bien mieux ici.

Elle s'étendit sur le dos dans l'herbe et poursuivit :

— Pas d'uniforme. Pas de prière à six heures du matin. Quant à la nourriture, aucune comparaison possible.

Elle sourit.

— Et je ne parle pas de la compagnie !

— Je suppose que je devrais vous dire merci.

— Il n'y a rien que vous puissiez dire que je ne sache déjà.

Elle partit d'un petit rire étouffé.

— Avez-vous oublié que je suis médium ?

— Est-ce vrai, Iris, demanda-t-il d'un ton dégagé, ou est-ce un truc ?

— Je vais vous montrer, moi, si c'est un truc.

Elle se couvrit les yeux de ses mains.

— Votre femme vous hait. Elle pense que vous

êtes pourri. Vous n'étiez pas marié depuis un an que vous commenciez déjà à tourner autour des autres femmes. Vous n'alliez pas à l'usine plus d'une ou deux fois par mois. C'était votre façon à vous de la diriger. La seule chose que vous sachiez réellement faire, c'est dépenser l'argent de la famille.

Le visage de David devenait de plus en plus pâle à mesure qu'Iris parlait. A la fin, il se saisit de son poignet qu'elle avait très fin.

— Sale petite gamine ! Vous n'êtes pas médium. Vous écoutez aux portes.

— Lâchez mon bras !

— Votre chambre est à côté de la nôtre. C'est pourquoi vous en savez tant sur mon compte !

— C'est bon ! glapit-elle. Croyez-vous que je pouvais m'empêcher d'écouter vos disputes ?

Il lui lâcha le poignet. Elle le massa tristement puis, décidant que c'était drôle, éclata de rire. Soudain, elle se jeta sur lui, l'étreignit de ses doigts maigres mais puissants et l'embrassa sur la bouche.

Il la repoussa, étonné.

— Qu'est-ce que vous faites, stupide gamine ? dit-il brutalement.

— Je ne suis pas une gamine. J'ai presque dix-sept ans.

— Il y a trois mois, vous veniez d'en avoir seize.

— Je suis une femme, cria-t-elle. Mais vous, vous n'êtes même pas un homme.

Sur ce, elle lui assena un coup de poing dans la poitrine qui le laissa le souffle coupé, puis elle descendit la côte en courant vers la maison.

Il revint en passant par l'arrière de la propriété et entra dans la cuisine. Tante Faith donnait à la bonne des conseils sur la façon de nettoyer l'argenterie. Elle leva son regard sur lui.

— As-tu appelé un taxi, David ?

— Un taxi ? Non, pourquoi l'aurais-je fait ?

— Je ne sais pas mais le taxi de Lucas est dans l'allée. Il a dit qu'il t'attendait.

Lucas s'extirpa du taxi à l'approche de David. Il ôta sa casquette de laine tricotée et l'appuya contre son ventre.

— Que désirez-vous, Lucas ?

— Vous parler, monsieur Wheeler, comme la semaine dernière.

David s'installa sur le siège arrière.

— Très bien, dit-il. Conduisez-moi quelque part. Nous bavarderons en roulant.

— Bien, monsieur.

Lucas n'ouvrit pas la bouche tant que la propriété fut en vue puis il attaqua :

— J'ai fait ce que vous m'avez dit, monsieur Wheeler. Exactement. Je l'ai frappée proprement. Pas de sang, pas de souffrances. Elle s'est effondrée comme un vieux taureau.

— Parfait, répondit David, la voix rauque. Je ne veux plus en entendre parler, Lucas. Je suis satisfait. Vous devriez l'être aussi. Vous avez touché votre argent, maintenant oubliez ça !

— Je l'ai soulevée, poursuivit Lucas l'air lointain. J'ai emporté le corps dans les bois et j'ai creusé, aussi profond que j'ai pu. La terre était particulièrement dure et j'ai beaucoup peiné, monsieur Wheeler. J'ai tout arrangé de façon que personne ne sache ce qui s'est passé. Personne sauf...

— C'est cette fille qui vous tracasse ?

— J'ai entendu des choses curieuses la concernant, monsieur Wheeler. On dit qu'elle a découvert l'enfant qui est tombée près de Crampton Lake. Elle a des yeux inquiétants. Peut-être est-elle capable de voir dans la tombe.

— Arrêtez la voiture, Lucas.

Lucas appuya sa lourde botte sur le frein.

— Iris Lloyd ne la retrouvera pas, reprit David les dents serrées. Ni elle ni personne. Cessez donc de vous tourmenter. Plus vous vous ferez de souci, plus vous vous trahirez.

— Mais le corps est juste derrière la maison, monsieur Wheeler. Tout près dans les bois.

— Il faut oublier, Lucas, faire comme si rien n'était arrivé. Ma sœur a disparu et elle ne reviendra pas. Quant à la petite, je m'en charge.

Il donna à Lucas une tape sur l'épaule pour le rassurer, mais Lucas se raidit.

— Maintenant, ramenez-moi, ordonna David.

*
* *

Cinq jours s'écoulèrent. Iris semblait avoir oublié complètement le but de son séjour. Elle remplaçait Géraldine en quelque sorte. Tante Faith était d'une patience à toute épreuve, attendant le miracle avec une confiance inébranlable.

Le jeudi soir, dans leur chambre, les yeux de Rowena croisèrent ceux de David dans le miroir de la coiffeuse et elle se mit à l'attaquer sur l'usine.

— Ferme-la, dit-il gentiment. Plus un mot. J'ai découvert qu'Iris entend toutes nos disputes de sa chambre. Aussi, je te propose une trêve.

— Elle n'a pas besoin d'écouter aux portes, non ? Ne sait-elle pas lire dans les pensées ?

Et se tournant vers son mari, elle ajouta :

— Après tout, elle n'est pas la seule voyante ici. Je peux lire dans ses pensées, moi aussi.

— Ah ?

— C'est facile, dit-elle avec amertume. Je lis toutes les mauvaises idées qui lui passent par la tête chaque fois qu'elle te regarde. Je suis étonnée que tu ne l'aies pas remarqué.

— Ce n'est qu'une enfant, voyons !

— Elle est amoureuse de toi.

Il ricana et se mit au lit.

— Tu es son chevalier, reprit-elle, moqueuse. Tu vas la délivrer de l'affreux donjon où on la retient prisonnière. Tu ne le savais pas ?

— Tu ferais mieux de te coucher, Rowena.

— Bien sûr, il y a un petit ennui : l'existence de ta femme. Mais je n'ai jamais constitué un obstacle pour tes aventures, n'est-ce pas ?

— Je t'avais demandé une trêve, rappelle-toi.

Elle rit.

— Tu es un homme pacifique, David. Cela fait partie de ton fameux charme. Dis-moi : c'est pour conclure une trêve avec Géraldine que tu es venu en mars ?

— J'étais venu pour affaires.

— Oui, je sais. Pour empêcher Géraldine de t'envoyer en prison.

— Tu parles sans savoir.

— J'ai des yeux, David. Pas comme Iris Lloyd, mais tout de même. Je sais que tu prenais de l'argent de l'usine. Beaucoup trop. Géraldine était au courant, elle aussi. Combien de temps t'a-t-elle accordé pour rembourser ?

David était considéré comme un homme de sang-froid, maître de soi, mais cette fois il perdit tout contrôle et éclata.

— Pas un mot de plus, tu m'entends ! Ferme-la !

Il demeura une heure dans le noir, les yeux grands ouverts, incapable de trouver le sommeil.

Il était toujours éveillé quand il entendit un bruit de pas dans le couloir. Il s'assit sur le lit pour écouter ensuite le déclic d'un loquet.

Il se leva et enfila sa robe de chambre et ses pantoufles. Un rayon de lune éclairait l'oreiller de sa femme. Rowena dormait. Il alla sans bruit à la porte et l'ouvrit.

Iris Lloyd, en chemise de nuit, descendait lentement l'escalier menant au rez-de-chaussée, ses cheveux raides tombant sur les épaules. Elle se déplaçait avec la grâce mécanique d'un somnambule.

Tout au bout du couloir, tante Faith ouvrit sa porte et risqua un regard, les yeux écarquillés.

— Est-ce toi, David ?

— C'est Iris, répondit-il.

Tante Faith sortit dans le couloir en nouant son peignoir, les mains tremblantes. Son neveu essaya de la convaincre de ne pas suivre la fille. Peine perdue.

Ils s'arrêtèrent sur le palier. Iris, les yeux ouverts, ne cillant pas, s'agitait frénétiquement devant l'entrée.

— Qu'ai-je oublié ? murmura-t-elle. Qu'ai-je oublié ?

Tante Faith étreignit le bras de David.

— Vous êtes en retard, continua Iris, faisant face à la porte.

Elle pivota brusquement, semblant regarder David et tante Faith droit dans les yeux mais en réalité elle ne les voyait pas.

— Il est temps de partir, dit-elle d'une voix larmoyante. Oh ! prenez mes bagages, je vous en prie. Je suis si nerveuse et j'ai si peur...

— Elle est en transe, murmura tante Faith. Nous approchons peut-être du but, David.

— Qu'ai-je oublié ? reprit Iris en chevrotant. Le gaz, l'électricité, la cheminée ? Oh !

Sur ce, elle éclata en sanglots et enfouit son

visage dans ses mains. David esquissa un pas vers elle mais tante Faith l'arrêta.

— Non ! Ne la réveille pas !

Flottant tel un fantôme dans sa robe, la jeune fille se dirigea vers l'arrière de la maison. Parvenue à la cuisine, elle ouvrit la porte vitrée.

— Elle sort, dit David. Nous ne pouvons la laisser...

— Ne la dérange surtout pas ! Je t'en supplie, ne la dérange pas !

Iris s'engagea dans le jardin puis suivit un sentier éclairé par la lune et qui s'enfonçait dans les bois.

— Iris ! cria David. Iris !

— Non ! lui intima tante Faith. Ne la réveille pas !

— Tu veux donc que cette petite attrape une pneumonie ! rétorqua David, furieux. Iris ! Tu es folle ? hurla-t-il ensuite.

En entendant son nom, elle s'arrêta et se retourna. Son regard, jusque-là vide, marqua un certain hébétement. David s'avança et ses bras se refermèrent sur elle. Elle cria et se débattit. Il tint bon et lui plaquant les bras au corps il l'entraîna de force à l'intérieur. Là, elle se mit à sangloter à grosses larmes.

Tante Faith s'agitait autour d'eux en poussant des cris geignards.

— Comment as-tu pu faire une chose pareille ? Tu sais pourtant qu'on ne doit pas réveiller un somnambule.

— Je n'allais tout de même pas la laisser attraper la crève ! On aurait eu bonne mine avec les bonnes sœurs si on leur avait raconté que leur petite orpheline était morte d'une pneumonie !

Iris s'était calmée dans l'intervalle, la tête reposant dans les bras. Au bout d'un moment, elle leva les yeux et scruta leurs visages tendus.

— Tante Faith...
— Tu te sens bien, ma petite Iris ?
Son regard était encore un peu lointain.
— Oui, dit-elle, je me sens très bien. Je crois que je suis en mesure de le faire maintenant.
— Faire quoi ? Nous dire où est Géraldine ?
— Je peux essayer, tante Faith.
La vieille dame se redressa, métamorphosée.
— Il faut appeler le lieutenant Reese, David. Tout de suite. Il voudra entendre tout ce qu'Iris dira.
— Reese ? Mais il est deux heures du matin !
— Il viendra ! Je sais qu'il viendra. Je lui téléphonerai moi-même. Monte Iris dans sa chambre.
Davis aida la jeune fille à grimper les marches, mécontent de la façon dont elle se collait à lui. Elle se laissa tomber sur le lit, les yeux fermés, puis elle les ouvrit et lui sourit.
— Vous avez peur, dit-elle.
Il ravala sa salive parce que c'était vrai.
— Je vous renvoie d'où vous venez, répondit-il la voix rauque. Je ne tiens pas à ce que vous restiez un jour de plus dans cette maison. Sœur Clotilde avait raison : vous êtes une source d'ennuis.
— Est-ce la véritable raison, David ?
Elle rit, ce qui l'irrita. Il s'assit à côté d'elle et lui pressa la main sur la bouche.
— Taisez-vous, petite sotte !
Elle cessa de rire et ses yeux plongèrent dans les siens. Dès qu'il eut ôté sa main, elle se pencha sur lui et dit d'une voix qu'elle voulait empreinte de passion :
— Je ne vous quitterai pas. Même si vous ne voulez pas de moi.
— Vous ne savez pas ce que vous dites, répondit-il l'air incertain. Vous êtes une peste !
— Le suis-je ?

Elle s'approcha davantage. Il l'étreignit avec une brusquerie inattendue et l'embrassa sur la bouche. Elle se colla à lui en gémissant, ses petits doigts tirant sur le pan de sa robe.

Quand ils se séparèrent, il s'essuya la bouche avec dégoût.

— De quelle partie de l'enfer venez-vous ?

— David, dit-elle l'air rêveur, vous ne me laisserez pas retourner à l'orphelinat, n'est-ce pas ?

— Vous êtes cinglée. Vous savez que je suis marié...

— Cela importe peu. Vous pouvez divorcer. De toute manière, vous ne l'aimez pas, n'est-ce pas ?

La porte s'ouvrit. Rowena, impériale dans sa robe de chambre, leur jeta un regard où se mêlaient colère et mépris.

— Sortez d'ici ! glapit Iris. Je ne vous veux pas dans ma chambre.

— Rowena... commença David en se tournant vers sa femme.

— Je suis entrée pour te dire simplement ceci, David : tu avais raison au sujet des murs.

— Je vous hais ! hurla Iris. Il vous hait aussi ! Dites-le-lui, David, pourquoi ne lui dites-vous pas ?

— Oui, pourquoi te tais-tu ? répliqua Rowena. C'est la seule chose que tu n'aies pas faite jusqu'ici.

Les yeux de David se portèrent alternativement de la jeune fille au regard brûlant à sa femme attendant froidement d'être injuriée.

— Le diable vous emporte toutes les deux, murmura-t-il, puis il sortit de la pièce en frôlant Rowena.

***

Le lieutenant Reese était encore à moitié endormi. Les rares cheveux qu'il avait se dressaient ébouriffés sur son crâne chauve et l'on voyait bien qu'il avait enfilé ses vêtements à la hâte. Rowena, toujours en robe de chambre, était assise près de la fenêtre, l'air apparemment indifférent. Tante Faith remuait les braises de la cheminée pour ranimer le feu.

Iris s'installa dans le fauteuil Voltaire, les mains nouées sur les genoux, l'expression énigmatique.

Quand le feu reprit, tante Faith dit :

— Nous pouvons commencer à tout moment. David, veux-tu éteindre la lampe ?

Ce dernier se versa un verre de bourbon avant de réduire la lumière puis alla s'installer en face d'Iris.

— Es-tu prête, mon enfant ? demanda la vieille dame.

Iris, les lèvres blanches, fit oui de la tête.

David capta son regard avant que ses yeux ne se ferment au début de la transe. Elle parut comprendre la supplique qu'il formulait. Le silence se fit. L'horloge de la cheminée battit une centaine de fois puis peu à peu, Iris Lloyd se mit à se balancer d'un côté à l'autre sur son siège et ses lèvres bougèrent.

— Ça commence, chuchota tante Faith. Ça commence.

Iris gémit, poussa des cris de tourment et tordit son jeune corps en proie à l'angoisse. Sa bouche s'ouvrit et elle hoqueta. De la salive apparut aux commissures des lèvres puis coula sur son menton.

— Il faut arrêter l'expérience, dit David d'une voix mal assurée. La petite a une attaque.

Le lieutenant Reese parut alarmé.

— Madame Demerest, ne vaudrait-il pas mieux...

— Je vous en prie ! coupa tante Faith. Ce n'est que la transe. Tu l'as déjà vue dans cet état, David.

Iris poussa un cri perçant.

Reese se leva.

— Monsieur Wheeler a sans doute raison. Elle pourrait se faire du mal.

— Non, non ! Nous devons attendre.

Les cris de terreur d'Iris se firent de plus en plus forts et atteignirent une telle intensité que les vitres de la pièce se mirent à vibrer. Rowena se plaqua les mains contre les oreilles.

— *Tante Faith ! Tante Faith !* s'écria la jeune fille. Je suis ici ! Viens me chercher, tante Faith ! Au secours ! Il fait si noir, si noir ! Oh est-ce que personne ne viendra à mon aide ?

— Où es-tu ? sanglota la vieille dame, les larmes coulant abondamment de ses joues. Géraldine, ma pauvre chérie, où es-tu ?

Iris se contorsionna dans son fauteuil.

— Oh ! aidez-moi ! Aidez-moi ! Il fait si noir, j'ai si peur ! tante Faith ! Tu m'entends ?

— Nous t'entendons ! Nous t'entendons, chérie, sanglota la vieille dame. Dis-nous où tu es ! Dis-le-nous !

Iris se leva, cria de nouveau et retomba en arrière dans un accès de larmes. En quelques instants, les soupirs qui soulevaient sa poitrine s'apaisèrent et elle ouvrit lentement les yeux.

David fit un pas dans sa direction mais le lieutenant Reese l'arrêta.

— Un moment, monsieur Wheeler.

Il alla lui-même tâter le pouls de la jeune fille. Il lui souleva ensuite la paupière de l'œil droit et examina la pupille.

— Êtes-vous en mesure de m'entendre, Iris ? Vous sentez-vous bien ?

— Oui, monsieur, je me sens très bien.

— Vous rappelez-vous ce qui vient de se passer ?

— Oui, monsieur, tout.

— Savez-vous où se trouve Géraldine Wheeler ?

Elle regarda les visages de ceux qui étaient assis en cercle autour d'elle et s'attarda sur David dont les yeux exprimaient une prière muette.

— Oui, murmura-t-elle.

— Où est-elle ?

Le regard d'Iris se fit distant.

— Très loin. Un endroit avec des navires. Le soleil y brille. J'ai vu des collines et des arbres verts. J'ai entendu des cloches dans les rues...

Reese se tourna vers les autres et y lut sur leurs visages le même étonnement que sur le sien.

— Un endroit avec des navires, dit-il. Cela signifie-t-il quelque chose pour vous ?

Aucune réponse.

— C'est une ville, ajouta Iris. Loin d'ici.

— De l'autre côté de l'océan ? Est-ce là que se trouve Géraldine ?

— Non. Pas de l'autre côté de l'océan. Quelque part ici, en Amérique. Outre les bateaux, j'ai vu une baie, un port et de l'eau bleue.

— San Francisco ! s'exclama Rowena. Je suis sûre qu'elle veut dire San Francisco, lieutenant.

— Iris, fit ce dernier, sévère. Il faut que vous soyez sûre. Nous ne pouvons fouiller tous les États-Unis !

— Oui. Ce doit bien être San Francisco. Il y avait des trolleys dans les rues. De drôles de trolleys escaladant la colline.

Reese se gratta la tête.

— Ma foi, sait-on jamais ? Est-ce que Géraldine est déjà allée à San Francisco ?

— Jamais, dit tante Faith. Pourquoi y serait-elle allée, David ?

— Tu me demandes ça à moi, répondit-il en souriant. Je n'en sais rien.

Il s'approcha d'Iris et lui appliqua une tape amicale sur l'épaule.

— Mais puisque les esprits disent que Géraldine est à San Francisco, ajouta-t-il, c'est qu'elle y est, n'est-ce pas, Iris ?

Elle détourna la tête.

— Je veux retourner à l'orphelinat, dit-elle. Je veux revoir sœur Clotilde.

Puis elle se mit à pleurer, doucement, comme une enfant.

***

Quand David et tante Faith revinrent de Medvale, il faisait une chaleur estivale. Durant le trajet, tante Faith contempla le paysage mais le charme de la campagne ne parvint pas à la réconforter.

— Allons, vieille gitane, dit en riant David, votre petite voyante a remporté un grand succès. La police n'a plus qu'à récupérer Géraldine à San Francisco si d'ici là elle ne prend pas un bateau en partance pour les mers du Sud.

— Je ne comprends pas, dit tante Faith. Il n'est pas dans les habitudes de Géraldine de filer sans laisser un mot. Pourquoi a-t-elle agi ainsi ?

— Ma foi, je l'ignore, répondit son neveu.

***

Après avoir déposé sa tante, David alla en ville. Quand il vit Lucas debout près de son taxi noir au dépôt, il s'arrêta, sortit de sa voiture et s'avança vers lui en souriant.

— Hello, Lucas ! Ça va le boulot ?

— Ça pourrait aller mieux, répondit Lucas en

scrutant son visage. Vous avez des nouvelles à m'annoncer, monsieur Wheeler ?

— Peut-être bien. Si nous entrions dans votre bureau ? suggéra David en lui donnant une claque sur l'épaule.

Il pénétra à l'intérieur à la suite de Lucas, referma la porte soigneusement et lui demanda de s'asseoir.

— Tout est fini et bien fini, dit-il. Je reviens de l'institution de Medvale. J'y ai ramené Iris Lloyd.

Lucas exhala un profond soupir.

— Alors, elle n'a pas trouvé ? Elle n'a pas trouvé où... cette femme était ?

— Non, elle n'a pas trouvé, Lucas.

Le chauffeur de taxi se laissa aller contre le dossier de la chaise et serra ensemble les paumes de ses mains.

— J'ai donc agi dans le bon sens. Je savais bien que c'est ce qui convenait de faire mais je n'ai pas voulu vous en parler.

— Agi dans le bon sens ? Expliquez-vous.

Lucas leva des yeux luisants de malice.

— Je me suis dit : si le corps est enterré juste derrière la maison, cette petite extra-lucide *le verra*. Par contre, s'il est ailleurs, très loin, elle ne verra rien du tout ! N'ai-je pas bien raisonné ?

Un spasme contracta la gorge de David. Il se jeta sur Lucas et le saisit par le col de la veste.

— Qu'est-ce que vous racontez ? Que voulez-vous dire par *ailleurs, très loin* ?

Lucas était trop effaré pour répondre.

— Qu'avez-vous fait ? cria David.

— Je me doutais bien que vous vous mettriez en colère, geignit-il. J'ai eu tort de vous en parler. Une nuit, la semaine dernière, je suis allé déterrer le corps de cette femme, je l'ai mis dans sa malle à elle et je l'ai expédié par le train le plus loin possible. C'est pourquoi Iris Lloyd n'a pas pu le trouver. Il est trop loin maintenant.

— Où est-il, espèce d'abruti ? A San Francisco ?

Lucas sursauta de terreur et acquiesça.

***

Le responsable des bagages écouta attentivement les questions que lui posèrent les deux hommes en civil, et haussa les épaules quand ils exhibèrent la photographie de la femme. Il les conduisit ensuite dans la pièce des bagages en souffrance tout au bout de la gare. Quand il leur montra la malle aux initiales G.W. les deux hommes échangèrent un long regard. Puis, lentement, ils firent sauter la serrure de la malle et l'entrouvrirent.

A près de cinq mille kilomètres de là, Iris se dressa sur son lit étroit dans le dortoir de l'orphelinat et se mit à haleter dans le noir, se demandant quel rêve étrange avait troublé son sommeil.

The girl who found things.
Traduction de Joseph Valensi.

JUSTE UN PETIT CADEAU POUR LE CLUB

par Pat Stadley

Nous étions tous assis au bout de la vieille jetée, attendant les jumeaux. Personne ne disait grand-chose, moi moins que les autres. J'avais déjà ouvert la bouche pour annoncer que je ne voulais pas d'eux dans la bande mais ils s'étaient tous mis à hurler et seul Jess m'avait regardé en me demandant : « Et pourquoi ça, Vince ? »

En fait, je ne savais pas vraiment pourquoi — peut-être était-ce simplement parce qu'ils prenaient trop de place, si vous voyez ce que je veux dire. Trop musclés, trop beaux, et quand ils riaient, cette impression qu'il n'y avait qu'un rire, commençant et finissant exactement à l'unisson. C'était probablement cela qui me dérangeait tant, cette unité absolue.

J'étais donc assis avec eux, adossé à un pilier, contemplant l'eau noire et huileuse qui venait, sous mes pieds, se fracasser contre l'armature de la jetée. Et en mon for intérieur, j'espérais qu'ils échoueraient. Peut-être l'employé les surprendrait-il au moment où ils subtilisaient le fusil, ils ne réussiraient pas à le sortir de la vitrine, le flic de service allait s'intéresser à eux et leur poser des questions... Et alors tout le monde verrait bien que, malgré leurs fanfaronnades, ils n'étaient pas faits pour une bande comme la nôtre.

Car voyez-vous, nous formons quelque chose de très particulier. Un peu comme le moyeu d'une grosse roue. Vu de l'extérieur, cela a tout l'air d'un de ces clubs d'intérêt social, dans le genre « il faut empêcher ces garçons de traîner dans les rues ». Nous avons des sponsors, des sorties organisées, des surprises-parties le vendredi soir et toutes ces blagues, mais à l'intérieur, Seigneur ! En fait, c'est nous qui leur donnons des frissons, à tous les autres, et ils en parlent entre eux à voix basse quand ils croient que nous n'écoutons pas.

Ce soir, nous mettons les jumeaux à l'épreuve. Nous les avons à l'œil depuis que Manny nous a annoncé qu'ils voulaient entrer dans la bande. Et quand je dis que nous les avons à l'œil, ce n'est pas une façon de parler. Rien ne nous échappe : leur langage, leur façon d'agir, leurs vêtements, les filles avec qui ils sortent. Parce que, vous comprenez, nous ne voulons pas de clinquant. Rien que du solide, du dur.

Nous leur avons demandé de nous retrouver au bout de la vieille jetée. C'est un vieux tas de piliers désaffectés surgissant de l'eau, où nous nous réunissons toujours parce que cela ressemble au bout de nulle part — pas de lumières, personne en vue, pas de règlements à observer. Il n'y a que nous, et l'eau qui bruit doucement sous nos pieds ou, certains soirs comme aujourd'hui, fouette violemment la vieille structure au point de faire craquer les piliers de bois de manière inquiétante.

Nous sommes arrivés avant eux et avons ouvert la première caisse de bière. Quelqu'un a mis une pile de disques sur la platine et la musique s'est élevée, chaleureuse, syncopée, bienfaisante. Et nous nous sommes assis, pour attendre.

C'est Dave qui les a repérés le premier, alors qu'ils s'avançaient vers nous le long de la jetée d'un pas bien accordé, même taille, même blouson de cuir, mêmes mocassins noirs. Jamais de ma vie je ne me suis senti aussi énervé. Mon corps tout entier était douloureux.

— Pour sûr, ce sont de gros chats, dit Manny. Vous croyez qu'on pourrait les faire ronronner ?

— Si nous n'y arrivons pas, répondis-je, j'ai ce qu'il faut comme cataire.

Tout le monde se mit à rire. Nous les avons laissés avancer jusqu'à notre hauteur et Jess a crié :

— Stop !

Ils se sont arrêtés et quelqu'un a tendu la main pour baisser le volume de la musique. Quand le bruit a cessé, Jess s'est levé. Nous le laissons toujours prendre la parole, d'abord parce que son nom est connu dans toute l'école, ensuite parce qu'il a l'air charmant et qu'il présente bien. Mais sous ces apparences, il est très rusé et peut se montrer vraiment mauvais si on l'attaque.

Pour l'instant, il semble calme et aimable et parle d'une voix onctueuse.

— Le bruit court que vous voulez vous joindre à nous.

L'un des jumeaux acquiesce d'un bref hochement de tête.

Jess se tourne vers nous avec un drôle de sourire.

— Ce n'est pas facile. Demandez à Davey, ici présent. Il s'y est repris à trois fois.

Quelqu'un ricane et la voix de Jess se fait encore plus douce.

— Bien sûr, le cadeau de Davey était tout à fait spécial.

Il marque une pause, comme s'il examinait les jumeaux avec soin.

— Vous savez que vous êtes censés apporter un cadeau, n'est-ce pas ?

Ils secouent négativement la tête.

Cela semble étonner Jess.

— Vous ne le saviez pas ! Bon, je vais vous mettre au parfum. C'est pour prouver l'intérêt que vous nous portez. Nous ne voulons rien de très important, juste un petit cadeau pour le club. Prenez Manny, par exemple, il nous a offert une belle chaîne hi-fi. Et Roberto, ici présent, a piqué — pardon — a apporté une caisse de champagne. Quant à Vince — il se tourne vers moi —, eh bien ! Vince a fait preuve de beaucoup d'imagination. Il a déniché un groupe, qui a chanté et dansé pour nous une soirée entière.

Ils se mettent tous à vociférer, mais moi, je regarde les jumeaux. Pas le moindre sourire. Ils restent plantés là, et nous considèrent l'un après l'autre, moi d'abord, puis Jess.

Au bout d'un moment, Davey me donne une bourrade.

— Tu les as vus, ces deux-là, me souffle-t-il. Ils ne sont pas vrais !

Je ne réponds rien. A mon avis, ils sont beaucoup trop vrais. Il y a toujours des gens qui croient que le diable n'existe pas.

Je regarde à nouveau Jess. Il continue à parler, sélectionnant ses mots avec soin, comme s'il les ramassait à la main l'un après l'autre.

— Nous avons déjà choisi le cadeau que vous

alliez nous faire. Nous avons besoin d'une arme pour chasser — quelque chose dans le genre du fusil Weatherby qui se trouve chez Dyman, l'armurier.

Nous fixons tous les jumeaux d'un regard perçant. Il est clair qu'ils sont un peu décontenancés, mais ils n'en laissent rien paraître. Sauf dans les yeux. Je pourrais jurer qu'ils se sont fendus l'espace d'une seconde, comme ceux d'un chat.

Jess avance la main, doigts tendus.

— Vous comprenez bien, évidemment, que ce n'est pas une question d'argent. Cela demande juste de la cervelle et un peu de dextérité.

Les jumeaux échangent un regard rapide et commencent à rebrousser chemin. C'est alors que Davey s'écrie :

— Et alors, ils n'ont pas droit à l'initiation ?

Jess sourit et dit :

— Ah, c'est vrai, l'initiation !

Nous nous levons tous ensemble et commençons à trépigner sur la jetée avec une telle énergie que la vibration traverse les vieilles planches et nous remonte le long de la colonne vertébrale. Presque aussitôt, Jess lève les mains et nous arrêtons. De son index replié, il désigne les jumeaux puis l'intérieur du cercle que nous formons. Les deux garçons avancent et viennent s'y placer.

— Vous connaissez les règles, n'est-ce pas ? demande Jess.

— De réputation, répond brièvement l'un des deux.

Jess tourne la tête et nous dévisage.

— Toi d'abord, Manny.

Manny ricane.

— C'est lequel, le plus viril des deux ?

Et ça commence.

Je prends une bière et m'étire en longueur. Cela va être comme d'habitude — la vie amoureuse, la vie sexuelle, la vie secrète. Chacun de nous va leur poser une question ou leur lancer un défi, et il va falloir qu'ils réagissent vite, et correctement.

Je bois une lampée avant de regarder les jumeaux qui se tiennent là, très calmes, les yeux mobiles et attentifs. Peu importe la question posée, il faut donner une réponse à la hauteur, et plutôt au-dessus.

J'ai l'impression que je vais exploser sur place. Je meurs d'impatience que mon tour arrive. Quand c'est enfin le moment, je me lève et tout le monde se tait. Ils savent bien que *moi*, je ne pose *jamais* de questions. Je reste sans bouger une minute, me contentant de les dévisager, puis je tends à nouveau la main en faisant claquer mes doigts et Davey place une canette de bière pleine dans ma paume. Je fais sauter la languette et j'avale une rasade d'un trait avant de dire :

— Vous êtes vraiment très proches, tous les deux, n'est-ce pas ? Même emploi du temps, mêmes professeurs, mêmes amis. Vous conduisez la même voiture, prenez vos repas ensemble, sortez ensemble — est-ce que vous vous brossez les dents ensemble aussi ?

Là, tout le monde s'est mis à hurler de rire et les jumeaux se sont tournés brusquement vers moi comme si j'avais pincé une corde sensible et secrète.

— C'est touchant, poursuis-je en prenant mon temps. Il n'y a rien de tel que l'amour fraternel. Mais pas dans notre club. Ici, c'est tous pour un et un pour tous, et il n'y a pas de favori. D'accord ?

Ils hochent lentement la tête de haut en bas.

Je termine ma bière. Maintenant, je me sens parfaitement bien.

— Bon, pour nous assurer que vous avez bien compris cela, Kennie va balancer Dennie dans l'eau. Qu'en pensez-vous ?

Pendant quelques secondes, il règne un silence tel que je peux entendre ma propre respiration. Puis Jess se met à ricaner, suivi de Davey et de Manny, et bientôt ils sont tous à hurler et à taper du pied sur les vieilles planches de la jetée, si bien que je dois lever les bras pour les apaiser. Mais personne ne dit mot, car c'est moi qui ai lancé le défi, et je suis le seul à pouvoir le reprendre. Je garde les bras en l'air jusqu'à ce que tout le monde se soit calmé, et qu'on puisse entendre les vagues rouler sous nos pieds, se fracasser contre les piliers.

L'un des jumeaux amorce alors un pas dans ma direction, mais son frère l'arrête d'un geste. Il parle d'une voix grave et mauvaise :

— D'accord. Mais je propose que *toi*, tu désignes Dennie. Si tu tombes juste, il va à l'eau. Si tu te trompes, c'est *toi* qui y vas.

Là, ils m'ont eu. Les autres en ont parfaitement conscience. Parce que vraiment, qui pourrait distinguer ces deux-là ? Mon regard les survole, il va se fondre dans la nuit. J'ai déjà plongé du haut de cette jetée par le passé, mais c'était en plein jour. On pouvait voir l'eau et la marée n'était pas aussi forte que ce soir. Si une vague vous jette violemment contre ces piliers, les coquilles de moules agglutinées auront vite fait de vous râper comme du parmesan.

Je pose à nouveau mon regard sur les jumeaux et rencontre quatre yeux identiques qui me fixent. Comme il n'y a vraiment aucun moyen de savoir qui est qui, je respire bien à fond et choisis le visage de gauche.

— C'est toi, Dennie, lui dis-je.

J'ai eu de la chance. Ils attendent quelques secondes, puis s'avancent vers le bord. Les autres se rapprochent.

Dennie s'assoit sur les planches et enlève ses chaussures. Kennie jette un coup d'œil en bas.

— Cela fait près de cinq mètres, dit-il. La marée est forte et montante. L'eau se jette contre les piliers.

Il marque une pause et baisse les yeux vers son frère.

— Faisons plutôt ça de l'autre côté.

J'attends que Dennie soit debout et je lève la main.

— Doucement. C'est moi qui ai lancé le défi, c'est moi qui dicte les règles. Il sautera de ce côté-*ci*.

Le visage de Kennie se décompose quelque peu.

— La mer monte davantage par ici. Il va être projeté contre les piliers.

Je hausse les épaules.

— Et alors ? Vous voulez entrer dans notre club ou non ?

Il détourne les yeux et regarde à nouveau l'eau. Dennie commence à ôter son pantalon. Il est dévêtu en un rien de temps. Il s'avance vers le bord et attend. Kennie pose la main sur son épaule.

— Plonge peu profond et nage de toutes tes forces vers la droite.

Ensuite, il reste un instant silencieux, contemplant l'eau à ses pieds, puis soudain, il crie : « Vas-y ! » et Dennie s'élance. Un plongeon fluide, impeccable.

Nous nous regroupons au bord, scrutant l'obscurité. On ne distingue pas grand-chose en dehors de la surface de l'eau avec ses grosses vagues inlassables. Kennie lance alors un long sifflement strident. Et la réponse nous parvient de quelque part au milieu de l'eau.

Davey me secoue brutalement.

— Comment allons-nous le remonter ? me demande-t-il.

Je m'aperçois qu'ils ont tous les yeux rivés sur moi, et particulièrement le jumeau, mais lui, avec un air bizarre. Comme j'ai décidé d'être intraitable dans cette affaire, je le regarde bien en face en disant :

— Puisque c'est un gros chat, il n'a qu'à nager jusqu'au rivage.

Il se contente de me jeter un coup d'œil et lance un nouveau sifflement modulé dont la fin ressemble à un point d'interrogation. Puis nous entendons la réponse, un peu plus faible, devant nous. Kennie me regarde et dit :

— Ne partez pas. Nous allons vous rapporter votre cadeau.

Puis il se dirige vers le rivage, sans s'écarter du bord de la jetée, sifflant de temps en temps et attendant chaque fois la réponse. Ils continuent de la sorte pendant un petit bout de temps, jusqu'à ce que nous ne puissions plus les entendre, et alors, nous savons qu'ils se sont rejoints sur la rive.

Manny s'exclame :

— Vous avez vu ça ? Impeccable !

Ils se mettent tous à parler en même temps, pendant que je vais chercher une autre bière et m'éloigne d'eux pour m'allonger sur les planches. Bien à l'écart, je peux entendre l'eau qui tourbillonne en dessous et j'ai comme l'impression qu'elle rit sous cape. Brutalement, l'envie me prend de me relever et de m'enfuir à toutes jambes.

Mais voici que Roberto a remis le volume du tourne-disque à fond, et quelqu'un a fait passer alentour une bouteille de bourbon. J'en ai avalé autant que j'ai pu, et Jess s'est mis à rire en me regardant. Je me suis levé pour le rejoindre et lui ai tendu la bouteille.

— Allez, tu peux rire ! lui dis-je. Mais si nous avions une once de cervelle à nous tous, nous ne serions pas là à leur retour.

Il a soulevé la bouteille, aspiré une grande gorgée et m'a dit avec son sourire en coin :

— Ces chats t'ont tapé sur le système. Calme-toi, mon vieux. Si ça se trouve, ils ne vont même pas rapporter le fusil.

— Ils reviendront sûrement, lui ai-je répondu.

Puis je me suis penché vers l'eau à nos pieds, qui m'a semblé plus noire et plus haute qu'avant, et je me suis dit qu'il suffirait d'une vraiment grosse vague pour que tout ce tas de bois s'effondre aussitôt.

Je me demandais quel effet cela pouvait faire d'être dans l'eau, avec la bouche et les yeux pleins de sel et les vagues qui vous recouvrent, et soudain, j'ai commencé à trembler si fort que j'ai dû m'asseoir. Aussitôt après, je me suis comporté comme si je savais ce qui allait arriver. J'ai ôté mes chaussures et ma veste et vérifié la fermeture Éclair de mon pantalon, et j'ai regardé les autres gars avec une formidable envie de les secouer l'un après l'autre : « Filons d'ici pendant qu'il est encore temps ! » Mais comme je savais que cela ne servirait à rien, je me suis simplement assis là, très calmement, car personne ne peut vraiment annoncer au monde que sa fin est proche.

Je crois bien les avoir entendus le premier. On avait l'impression que leur démarche faisait tanguer un peu plus la jetée. Nous nous sommes tus et les avons regardés s'avancer, traînant entre eux quelque chose de volumineux qui paraissait très lourd.

Davey s'est rapproché de moi et m'a attrapé par ma chemise.

— Qu'est-ce qu'ils trimbalent donc, Vince ?

Je lève les yeux vers lui, tant sa voix a une drôle de résonance.

— Rien, lui dis-je. Juste une boîte. Ils ont dû avoir la trouille pour le fusil et ils ont apporté une caisse d'alcool pour nous amadouer.

A ce moment, Manny ricane.

— On dirait une caisse sur des roues. Tu crois qu'ils ont réussi à attraper une danseuse de bastringue ?

Tout le monde éclate de rire, mais moins spontanément que d'habitude.

Les jumeaux s'arrêtent à quelques mètres, et nous pouvons mieux voir ce qu'ils sont en train de tirer. C'est grand et ça a l'air solide, avec une porte à l'avant, mais on ne peut pas voir ce qu'il y a à l'intérieur.

Personne ne dit mot, attendant que Jess intervienne. Il fait un pas en avant et désigne la caisse du pouce.

— Je croyais que nous vous avions demandé un fusil ?

L'un d'eux se penche, prend quelque chose sur le toit de la caisse et le lance en direction de Jess. Il l'attrape et l'examine soigneusement avant de le tenir en hauteur pour que nous puissions bien voir. Nous nous rapprochons. Pas de doute possible, c'est bien le fusil. Il est tout noir et luisant. Nous avançons la main pour le toucher, nous le passant à tour de rôle. Ce n'est pas rien de le toucher pour de bon. Ensuite, Jess le récupère, fait basculer la culasse et dit aux jumeaux :

— Le chargeur est vide.

L'un d'eux hausse les épaules en déclarant :

— Vous n'avez pas réclamé de munitions.

Jess marque une longue pause, brandit le fusil devant lui et nous regarde l'un après l'autre. Je suis le seul à ne pas acquiescer d'un signe de tête. Seulement, comme il n'y a rien à dire pour l'instant, je la boucle, et Jess se retourne vers le jumeau en disant :

— D'accord, accepté.

Kennie et Dennie échangent un regard et ont une sorte de geste de soulagement. L'un des deux sourit et ajoute :

— Que voulez-vous dire ? Lequel est accepté ?

Là, il rigole franchement.

— Bon, comme nous sommes deux et que certains pourraient nous reprocher de n'avoir apporté qu'un seul cadeau, nous en avons amené deux. Un autre petit cadeau pour le club, comme vous dites. Plus particulièrement destiné à Vince.

Sur quoi il se penche en avant, tire sur la poignée de la caisse, donne un grand coup de pied dedans et recule vivement. Puis en un clin d'œil, les voilà qui filent à toutes jambes comme s'ils avaient le diable à leurs trousses.

Seulement nous ne les regardons pas très attentivement parce que la porte de la caisse s'est ouverte, laissant le passage à une forme qui sort de l'obscurité en se déroulant.

Davey me saisit par la manche et pousse un cri perçant :

— C'est un chat !

Effectivement, c'est un chat — à ce détail près qu'il est énorme, jaune et moucheté, et qu'il se précipite sur nous, souple et rapide, sa gueule ouverte émettant un drôle de grognement.

Pendant une seconde, tout le monde est resté figé par la stupeur, et puis nous avons réagi au même moment, nous bousculant mutuellement en hurlant devant ce gros chat qui patrouillait de long en large. Finalement, nous nous sommes mis à courir à l'unisson, comme une vague, d'un côté de la jetée, puis de l'autre, et elle a commencé à trembler, à se disloquer. J'ai essayé de gagner le bord pour plonger convenablement mais j'ai glissé, dérapé, et soudain nous avons eu l'impression que l'eau était montée jusqu'à nous pour nous emporter. A l'instant même de ma chute, j'ai entendu un sifflement net et aigu, mais je savais qu'il ne nous était pas adressé.

Seuls Jess et moi avons réussi à regagner le rivage. Il a fallu une semaine pour retrouver tous les autres, et les journaux se sont repus de l'histoire du club qui s'était réuni pour pêcher de nuit, de la jetée qui s'était effondrée et tout et tout. Jess et moi, nous ne les avons jamais contredits, et les jumeaux non plus.

Bien entendu, nous les rencontrons de temps en temps. Ce sont eux, les vraies vedettes, maintenant. Ils ont fondé leur club et sortent avec les filles les plus extra. Chaque fois qu'ils passent devant nous dans leur décapotable, leur gros ocelot jaune et moucheté, qui est assis bien gentiment à l'arrière, se retourne et nous dévisage. Et je peux vous assurer que cela nous fait vraiment de l'effet. Vous voyez ce que je veux dire ?

Something for the Club.
Traduction de Marie-Caroline Aubert.

DÉTOURNEMENT

par MAX VAN DERVEER

En cette chaude nuit de juillet, les sergents Pierce et Anderson furent récompensés de leur patience trois minutes après l'arrivée, à vingt-deux heures quarante, du rapide de vingt-deux heures dix en provenance de Seattle. Ils avisèrent l'homme qu'ils cherchaient dans l'une des grappes de voyageurs qui déferlaient par les portes pour quitter le quai et s'engouffrer dans la gare. Pierce s'assura qu'il correspondait bien à la description, tandis qu'Anderson, fumeur invétéré, allumait une nouvelle cigarette. L'homme était blanc, paraissait avoir dans les vingt-huit ans, mesurait environ un mètre soixante-quinze, pesait dans les soixante-dix kilos, et claudiquait légèrement de la jambe droite. Son déguisement était celui d'un amateur : des cheveux teints en roux, une moustache broussailleuse teinte de la même couleur, une espèce d'orange calciné.

Pierce adressa un signe de tête à Anderson, et les deux enquêteurs du commissariat central de police se faufilèrent parmi la foule qui grouillait autour d'eux. Ils encadrèrent l'homme de manière experte.

— Monsieur Greene ? s'enquit Pierce d'une voix ferme et polie.

L'homme sursauta et s'arrêta. Il tourna la tête de part et d'autre. Pierce déclina son identité et le type pâlit aussitôt. Des plis ridèrent le pourtour des yeux où s'insinuait la peur.

— Votre avant-bras gauche, monsieur Greene, dit Pierce.

L'homme resta pétrifié.

Anderson lui saisit le bras, retroussa la manche de la veste, et défit le bouton du revers de la chemise. Pierce émit un grognement de satisfaction quand il vit le tatouage sur le dessous de l'avant-bras, le serpent enroulé autour de la fille nue.

L'homme donnait l'impression d'être prêt à bondir pour leur fausser compagnie.

— Ne bougez pas, lui enjoignit Pierce d'une voix mesurée. La police de Seattle a arrêté Mme Flora à l'aérogare avant qu'elle ne prenne son avion. Elle est donc détenue en ce moment. Elle ne vous attendra pas. Elle nous a donné votre signalement, monsieur Greene. Elle a également avoué sa participation au meurtre de son mari, avec vous pour complice.

— Je l'aime, chuchota Greene d'une voix défaite, à peine audible.

Pierce saisit sa valise, et les deux enquêteurs l'escortèrent vers les portes de sortie. Pierce avait envie d'air frais. Il n'y avait pas un souffle dans la gare, où régnait une atmosphère oppressante. Il transpirait et se demanda pourquoi certaines personnes éprouvaient le besoin de se hâter par une soirée aussi chaude. L'homme devant eux se hâtait. Il était à environ douze mètres devant eux. Il n'était pas très grand, bien habillé, et portait deux valises neuves. Il se dirigeait à petits pas rapides vers l'agent de police en uniforme qui se tenait près des portes, désœuvré.

Pierce vit les deux jeunes se glisser vers l'homme et il eut aussitôt une prémonition.

L'un des jeunes bouscula l'homme sur la droite. L'autre le cogna sur la gauche. Le jeune sur la gauche frappa violemment d'une manchette l'homme à la nuque. Lequel poussa un cri. Chacun des deux jeunes s'empara d'une valise. L'homme tomba à genoux. Son chapeau s'envola et roula sur le sol tandis que les jeunes se précipitaient vers la sortie. L'agent de police en uniforme, pris de court, resta planté là un instant, puis se déplaça pour leur bloquer le passage.

Le bruit de la détonation résonna avec fracas dans la gare. Quelque part un homme émit un juron de saisissement, et une femme hurla au moment où le policier, dont le visage arborait une expression surprise, se dressait sur ses pieds.

Les jeunes passèrent devant lui en coup de vent. L'un d'eux le frappa à l'épaule. Le policier se tourna à demi et s'effondra.

Pierce poussa Greene contre Anderson.

— Tiens-le, Andy !

Et il bondit hors de la gare, mais il arriva trop tard. Une voiture de sport emportant les deux jeunes partait en trombe d'un emplacement de parking et filait vers l'avenue avec force embardées. Elle dérapa, se fondit dans le flot de la circulation et disparut.

*
* *

Greene était dans une cellule, attendant l'arrivée de la police de Seattle, et un flic avait été tué.

Le drap mortuaire dans la salle de police défraîchie du commissariat central, par cette chaude nuit de juillet, était une couverture. La mort brutale de l'un des leurs n'avait rien d'inédit. Ils sentaient tous inconsciemment la présence de la Mort. Elle planait sur eux jour et nuit, semaine après semaine, comme on imagine un halo suspendu au-dessus d'un enfant de chœur. C'était l'un des risques du métier, et pourtant aucun n'était préparé à la réalité qui accompagnait l'arrivée de la Mort. Aucun ne parvenait tout à fait à accepter, malgré cette réalité, un nouveau poids sur leurs épaules.

Le sergent Pierce, âgé de vingt-six ans, fortement charpenté, beau ténébreux qui faisait des ravages auprès des femmes, promu enquêteur depuis dix mois à présent, était assis, avachi sur son bureau. Il avait ôté son veston et était en bras de chemise. Ses manches de chemise relevées découvraient des poignets massifs. Les doigts de sa main droite encerclaient un gobelet de café en carton qui ne le quittait jamais, et son regard sombre était fixé sur le large dos du sergent Crocker.

Crocker, trapu et mal habillé, debout devant une fenêtre ouverte nimbée de fumée, regardait la nuit. Ses mains boudinées étaient jointes derrière son dos, et Pierce observait les doigts charnus qu'agitaient des tics nerveux. Crocker était à la fenêtre depuis maintenant cinq minutes. Il n'avait pas desserré les dents depuis que Pierce et Anderson avaient amené dans la salle l'homme tiré à quatre épingles qui avait été bousculé à la gare. Crocker avait appris la mort de l'agent en uniforme avant qu'ils n'arrivent, et était déjà d'humeur noire. Personne, pas même les gars de l'équipe de nuit qui se tenaient pour le moment à l'écart, ne pouvait lui en vouloir. A quarante-sept ans, c'était un vétéran dans la police. Il connaissait bon nombre des hommes du service — agents affectés aux rondes, agents de patrouille motorisée, préposés à l'accueil, enquêteurs — et il avait vu, mais n'avait jamais accepté, de nombreuses morts. Chacune lui portait un coup, même s'il ne connaissait pas la victime. Toutefois, le meurtre de ce soir le touchait personnellement. Le flic tué était lui aussi un vétéran. Crocker avait servi avec lui, et ils avaient fait des rondes de conserve durant leurs premières années dans la police.

— Messieurs, puis-je vous demander pourquoi je suis détenu ?

L'homme tiré à quatre épingles était calmement assis sur une chaise à dossier droit près du bureau de Pierce. Il avait introduit une cigarette dans un long fume-cigarette noir, et il tenait à présent ce fume-cigarette presque délicatement entre deux doigts d'une main manucurée, laquelle reposait sur un genou soigneusement croisé.

Pierce haussa un sourcil à l'adresse d'Anderson. Le fumeur invétéré alluma une nouvelle cigarette au mégot qu'il tenait entre les doigts, puis écrasa ce dernier. Derrière lui, les gars de l'équipe de nuit gardaient le silence, la mine sinistre. Certains étaient arc-boutés contre le mur, d'autres avaient posé une hanche sur le coin d'un bureau libre. Personne ne pipait mot. Ils n'attendaient qu'une chose : voir Crocker exploser.

Crocker ne leur offrit pas ce plaisir. Il détourna lentement sa masse de la fenêtre ouverte et braqua un regard glacial sur l'homme tiré à quatre épingles.

— Vous dites que vous vous appelez Nathan Moss ? demanda-t-il d'une voix blanche.

— Exact.
— Et vous venez de Butte, dans le Montana ?
— Encore exact.
— Vous êtes représentant ?
— J'ai fait ma déposition, sergent.
— Vous vendez des cartes de géographie aux écoles.

Nathan Moss tira sur son fume-cigarette, exhala.

— Puis-je être relâché ?
— Vous ne manquez pas d'aplomb, Moss. Laissez-moi vous rappeler qu'un officier de police a été tué.

Nathan Moss inhala encore de la fumée.

— Oui. J'ai vu l'homme mourir.
— Vous pourrez donc peut-être me dire pourquoi ces deux voyous en voulaient à vos valises.
— Je le répète, l'une contenait des vêtements, l'autre une série de mappemondes que je m'apprêtais à essayer de vendre aux écoles de votre ville. A vous de tirer les conclusions. C'est ma première visite dans votre ville — et, je l'espère, la dernière.
— Il va falloir que vous restiez en ville quelques jours.
— Pourquoi ça ?
— Je veux que vous identifiiez les voyous quand nous les arrêterons.
— Eh bien, apparemment vous êtes un optimiste. Comment pouvez-vous être si sûr de vous ?
— Il nous est déjà arrivé d'appréhender un type ou deux.

Nathan Moss arbora une expression glaciale et sarcastique. Il regarda Crocker droit dans les yeux.

— Vous feriez peut-être mieux de vous occuper d'un vol de deux cent cinquante mille dollars après braquage d'un fourgon blindé.

Les enquêteurs réagirent simultanément. La plupart se raidirent et fixèrent des regards froids sur l'homme bien mis. Certains remuèrent avec nervosité et échangèrent de rapides coups d'œil. Crocker s'abîma dans la réflexion. Mais avant que l'un d'eux ne puisse ouvrir la bouche, Nathan Moss poursuivit :

— Je lis les journaux à mes moments perdus. On a braqué un fourgon blindé dans votre ville la semaine dernière. Deux cent cinquante mille dollars ont été volés. La somme est suffisamment importante pour que les journaux en parlent, même à Butte, dans le Montana.

— Fichez-moi le camp, Moss, cracha Crocker.

— Merci.

— Mais ne quittez pas la ville.

— Bien sûr que non.

Tout le monde dans la salle suivit des yeux l'homme tiré à quatre épingles, qui se leva et écrasa soigneusement son mégot dans un cendrier sur le bureau de Pierce. Il sourit à ce dernier tout en retirant le mégot du fume-cigarette, mais son sourire était indéchiffrable. Il lâcha le mégot dans le cendrier.

— Messieurs, dit-il en prenant congé, puis il passa la balustrade qui séparait la salle de l'entrée et s'en fut.

— Pierce, fit Crocker sèchement. Je veux savoir où il va.

Nathan Moss gagna directement un hôtel du centre. Il descendit d'un taxi, traversa le trottoir d'un pas énergique et pénétra dans le hall de l'hôtel comme s'il était attendu. Pierce l'observa de loin tandis qu'il prenait une chambre. Puis Nathan Moss se fit remettre de la monnaie et entra dans une cabine téléphonique. Il demeura près de cinq minutes dans la cabine. Pierce se demanda pourquoi il préférait se donner le mal de téléphoner d'une cabine plutôt que de sa chambre. Était-ce parce qu'il ne voulait pas qu'on garde trace de l'appel ?

Nathan Moss quitta la cabine, traversa le hall et disparut dans un ascenseur. Pierce attendit que la porte se soit refermée sur lui, puis s'adressa au réceptionniste, qui se montra poli et efficace. Moss s'était inscrit en donnant comme adresse 1023, Bowie Street, à Butte, dans le Montana. Il avait dit au réceptionniste qu'il garderait sa chambre plusieurs jours, puis il avait demandé de la monnaie, suffisamment pour passer une communication interurbaine pour San Francisco.

Quand Pierce fut de retour au commissariat central, des demandes de renseignements furent envoyées aux services de police de Butte et de San Francisco.

***

Le mercredi fut encore une journée chaude, radieuse, et le sergent Gilbert Crocker était d'humeur massacrante quand Pierce entra dans la salle. Pierce posa sur son bureau le gobelet de café en carton qu'il avait pris au distributeur, ôta sa veste, et releva ses manches. Le lieutenant Gifford, fana de crêpes au fromage blanc, arriva à huit heures et demie. Il était en colère. La mort de l'agent en uniforme était absurde. Il tenait à ce que les deux jeunes soient appréhendés sans délai. Il voulait aussi des résultats rapides quant au braquage du fourgon blindé. Il n'y avait en ville qu'un seul truand d'assez gros calibre pour avoir pu faire le coup. Tout le monde savait que Courtney Klane était l'auteur du coup, et Klane avait été interrogé dans les règles, seulement Klane était libre. Il n'y avait pas le moindre embryon de preuve contre lui. Seules les spéculations le désignaient comme coupable. Il n'y avait aucune preuve. Jusqu'ici, les flics étaient dans l'impasse sur cette affaire.

— Pierce et Anderson, occupez-vous du meurtre, décréta Gifford. Gil, du braquage. Qu'aucun de vous ne revienne bredouille.

Crocker grogna et Gifford se tourna vers Pierce.

— Je veux que vous m'ameniez ces mômes ici. Il y a forcément quelqu'un qui doit les connaître. Faites tous les indics de la ville.

— Ce ne sont pas des pros. J'en mettrais ma main à couper.

— Pourquoi ça ? demanda brutalement Gifford.

Pierce haussa les épaules.

— Ils avaient vingt ans, vingt et un peut-être, ils étaient bien habillés. De toute façon, des pros auraient laissé Moss sortir de la gare, là où il faisait sombre et où ils risquaient moins d'être dérangés par un badaud ayant un peu de cran.

— L'un d'eux a tué un flic, dit Gifford d'une voix perçante.

— Je les trouverai, lieutenant.

Une réponse à leur demande de renseignements à Butte arriva à neuf heures quarante. La police de Butte n'avait pas de fiche sur un quelconque Nathan Moss habitant la ville. Il n'était répertorié ni dans l'annuaire, ni dans le guide des rues de la ville, ni au service des permis de conduire, et 1023, Bowie Street était une adresse fictive. Aussi fictive que la société de cartographie. Il n'y avait aucune société de cartographie à Butte.

C'est la police de San Francisco qui établit le lien. Nathan Moss était un nom d'emprunt utilisé par Nathaniel Logger, gangster connu pour convoyer d'importantes sommes d'argent d'un bout à l'autre du pays. Le signalement de Nathaniel Logger fourni par San Francisco correspondait exactement à Nathan Moss.

Crocker grogna.

— Nous savons donc maintenant pourquoi ces deux satanées valises avaient une telle valeur.

— Moss..., enfin, Logger apportait de l'argent ? demanda Pierce en fronçant les sourcils.

— En petites coupures usagées afin de les échanger contre une partie du butin provenant du braquage du fourgon blindé. Je serais prêt à le parier, sergent. Deux valises... A mon avis ça doit contenir environ cinquante mille dollars, à vue de nez.

— Mais comment les deux gosses pouvaient-ils être au courant d'une opération de gang ?

— La question n'est pas de savoir comment. Les deux choses qui comptent pour le moment, ce sont Moss et le receleur.

— Jerold Bishop ?

— Tu connais un fourgue de plus gros calibre dans la ville ?

— Non.

— On les emballe.

Mais Nathan Moss avait quitté l'hôtel du centre-ville et s'était évanoui dans la nature.

Pierce et Crocker s'enfoncèrent en voiture dans le secteur de la ville récemment baptisé Kennedy. Ni l'un ni l'autre ne mourait d'envie de retourner au commissariat et d'affronter le courroux du lieutenant Gifford lorsqu'ils seraient forcés de lui parler de la disparition de Moss. Pierce freina et stoppa la berline officielle le long du trottoir, devant la librairie située dans ce quartier tranquille et cossu. Le magasin occupait le rez-de-chaussée d'un énorme édifice de pierre. Jerold Bishop, receleur et propriétaire du magasin, était un petit bonhomme doux et poli, âgé de trente-cinq ans, doté d'une épaisse tignasse de cheveux gris-noir, de sourcils broussailleux, et d'un appareil acoustique. Bishop donnait l'impression de ne pas avoir le moindre souci. Il accueillit aimablement les sergents, régla son appareil du bout des doigts et les conduisit derrière. Ils passèrent entre les rayonnages de livres dans le magasin confortable et climatisé, puis parvinrent à ses quartiers de célibataire, richement aménagés. Il leur offrit du brandy, qu'ils refusèrent, et les fit asseoir dans des fauteuils. Il prit place en face d'eux, alluma un gros cigare, et attendit poliment.

— Nous avons causé à l'un de tes amis hier soir, dit Crocker, comme tu l'as sans doute appris. Nous aimerions lui causer à nouveau, seulement il a joué la fille de l'air.

— Un ami ?

Jerold Bishop haussa un sourcil broussailleux.

— Nathan Moss. Mais peut-être le connais-tu sous le nom de Nathaniel Logger.

— Moss ? Logger ? (L'expression de Bishop demeura inchangée.) Connais pas, sergent.

— Fais un effort.

Bishop haussa les épaules.

— Désolé.

— Il apportait de l'argent d'échange. Vous avez déjà entendu parler d'argent d'échange, monsieur Bishop ?

— Je n'ai jamais entendu parler de Moss..., ni de Logger.

Crocker se leva. Sa voix se durcit.

— O.K., Jerold, en route pour le commissariat.

Bishop resta assis sur sa chaise.

— Et en quel honneur ?

— A notre connaissance, il n'y a qu'un seul type en ville capable de subtiliser vingt-cinq mille dollars.

— Je crois, messieurs, que vous avez déjà parlé de cela à M. Klane.

— Pour le moment, c'est à toi que je parle, Jerold. Et je te parle de *toi*.

— Je n'ai jamais vu vingt-cinq mille dollars de ma vie, sergent.

— Bon Dieu, saligaud, un officier de police a été tué !

Cette fois-ci l'expression de Bishop se modifia. Il prit un air triste tout en examinant la cendre qui s'allongeait au bout, effilé, de son gros cigare.

— Oui, j'ai entendu parler de ça, Crocker. Dur.

— Debout, saligaud.

— Vous devriez peut-être tenter votre chance auprès de College Boy.

Crocker darda des regards noirs. Pierce examina Bishop attentivement. College Boy. Il s'appelait Peter Ambler. Il était de la bande à Courtney Klane.

— College Boy a des ennuis, poursuivit Bishop. De gros ennuis, à ce que j'ai appris. Il a un vrai harem. Vous savez, un type avec un physique pareil ne peut qu'avoir un harem. Il a une fille qui s'appelle Billie. Une autre qui s'appelle Cynthia. D'autres. Et puis des chevaux. Tout ça, ça coûte du pognon.

— Combien ? lança Crocker sèchement.

Bishop haussa les épaules et tira des bouffées de son cigare.

— Dans les cinquante mille, je crois bien.

— Où ça ?

— Le Requin.

— L'usurier ?

— A part lui, qui a du pèze de nos jours ? Pas les banques.

Crocker regarda Pierce. Le jeune enquêteur réfléchissait rapidement. Ça pouvait tenir debout. Klane pouvait avoir opéré le braquage, Klane pouvait avoir mis sur pied l'échange. College Boy avait été dans la confidence. Il avait dû savoir qui venait apporter l'argent. Il avait dû savoir *quand*. Et il avait pu être assez idiot pour intercepter la cargaison. Cela s'avérerait du suicide quand Klane le retrouverait, mais College Boy pouvait être assez idiot pour...

— Les loubards, Bishop, disait Crocker. Qui sont ces loubards ?

Bishop haussa les épaules.

— Il se passe des choses en ville, sergent, dont même moi je ne suis pas au courant. (Il quitta alors sa chaise, se planta devant Crocker, élégant et à l'aise.) Allons-nous toujours au commissariat ?

— Nous les voulons. Et en vitesse.

— Je ne peux pas vous aider.

— Si je découvre que tu me racontes des histoires, salopard...

— Je ne mens pas.

Crocker l'examina un long moment.

— Ainsi donc, c'est College Boy, hein ?

— Essayez de ce côté-là, sergent.

— Comme je te l'ai dit, salaud, si je découvre que tu me racontes des histoires...

Il laissa la phrase en suspens tandis que Bishop coupait tranquillement son appareil acoustique. Il fixa les yeux sur Bishop, puis tourna les talons et sortit d'un pas lourd de l'antre du célibataire. Pierce le suivit en traînant les pieds. Il avait une envie folle d'arracher l'appareil de l'oreille de Bishop et de le lui faire avaler.

Lorsqu'ils furent de nouveau en plein soleil, Pierce demanda :

— Comment allons-nous retrouver Peter Ambler, sergent ?

— Vivant, j'espère, répondit Crocker avec aigreur.

— En ce cas nous ferions mieux de le débusquer avant Klane.

Mais ce mercredi ne devait pas être un jour propice aux flics ni aux recherches. La chaleur devint insupportable, les corps étaient moites, les nerfs à vif, et les recherches furent vaines. Les enquêteurs ne trouvèrent pas Peter Ambler, et ne parvinrent pas non plus à épingler Courtney Klane lorsqu'ils le cherchèrent au radar. A la fin de l'après-midi ils avaient l'impression qu'on leur avait planté à tous deux un poignard dans le corps. Puis le poignard fut remué dans la plaie : un mandat d'arrêt fut lancé contre Jerold Bishop, mais Bishop avait également disparu.

Crocker jura violemment, et les gars de l'équipe de nuit qui avaient pris leur service à dix-huit heures restèrent prudemment en retrait. Seuls Pierce et Anderson affrontèrent de plein fouet l'ire du sergent. Et Pierce eut envie de lui balancer à son tour des jurons à la figure.

— Nous aurions dû l'emballer ce matin, dit-il sans détour.

— Ouais, grommela Crocker. On aurait pu aussi épargner un voyage à son acolyte véreux. Vous ne croyez pas, sergent ? On aurait pu faire demi-tour et l'embarquer en allant au centre-ville.

Anderson alluma une nouvelle cigarette, envoya d'une chiquenaude l'allumette grillée sur le sol balafré.

— Nous ne nous y prenons peut-être pas comme il faut, Gil. On devrait peut-être concentrer nos efforts sur les deux petites frappes.

— Concentrer nos efforts sur les deux petites frappes ! explosa Crocker. Bon sang, nous ne les connaissons même pas !

Pierce sortit dans le couloir et prit un nouveau

café au distributeur. Il était fatigué, claqué, et il se sentait crasseux. Il eut soudain envie d'un bain, ainsi que de la sérénité apaisante de sa femme, Nancy. Cette sérénité était chez elle une qualité à laquelle il tenait beaucoup. Nancy connaissait ses humeurs, ses frustrations. Mieux encore, elle connaissait le baume qu'il fallait appliquer.

Il leva les yeux vers l'antique pendule murale en retournant à son bureau. Neuf heures moins dix. Nancy pouvait être en train de repasser, de lire, ou tout bonnement d'attendre. Il décréta qu'il avait besoin d'elle à l'instant même.

— Si on en restait là pour aujourd'hui, sergent ?

Crocker ne releva point et décrocha le téléphone qui sonnait impérieusement sur son bureau. Il grogna, écouta. Il arbora une mine encore plus renfrognée. Et Pierce l'observa avec le pressentiment nauséeux d'une catastrophe imminente. Pierce n'entendait pas les mots qui crépitaient à l'oreille de Crocker, mais il comprit qu'il s'agissait d'une mauvaise nouvelle.

Crocker raccrocha violemment, s'assit en jurant, et darda vers Pierce et Anderson un regard où brillait une lueur résolue.

— Un autre, annonça-t-il d'une voix douce et menaçante. Un autre flic a été tué.

Le silence se fit dans la salle.

— Une voiture de patrouille, poursuivit Crocker, qui débitait les mots machinalement. Un mort, un blessé. Deux mômes dans une voiture de sport. Soûls. Nos gars ont tenté de les arrêter.

Un long moment s'écoula avant que Pierce ne se hasarde à dire :

— Deux mômes dans une voiture de sport ?

La nuit du mercredi fut une longue nuit épouvantable pour Pierce. Même Nancy ne parvint pas à l'apaiser. Il fuma cigarette sur cigarette, but du café, fit les cent pas, réfléchit, jura, lança des objurgations, se tourna et se retourna dans leur lit, eut envie de crier en sentant des spasmes musculaires dans les jambes. Puis le jeudi arriva trop tôt, et l'aube était trop chaude. Il sortit du lit avec des élancements sourds entre les yeux. Le café avait un goût de lavasse. La fumée de cigarette lui brûla les poumons. Crocker avait les nerfs en pelote.

Un rapport balistique reçu à dix heures vingt du matin aggrava encore les choses. L'agent de faction dans la gare et l'agent de la voiture de patrouille qui avait tenté d'arrêter les deux ivrognes, avaient tous deux été tués par des balles provenant du même pistolet.

Puis on retrouva Peter Ambler. Contusionné, ligoté à l'aide de fil de fer, et mort. On le repêcha dans le fleuve.

College Boy avait bien obtenu son diplôme. Le seul ennui, c'est qu'il ne portait pas le costume universitaire traditionnel sur les photos que publièrent les journaux de l'après-midi.

Le lieutenant Gifford avait dépassé le stade de la circonspection lorsqu'il s'adressa à Pierce, Crocker et Anderson dans la salle de permanence. Il ne se préoccupait plus d'escrocs, de contre-publicité pour les services de police, ni du courroux de ses supérieurs en cas d'erreur de sa part. Son visage était un masque. Il émit quelques phrases laconiques :

— Ramenez-moi Courtney Klane. Même si vous devez le trouver à Anchorage, je m'en fiche... Ramenez-le-moi.

Les trois enquêteurs gardèrent le silence.

Une jeune fille rompit le silence.

— Suis-je bien au... au Service des Enquêtes ?

demanda-t-elle, en chuchotant presque, d'une voix où se mêlaient l'incertitude et le désespoir.

Elle était grande et souple. Des cheveux d'un blond doré encadraient un visage grec. C'était une jeune fille à l'orée de la féminité épanouie, qui paraissait avoir dix-neuf ans, mais devait sans doute en avoir vingt-cinq. Elle portait un chemisier blanc fraîchement repassé et une jupe de gabardine ajustée. Elle se tenait devant la balustrade qui divisait la salle. Les longs doigts de l'une de ses mains jouaient nerveusement contre le bord supérieur du portillon.

Pierce éprouva un penchant instinctif pour la fille, ainsi que le profond désir de la mettre à l'aise, de lui apporter la paix de l'esprit. Ces deux sentiments provenaient en partie d'une impression taraudante. La fille lui était vaguement familière ; tout au fond du catalogue de sa mémoire, elle correspondait à une image. Il s'efforça d'afficher une attitude nonchalante et un sourire détendu.

— Pouvons-nous vous aider, Miss...

Il laissa à dessein la phrase inachevée.

— Weatherly, répondit la fille vivement. (Elle franchit le portillon. Les yeux sombres se braquèrent sur lui.) Lucy Weatherly.

— Vous êtes bien au Service des Enquêtes, Miss Weatherly, dit-il en hochant la tête. Je suis le sergent Pierce.

Il se força à garder son sourire malgré la curiosité qui le démangeait. Le coup du nom avait fait son effet.

— Je suis venue ici afin de... (Elle hésita. Les yeux sombres se dérobèrent l'espace d'un instant d'hésitation, puis, brusquement, se fixèrent à nouveau sur lui avec résolution.) Un sergent en bas à l'accueil m'a dit que vous pourriez peut-être m'aider.

— Oui ? s'enquit Pierce patiemment.

— C'est au sujet de... Peter Ambler. (Elle emprisonna une seconde sa lèvre inférieure derrière des dents blanches impeccables, mais son regard demeura fixe.) Enfin, c'est comme ça que l'appellent les journaux de l'après-midi. Moi, je le connaissais sous le nom de Danny Sloan.

Pierce fut incapable de réprimer la soudaine tension de ses muscles, mais il parvint à refréner l'envie instinctive d'échanger des coups d'œil avec Gifford, Crocker et Anderson.

— Qu'avez-vous à nous dire sur Peter Ambler, Miss Weatherly ?

— Ma foi..., je ne comprends vraiment pas. (Pierce attendit.) Enfin... Danny Sloan, Peter Ambler, College Boy... D'après les journaux, ce qu'il est... ce qu'il était... (Elle se mordit la lèvre derechef.) Excusez-moi..., je ne sais plus où j'en suis.

— Il s'agissait bien de Peter Ambler, et ce que les journaux disent de lui est exact, précisa Pierce en regrettant de ne pas être dans les coulisses en train d'écouter Gifford, Anderson, ou tout autre enquêteur.

Ses yeux révélèrent qu'elle accusait le coup, mais qu'elle ne rejetait pas la chose.

— Comment avez-vous fait la connaissance de Peter..., euh, de Danny Sloan, Miss Weatherly ?

Elle croisa le regard de Pierce, et il éprouva pour elle une attirance encore plus forte.

— Nous sortions ensemble.

— Votre père n'est-il pas Arnold Weatherly ?

— Si.

— Connaissait-il Ambler..., Sloan ?

— Non. Père et Danny ne s'étaient jamais rencontrés.

— A dessein ?

— Je... ne comprends pas.

— Peut-être ne teniez-vous pas à ce qu'ils se rencontrent, Miss Weatherly.

Ses yeux changèrent brusquement d'expression. Pierce n'apprécia point ce qu'il y déchiffra alors.

— Ce n'était pas du tout ça, sergent, répondit-elle d'un ton un peu sec. Danny Sloan ne ressemblait pas à l'homme décrit par les journaux de cet après-midi. La seule raison pour laquelle lui et Père ne se sont pas rencontrés, c'est que mon père est fort occupé ces temps-ci. Il reste rarement très longtemps à la maison.

— Je crois qu'il est sur le point d'annoncer qu'il sera candidat au Sénat.

— Effectivement.

— Aurait-il eu bonne opinion de Danny Sloan ?

— Oui.

— Et de Peter Ambler ?

— Je... (Elle s'interrompit. Ses narines s'évasèrent légèrement.) Non, Père n'aurait pas eu bonne opinion de Peter Ambler, reprit-elle d'une voix soudain douce.

— Je suis désolé que les choses se soient terminées pour vous de cette façon-là, Miss Weatherly.

— Merci.

Elle se détourna. Pierce garda le silence.

— Juste une minute, Pierce.

La voix du lieutenant Gifford était dure et les muscles de son visage étaient contractés quand Pierce tourna les yeux vers lui.

— Peut-être Miss Weatherly pourra-t-elle nous dire certaines choses au sujet d'Ambler. Comprenez, Miss Weatherly, deux de nos policiers ont été tués et nous avons des raisons de croire qu'Ambler était au courant de ces meurtres.

— Oui, fit-elle en chuchotant presque.

Pierce bouillit intérieurement en fixant les yeux sur Gifford. La fille l'avait touché. Aucune personne sensée ne pouvait s'imaginer qu'elle eût connaissance de la véritable personnalité de Peter Ambler, ou de Danny Sloan. Personne ne pouvait même *penser* qu'elle sût quoi que ce soit sur la réalité du meurtre, les tueries entre gangs ou les vols à main armée. Et pourtant voilà Gifford qui lui rentrait dedans comme si elle avait été ramassée avec une fournée de filles des rues.

Pierce sentit la moutarde lui monter au nez, mais il parvint à se dominer.

Après tout, le lieutenant jouait son rôle d'officier de police. Il enquêtait sur une affaire de meurtre. Sur trois meurtres.

Ils s'isolèrent dans le bureau de Gifford pour l'interrogatoire. Ses questions étaient polies mais directes, c'étaient les questions d'un expert au travail. Seulement, Lucy Weatherly était experte, elle aussi. Elle réfuta, para, se défendit magnifiquement. Et Pierce se retrouva peu à peu dans la position du spectateur diverti. Il demeurait en retrait et sentait son irritation initiale s'effacer graduellement devant une bouffée d'admiration pour les protagonistes. Il assistait à un jeu classique de questions et de réponses, à un combat soutenu entre deux esprits intelligents. Et le soir tomba avant que les antagonistes ne fassent trêve et ne se mesurent à nouveau du regard. Chacun avait gagné le respect de l'autre, et chacun vit l'inutilité de poursuivre.

— Je crois que ce sera tout, Miss Weatherly.

— Je vous en prie, lieutenant, ne vous contentez

pas de le croire, dit-elle calmement. Je ne tiens pas à revenir.

— Ce sera tout, Miss Weatherly.

— Merci.

Elle se leva, défroissa la jupe de gabardine sur ses hanches, et sortit du bureau comme si elle eût quitté un salon de beauté.

Pierce la suivit, s'attendant à un vif rappel à l'ordre de la part de Gifford, mais rien ne vint.

— Miss Weatherly ?

— Oui ?

Elle s'arrêta à la balustrade, se tourna à demi.

— Vous êtes motorisée ?

— Je suis venue en taxi.

Il sourit.

— En ce cas je vais vous ramener en voiture.

— Ce n'est pas nécessaire, sergent.

Pierce lui ouvrit le portillon.

— D'autres questions ? s'enquit-elle.

— Plus de questions, répondit-il en souriant.

Elle était assise sur le siège avant de sa berline cabossée comme s'il avait été tout naturel pour elle de se trouver là. Ils échangèrent des propos banals, dictés par la curiosité, et Pierce fut conscient des questions indirectes de la jeune fille, tandis qu'il pilotait d'une main experte la berline parmi le flot de voitures. Ils pénétrèrent dans un quartier résidentiel. La demeure des Weatherly était une bâtisse de pierre qui se dressait, massive, dans le crépuscule. Elle était fort en retrait par rapport à la rue tranquille, entourée d'une pelouse. Pierce stoppa dans l'allée de béton incurvée derrière une décapotable de sport dont la capote était rabattue, et Lucy Weatherly descendit de voiture avec un minimum de mouvements.

Elle s'appuya à la portière ouverte.

— Merci, sergent, dit-elle avec un sourire sincère.

Il resta assis le visage figé, serrant soudain très fort le volant, tandis qu'un garçon blond d'une vingtaine d'années sortait de la maison de pierre et descendait le perron en courant. Il était vêtu avec élégance d'une veste et d'un pantalon de sport sombres, et avait des chaussures de daim blanches. Il esquissa un pas de danse entre l'avant de la berline et l'arrière de la voiture de sport en levant un bras.

— Sœurette, lança-t-il en guise de salut.

Puis il monta à bord de la décapotable et mit le moteur en marche.

— Qu'est-ce qu'il y a, sergent ?

Lucy Weatherly avait les sourcils froncés.

— Votre frère ? questionna Pierce en désignant d'un signe de tête la voiture qui s'éloignait à présent.

— Bernie ? Oui.

— Bonsoir, Miss Weatherly.

Elle se redressa lentement, ferma la portière de la berline, et Pierce s'aperçut qu'elle était soucieuse, mais il n'avait pas le temps de lui fournir d'explications pour le moment. D'ailleurs, elle n'aurait guère apprécié ses explications s'il lui en avait donné.

Il suivit la voiture de sport. Il n'était pas certain d'avoir vraiment reconnu la voiture. Mais il n'avait pas de doutes quant à l'identité du jeune homme. Bernard Weatherly était l'un des jeunes qui avaient arraché à Nathan Moss ses valises à la gare de chemin de fer.

La voiture n'était pas difficile à suivre, mais Pierce faisait attention. Il était sûr d'avoir vu Bernard Weatherly à la gare, néanmoins le lien était difficile à accepter. Son esprit se mit à bouillonner. Bernard

Weatherly appartenait à une famille riche, au statut social établi. Pourquoi irait-il dévaliser un type ? Pourquoi irait-il voler ? Pourquoi irait-il tuer ?

Bernard Weatherly avait-il tué ?

Pierce fut forcé de reconnaître qu'il ne savait pas lequel des deux jeunes avait tiré le coup mortel.

Il repensa aussitôt à feu Peter Ambler. Le rapport entre Bernard Weatherly et College Boy était facile à établir : Lucy. Ce qui, du coup, signifiait presque forcément que Bernard avait découvert *qui* était vraiment Peter Ambler, et *ce qu'*il était vraiment. Et cela signifiait que Bernard avait dupé sa sœur, ainsi probablement que le reste de sa famille, si Lucy avait dit la vérité durant l'interrogatoire au commissariat.

Pierce secoua la tête. L'idée ne l'enchantait guère, que Lucy Weatherly ait pu leur mentir.

Les feux arrière de la décapotable brillèrent. Pierce ralentit. Il vit la voiture tourner et franchir une grille de fer. Il stoppa le long du trottoir. Par-dessus une épaisse haie il aperçut distinctement une allée et une vaste maison de séquoia. Il vit Bernard Weatherly faire demi-tour, se ranger sur un grand emplacement et s'arrêter. Un autre jeune, également bien habillé, surgit de la maison et bondit sur le siège avant de la décapotable à côté de Weatherly. La voiture s'élança dans l'allée, atteignit la rue, vira et s'éloigna.

Il la suivit à travers la ville. Si Weatherly et son compagnon s'étaient rendu compte qu'ils étaient pris en filature, ils ne s'en souciaient guère. Ils ralentirent, tournèrent et s'engagèrent sur un parking à côté d'un bar. Pierce fit tranquillement un créneau le long du trottoir et demeura assis à observer les deux jeunes qui quittaient le parking et entraient dans le bar. Il regarda autour de lui. Il faisait sombre à présent, et la nuit était chaude. Il reconnut le secteur. Il était en bordure du quartier des entrepôts.

Pierce pénétra dans la pénombre du bar bien tenu, au sol moquetté. Il n'y avait guère de clients et il repéra ses deux lascars tout de suite. Ils étaient assis au bar sur des tabourets pivotants. Il savait qu'il aurait dû appeler le commissariat. D'un autre côté, il n'avait pas encore eu l'occasion de bien voir le compagnon de Bernard Weatherly. Et s'il se trompait au sujet de Bernard ?

Il s'assit seul à une table près de la sortie, commanda un bourbon-soda. Il ne toucha pas à son verre et examina les jeunes gens. Le compagnon de Bernard était de la bonne taille, de la même taille que le second jeune de la gare.

Pierce fit de nouveau signe au garçon qui l'avait servi.

— Ces deux-là au bar, dit-il. Vous les connaissez ?

— M. Weatherly et M. Poswold, répondit le garçon d'un ton cassant.

— Ils viennent souvent ici ?

— Tous les soirs.

— Mardi soir ?

Le garçon hésita.

— Non, maintenant que vous m'y faites penser, ils n'étaient pas là hier soir.

— Je connais le jeune Weatherly. L'autre, qui est-ce ? Poswold ?

Le garçon fronçait les sourcils à présent.

— Je ne pense pas, monsieur, que je doive dire...

Pierce déclina son identité et le garçon décida de ne pas se compromettre.

— M. Randy Poswold, monsieur. Son père est le juge Poswold, je crois.

— Merci.

Pierce congédia le garçon d'un geste et resta assis un long moment à cogiter. Le juge Poswold, hein ? Il connaissait le magistrat de réputation.

Il observa d'un œil le garçon et nota avec satisfaction que l'homme demeurait à l'écart des autres employés ainsi que des jeunes gens assis au bar. Bonne initiative. S'il avait communiqué avec autrui, Pierce aurait dû agir immédiatement, et il n'était pas encore prêt à intervenir. Il n'avait toujours pas examiné à loisir le jeune Poswold.

Eh bien, il n'y avait qu'un moyen de se livrer à cet examen.

Abandonnant son verre auquel il n'avait pas touché, il se dirigea vers le bar. Il comprit aussitôt la nécessité d'être sur ses gardes lorsque son regard croisa de plein fouet ceux de Bernard Weatherly et de Randy Poswold. Il les lui fallait tous les deux.

— Hé..., commença Bernard Weatherly, avant de s'interrompre en se raidissant et regardant fixement Pierce.

L'enquêteur comprit que le jeune homme cherchait à raviver un souvenir, n'était pas trop sûr. Il tenta de le désarçonner.

— Sergent Pierce. Commissariat central de police.

Il déplaça la main. Il était prêt à dégainer rapidement son pistolet. Et en observant les yeux des deux gars, il se détendit quelque peu. Tous deux avaient remarqué le geste, tous deux savaient ce qu'il signifiait.

— Ma sœur, souffla Bernard Weatherly. Il était avec ma sœur...

Il laissa la phrase inachevée.

Randy Poswold était de marbre. Il avait une expression noire, ses yeux durs flambaient, mais il ne bougea point.

— Qu'est-ce que vous nous voulez, flicard? demanda-t-il en remuant à peine les lèvres.

Pierce fit un signe de tête vers la sortie.

Les deux jeunes restèrent immobiles.

Pierce recula, attendit, prêt à tout. Poswold tourna sur le siège pivotant du tabouret, se leva. Bernard Weatherly s'empressa de le suivre. Ils se dirigèrent côte à côte vers la porte donnant sur la rue. Pierce leur emboîta le pas, de plus en plus confiant. Il leur passerait les menottes dehors, avant qu'ils ne montent dans sa berline. Il ne tenait pas à troubler les autres clients du bar.

Tout à coup Poswold arrondit le dos, virevolta, et décocha un coup de poing à Pierce. Sous le choc il recula, le souffle coupé. Des coups lui martelèrent le corps. Il entendit des jurons. Il tenta de porter la main à son pistolet. Et à cet instant-là un crochet à la mâchoire lui rejeta la tête en arrière. Il se rendit compte qu'il chancelait. Il s'entendit crier d'une voix rauque. Ses talons accrochèrent quelque chose. Il s'assit dans un bruit fracassant.

La salle tournoya, s'éclaircit rapidement. Il secoua la tête. Les jeunes avaient disparu. Des mains le saisirent aux aisselles. Il se mit debout tant bien que mal, se libéra d'un coup d'épaule, et se précipita vers la porte d'un pas mal assuré. Il atteignit le trottoir. La voiture de sport quittait le parking avec force embardées. Les véhicules dans la rue faisaient des écarts en hurlant. La décapotable vrombissante tourna brusquement devant une voiture de police qui fonçait en donnant de la bande. Puis une détonation claqua dans la nuit. Pierce entendit le sifflement d'une balle, se coucha sur le trottoir et attendit. Le gémissement d'une sirène s'éleva faiblement, s'amplifia. Pierce se remit debout et courut vers sa berline.

Il se faufila avec maestria entre les véhicules, dans le sillage de la sirène et du gyrophare de la voiture de police devant lui. Il lui sembla entendre des coups de feu. Il en entendit d'autres. Il vit la voiture de police zigzaguer, foncer à l'oblique vers la file de circulation en sens opposé et s'écraser de plein fouet contre une auto en stationnement. Il aperçut l'arrière de la voiture de police se soulever et commencer à pivoter, puis il passa devant le véhicule accidenté, et ses yeux se fixèrent sur les feux arrière de la décapotable qui suivait une trajectoire sinueuse. Elle avait ralenti, paraissait livrée à elle-même.

Lorsque le corps jaillit côté conducteur et tomba dans la rue, il comprit pourquoi.

Il lui fallut toute son habileté pour éviter le corps. Il freina afin de déraper latéralement. Il donna un coup de volant à la dernière seconde. L'arrière de la berline se rabattit brusquement et il dérapait maintenant dans la direction opposée, mais il avait réussi à contourner la forme allongée. Il leva doucement le pied de l'accélérateur et redressa la berline, puis il fonça à la poursuite de la voiture de sport qui à présent le distançait rapidement.

Ils s'enfoncèrent dans le quartier des entrepôts en faisant vrombir leurs moteurs. Parfait. Ils avaient fait du gymkhana de manière insensée. Mais dans le quartier des entrepôts, la circulation se raréfia tout d'un coup et Pierce put s'efforcer de réduire la distance entre les deux véhicules.

Il vit soudain la décapotable prendre un virage et cria malgré lui une mise en garde. Il savait que la voiture ne négocierait jamais le coin de rue à cette allure. Il vit la petite voiture dévier fortement, heurter le bord du trottoir, rebondir, monter sur le trottoir, et déraper.

Et puis il dépassa l'intersection et stoppa en dérapant. Il n'avait même pas essayé de négocier le même virage. Cela aurait été du suicide.

Il émergea de la berline, trébucha, se redressa, dégaina son pistolet, et retourna en courant vers l'angle du bâtiment. La voiture de sport était enroulée autour d'un réverbère, lequel donnait l'impression de saillir hors du siège du conducteur. Mais le conducteur n'était pas affalé sans connaissance à l'intérieur de la voiture : Pierce l'aperçut qui détalait au milieu de la rue et se précipitait vers les ombres épaisses des entrepôts.

Il cria et s'élança à la poursuite de la silhouette qui fuyait. Il ignorait qui il pourchassait, Bernard Weatherly ou Randy Poswold, mais savait maintenant qu'il avait une chance. Lors de la poursuite en voiture il avait été nettement désavantagé. La petite voiture était plus rapide que sa berline, facile à manœuvrer. Entre les mains d'un as du volant, elle l'aurait facilement semé en exploitant les virages. Mais le conducteur n'étant pas un as du volant, il n'avait pas su mettre à profit son avantage. Et maintenant les chances étaient égales.

Pierce vit le jeune disparaître à un angle. Il ralentit, se plaqua contre un mur de briques. Il ne tenait pas à dépasser le coin en trombe et s'exposer à un barrage de projectiles. Il serra le pistolet dans sa main droite, et, haletant, avança doucement la tête à l'angle du bâtiment. La rue et les trottoirs devant lui étaient déserts, plongés dans l'obscurité.

Il quitta le refuge du bâtiment, sans faire de bruit. Rien ne bougea dans l'ombre. Il avança avec précaution. Ses pas lents résonnaient très fortement dans la nuit silencieuse et chaude. De la sueur perlait des pores de sa peau. Il se sentait en feu. Il s'arrêta tout à coup lorsqu'il aperçut la lumière.

Celle-ci provenait d'une large porte ouverte, une entrée pour véhicules dans l'un des entrepôts. Le jeunot était-il à l'intérieur de l'entrepôt ? Pierce savait qu'il s'exposerait à une attaque quelconque lorsqu'il pénétrerait dans la flaque de lumière. Il demeura en lisière, respirant péniblement, écoutant avec attention, mais il n'entendait que les bruits normaux de la ville la nuit.

Il inspira profondément, retint sa respiration, et entra rapidement dans l'entrepôt, brandissant son pistolet, prêt à tout.

Apparemment il n'y avait pas là âme qui vive. C'était étrange. Quelqu'un était-il parti en négligeant de fermer à clef ? Ou bien allait-il trouver des hommes occupés à travailler tout au fond de cette grande bâtisse ?

Il ne cessait de jeter des coups d'œil de tous côtés. Sur sa droite et sur sa gauche il avisa de solides caisses de bois empilées. Il y avait devant lui un espace assez vaste pour y loger facilement de gros camions. Pas de véhicules dans le bâtiment. Il tendit encore l'oreille. Personne ne travaillait. Il avança lentement.

Ce fut le sifflement d'une inspiration qui le mit sur ses gardes.

Pierce se courba, virevolta, et prit le coup sur l'épaule. Son pistolet s'échappa de sa main, tomba sur le sol en béton avec un bruit métallique. Il agrippa vainement le devant de la chemise du jeune alors que ses genoux fléchissaient. L'autre était armé. Il abattit le pistolet sur le poignet gauche de Pierce. Lequel s'effondra sur les mains et les genoux, comprenant que Randy Poswold avait surgi d'une travée cachée derrière les caisses empilées.

Il ne voyait plus maintenant que le bout ciré des chaussures de Poswold, qui le laissa croupir là un bon moment. Pierce battit vivement des paupières, luttant contre la douleur à l'épaule et au poignet. Il avait le bras gauche paralysé. Des pensées confuses se pressaient dans sa tête. Il se rappela le corps étendu dans la rue. Il devait forcément s'agir de Bernard Weatherly. Weatherly était-il mort ? Il se remémora l'éclat dur des yeux de Randy Poswold lorsqu'il s'était approché des deux jeunes au bar. Maintenant ce fut la Mort qu'il vit dans l'éclat de ces yeux. Et il se souvint de l'avertissement rebattu de Crocker : « Ne vous attaquez jamais seul à un loubard, sergent ! »

Randy Poswold traîna les pieds.

— Debout.

L'ordre cingla Pierce. Il se força à relever la tête lentement. Poswold était debout à environ un mètre de lui, le visage enlaidi et tendu par une férocité juvénile.

N'y avait-il personne d'autre dans l'entrepôt ? Comment se faisait-il que personne ne vienne ?

— Debout, répéta Poswold d'une voix forte.

— Ne t'énerve pas, Randy.

Poswold sourit et s'avança tandis que Pierce poussait sur ses genoux. Le sergent vit briller le pistolet, mais fut incapable d'écarter son visage. Le pistolet lui entailla la bouche et son cri de protestation fut ravalé dans sa gorge. Il s'effondra en arrière, puis sur le côté. Il sentit le goût du sang tout en souffrant d'une douleur aveuglante, et il comprit qu'une de ses lèvres ou peut-être les deux s'étaient fendues contre ses dents.

— Tu apprécies, poulet ?

Les mots venaient de loin. Pierce secoua la tête, tenta d'avoir une vision nette du jeune gars.

— Vous n'auriez pas dû tuer Bernie, sales flics.

Pierce se hissa en position assise. Tout tournait.

Il ramena les jambes sous lui, resta sans bouger. Il commençait à avoir les idées plus claires. Il avait l'impression que sa bouche était démesurément enflée. Il se sentait plus ses dents avec la langue. Il n'avait peut-être plus de dents. Mais il ne se souvenait pas de les avoir crachées.

— Vous n'auriez pas dû tuer Bernie ! répéta Poswold sur un ton perçant, bestial.

Pierce parvint à le voir distinctement. Il poussa sur les genoux, posa un pied et se releva lentement. Il vacilla, mais sentit la force revenir dans ses muscles.

Poswold tenait le pistolet fermement de la main droite. Sa bouche était en lame de couteau, ses yeux étrécis luisaient. Pierce aperçut son propre pistolet sur le sol en béton, à trois mètres de là.

Soudain Poswold serra les lèvres, puis arbora un sourire qui n'en était plus un du tout. Il darda un regard vers le pistolet de Pierce, avant de reporter les yeux sur lui.

— T'es dans le pétrin, poulet, pas vrai ?

— Tu vas me tuer, Randy ?

— Sûr que je vais te tuer, bon Dieu !

— Comme tu as tué les autres.

— Comme vous avez tué Bernie, sales flics.

— Tu as déjà tué deux officiers de police et College Boy. Tu as déjà...

— Pas Ambler !

Poswold souriait pour de bon ce coup-ci.

— Toi, Bernie et College Boy. Vous trois. College Boy savait que l'argent allait arriver en ville dans les valises de Nathan Moss. Il vous a mis dans le coup, toi et Bernie. Il était obligé de vous faire participer. Nathan Moss reconnaîtrait College Boy, mais pas vous deux. Il...

Poswold ouvrit son pistolet, regarda dans la

chambre, referma l'arme d'un coup sec, émit un profond rire de gorge.

— Une seule balle, flicard. On va s'amuser. (Il braqua le pistolet sur Pierce.) Un petit coup de roulette russe, hein ?

Pierce reçut un choc. Il avait essayé de gagner du temps, de prendre l'avantage.

Il vit le pistolet trembler et comprit que Poswold pressait la détente.

Le claquement du percuteur frappant la chambre vide résonna fortement dans le silence de l'entrepôt.

Pierce eut une crispation instinctive.

Poswold se mit à rire.

Le pistolet trembla de nouveau.

Et Pierce bondit. Il frappa de son large poing le visage du mégalomane. Le coup porta au moment où, pour la seconde fois, cliquetait à vide le pistolet, et Poswold recula en hurlant. Pierce enchaîna par un uppercut en arc de cercle qui cueillit Poswold au poignet et lui fit dresser le bras. Le pistolet s'échappa de sa main et fila par-dessus son épaule. Pierce décocha un direct du droit dans le ventre du jeune et l'expédia à terre d'un crochet du gauche. Il se précipita vivement sur le corps affalé et tira violemment les poignets de Poswold derrière son dos. Il lui passa rapidement les menottes, puis se releva et resta planté au-dessus du jeune gars, les jambes écartées, respirant à grandes goulées.

Il avisa un homme, vêtu d'une chemise et d'un pantalon tachés de sueur, coiffé d'une casquette à carreaux, qui le regardait bouche bée, les yeux ronds, à quinze mètres de là.

L'homme avait peur et se montra coopératif. La porte de l'entrepôt s'était trouvée ouverte parce qu'il attendait un camion à charger. Il était en train de travailler au fond du bâtiment, avait entendu des voix, cru que le camion attendu était arrivé, mais, en approchant, il avait vu Pierce envoyer au sol Poswold d'un coup de poing.

***

Randy Poswold, renfrogné, gardait le silence. Il accepta seulement de donner son nom et son adresse, puis réclama la permission de téléphoner à un avocat. Le sergent Crocker lui suggéra d'appeler son père. Le jeunot dit à Crocker « d'aller se faire voir ».

On expédia Poswold se calmer dans une cellule en bas, on congédia le type de l'entrepôt, et on donna aux journalistes leur topo.

Crocker fixa les yeux sur Pierce.

— Comment te sens-tu ?

— Dans un triste état.

— Tu en as tout l'air. Combien de fois t'ai-je dit de ne pas t'attaquer tout seul à un loubard ?

— J'ai cru pouvoir m'en tirer seul.

— Ben voyons !

Même les gars de l'équipe de nuit frémirent sous le sarcasme.

— Est-ce que les Weatherly sont au courant pour leur fils ?

— Oui.

— Et comment vont nos gars ?

— L'un est blessé, l'autre a été écrabouillé dans l'accident, mais tous deux s'en tireront, d'après le toubib. En parlant de toubib, tu ferais bien d'en voir un.

— Ma femme s'occupera de moi.

— Ouais, grommela Crocker, et Pierce quitta la salle de permanence.

La nuit était encore chaude, mais il se sentait mieux intérieurement. Le sentiment de la tâche accomplie. Il toucha du bout des doigts sa bouche enflée, goûta le sang frais sur sa lèvre supérieure fendue. Il avait l'épaule endolorie et son poignet lui faisait mal. Il traversa lentement la ville au volant de sa voiture pour regagner son modeste appartement. Il songeait à Lucy Weatherly et au choc que la mort de son frère avait dû leur causer, à elle et à sa famille. Il ne s'attendait pas à voir l'homme assis dans la pièce sur le devant de son appartement. L'homme tenait un pistolet braqué sur Nancy.

Pierce s'immobilisa deux pas après avoir franchi la porte ouverte.

— Ferme la porte, lui enjoignit Jerold Bishop sans le regarder.

Pierce ferma la porte d'un coup de pied.

— Qu'est-ce qui te prend, saligaud ?

— Il est là depuis presque une demi-heure, dit Nancy. Qu'est-ce qui est arrivé à ta bouche ?

Elle était calme, mais rivait sur lui des yeux légèrement écarquillés. Elle était assise sur un grand tabouret près d'une planche à repasser. Elle était en short. Le seul signe de tension apparaissait dans la façon dont elle serrait les genoux et pressait le poing contre les cuisses. A l'autre bout de la pièce le poste de télévision était éteint, probablement sur l'ordre de Bishop, car Pierce devinait que sa femme avait repassé dans la pièce du devant pour pouvoir regarder en même temps les programmes vidéo.

— J'ai entendu le flash à la radio, dit Bishop.

Pierce tenta de dissimuler son ignorance.

— Ouais ?

Bishop haussa les épaules sans quitter Nancy des yeux ni déplacer son arme.

— Alors faut que je trouve un moyen de quitter la ville. Ça colle ?

— Peut-être.

Le rire de Bishop ressemblait à un grognement.

— Jouez pas au chat et à la souris, sergent, je vous en prie. Le jeune Weatherly est mort, et vous avez flanqué Randy Poswold en taule. Je connais ce voyou. Ça fait maintenant quelques années que je travaille avec lui, et pourtant, en y repensant, je me demande bien pourquoi. Ce môme m'a toujours paru dangereux. Mais il m'apportait de la bonne camelote à fourguer. Sa marchandise était toujours de qualité. Je ne sais pas où il trouvait ça. Je n'ai jamais posé de questions. Ça rapportait un bon prix, du coup je la prenais. C'était une erreur, je m'en rends compte à présent.

Certaines idées confuses commençaient à se clarifier dans l'esprit de Pierce, mais il chercha à gagner du temps.

— Tu faisais du recel pour lui, hein, saligaud ?

— Je n'aurais jamais dû. Il m'a toujours paru être une source d'enquiquinements.

— Et puis Courtney Klane a attaqué le fourgon blindé et il est venu te voir pour régler la question de l'échange de l'argent.

— Cinquante mille dollars, c'est beaucoup de pognon, sergent.

— Il te fallait deux types pour détrousser Nathan Moss, des gars que Moss ne reconnaîtrait pas : Poswold et Weatherly.

— C'est Randy qui a amené Weatherly. Je n'avais jamais vu ce môme de ma vie avant ce coup.

— Voyons un peu... Leur part a dû être de cinq mille environ.

— Dix mille. Ils y sont allés fort, mais je ne

pouvais pas marchander. Il fallait que la chose se fasse rapidement.

— College Boy ?

Bishop darda un coup d'œil à Pierce, sourit.

— Le dindon de la farce. Vous et Crocker, vous m'asticotiez tellement que je vous l'ai donné pour que vous me lâchiez.

— Et puis tu l'as tué pour qu'il ne parle pas.

— College Boy avait toujours la langue bien pendue dès qu'on le cuisinait.

— Mais ce soir nous avons Randy Poswold.

— Ouais. Cessons de tourner autour du pot, sergent. Je connais les petites frappes. Elles jactent. Vous savez tout ça, alors cessons de perdre du temps. Faut que je quitte la ville. Klane va pas me porter dans son cœur maintenant. Ni vous autres. C'est là que vous intervenez, vous et votre mignonne. Vous allez m'emmener. Je me doute qu'à l'heure qu'il est vos collègues ont fait bloquer les sorties, et attendent que je tente de filer. Ma foi, je vais filer..., mais avec vous et la mignonne ici présente. Vous allez tous les deux me faire sortir discrètement. Pigé ?

— Oui.

Bishop se leva soudain de sa chaise, tripotant son appareil acoustique.

— Alors en avant.

Les réflexes de la femme d'intérieur sidéraient toujours Pierce, et il ne put que secouer la tête quand son épouse se mit debout et déclara :

— Vous voudrez bien m'excuser un instant, monsieur Bishop ?

Elle s'humecta le bout d'un doigt et toucha la semelle du fer électrique dressé sur la planche à repasser. Le fer grésilla. Elle gratifia Bishop d'un imperceptible sourire.

— Vous voyez, la maison pourrait brûler en notre absence.

— Ouais, grommela-t-il.

Il braqua le pistolet sur Piercc, et garda ce dernier dans sa ligne de mire.

Pierce vit sa femme se pencher au-dessus de la planche et tirer de la prise murale le fil électrique.

Lorsqu'elle détourna les yeux de la planche, Bishop se présentait à elle de profil. Le geste fut coulé. Elle saisit le fer brûlant au moment où elle faisait un pas pour rejoindre son mari. Elle brandit vivement le fer en un mouvement rotatif. Bishop tressaillit, mais elle réussit à lui plaquer le fer contre la joue. La détonation de son pistolet fut assourdissante.

Pierce se jeta alors sur lui, lui décocha un solide coup de poing dans le ventre et attrapa le poignet de la main qui tenait l'arme. Pierce virevolta, remonta le genou et cogna le poignet de Bishop contre sa cuisse. L'arme lui sauta des doigts. Bishop se raidit en hurlant derechef, et quand Pierce regarda, il vit Nancy qui appuyait la semelle du fer sur la colonne vertébrale de Bishop.

Pierce fit pivoter sur lui-même Bishop à travers la pièce et lui balança un coup de poing. Bishop s'effondra sur la moquette et Pierce lui tomba dessus aussitôt, puis lui passa les menottes.

Il ne leva les yeux vers Nancy qu'au bout d'un long moment.

Elle était debout, les jambes légèrement écartées, agrippant toujours son fer à repasser. Elle était à demi tournée, les yeux fixés sur le nouveau trou laissé par la balle dans le plâtre du mur. Elle lui fit face. Il secoua la tête, ébahi.

— Tu es dangereuse, mon amour, quand tu es armée de ça.

Elle souleva le fer, le brandit. Puis elle arbora un grand sourire.

— Souviens-t'en, chéri.

Hijack.
Traduction de Jean-Bernard Piat.

LEY DE FUGA

par Brad Williams

La prison, la geôle plutôt, typiquement mexicaine, combinait les briques en adobe et les blocs de ciment, associant le moderne et l'ancien. La cellule où il était enfermé avait eu droit au ciment. A un bout : une fenêtre, en fait une simple ouverture munie de barreaux, d'où il pouvait voir la plage et le motel. A l'autre bout, une porte également munie de barreaux s'ouvrait (en pivotant lourdement sur ses gonds) sur le bureau de l'entrée, en adobe, où régnait la fraîcheur. Dans le mur à gauche de la cellule, l'unique porte d'un bureau annexe était constamment ouverte ; grâce à quoi, durant le jour, Raymond Packard pouvait apercevoir de temps à autre, circulant sur la route poudreuse, le car qui faisait la navette entre Pornada et Ensenada, située à une trentaine de kilomètres au nord.

Depuis l'adjonction de cette geôle au bâtiment initial, environ deux ans auparavant, Raymond Packard était le premier client à y séjourner plus d'une nuit. Le gros José Carrillo ne manquait pas de souligner la chose au moins deux fois par jour, soit quand il lui apportait des tortillas, des frijoles[1], ou quelque autre denrée locale, soit quand il bouclait, autour de son énorme ventre, un ceinturon orné d'un énorme revolver, avant d'accompagner son prisonnier à l'*escusado*, situé à l'extérieur de la bâtisse. Carrillo était le chef de la police de Pornada. Il était aussi le geôlier-chef et l'unique gardien de l'ordre de cette bourgade en bordure de l'océan sur la péninsule de Baja. Au demeurant, Carrillo se montrait relativement amical et semblait sincère en exprimant ses regrets de se voir contraint de retenir Packard prisonnier.

— C'est uniquement parce que vous êtes un gringo et que vous avez tué un homme, déplorait-il avec insistance, énonçant toujours dans cet ordre ces deux fâcheuses raisons. A Pornada, jusqu'à présent, aucun gringo n'a tué un homme ; alors, je dois attendre des directives de Mexicali, et eux, là-bas, il leur faut attendre les instructions de Mexico.

Raymond Packard avait trente ans. Son dernier anniversaire avait été double en quelque sorte, survenant au début de sa seconde semaine de détention. Physiquement, il se situait dans l'honnête moyenne, selon les normes établies par les compagnies d'assurances, mesurant un peu moins d'un mètre quatre-vingts et pesant un peu plus de soixante-douze kilos. Quand il portait une tenue conventionnelle et tenait la tête droite, le bout de sa barbe fournie parvenait juste en dessous de son nœud de cravate. A Los Angeles, où il habitait, les non-initiés le classaient dans la catégorie assez mal définie des beatniks. Cependant, en dépit de sa barbe et d'une attitude quelque peu beatnik envers la société, il ne

1. Haricots. *(N.d.T.)*

se considérait pas comme tel, mais simplement comme un artiste. Le Cercle Insomniaque avait réussi à vendre jusqu'à un millier de dollars certaines de ses toiles ; toutefois ce n'était pas là sa seule source de revenus. Trois agences de publicité faisaient appel à ses talents d'illustrateur commercial et par conséquent, estimait-il, on ne pouvait le qualifier de beatnik. Mais la situation était certes susceptible d'évoluer. Il perdrait probablement ces apports financiers bien avant de pouvoir quitter le Mexique.

Le dixième jour de sa détention, une voiture de police se présenta aux abords de Pornada, venant du nord ; sa tige emblématique, fichée dans l'aile arrière, fouettait l'air tandis que l'engin zigzaguait sur la route passablement accidentée. Ray l'observa, tendu et nerveux, jusqu'au moment où le véhicule disparut derrière la colline pour la contourner ; puis, lentement, il alla se poster à la fenêtre de sa cellule. La voiture mit un assez long temps à faire le tour ; lorsque enfin elle réapparut, elle n'emprunta pas immédiatement le chemin creusé d'ornières menant à la prison, mais alla se garer dans une place de parking, en face du motel, juste à côté de la décapotable de Ray, toute ternie de poussière. Carrillo sortit par une porte, et le conducteur, une sorte de géant, surgit de l'autre côté, dominant de la tête et des épaules le toit de la voiture. Les deux hommes accordèrent un bref coup d'œil à la décapotable, puis, déambulant nonchalamment de conserve, pénétrèrent dans le motel. Après dix jours, ils n'y verront pas grand-chose, songeait Ray, morose ; un peu de sang sur le tapis, quelques menus éclats de verre, vestiges d'une bouteille de tequila. Il demeura à la fenêtre et attendit.

Un quart d'heure s'écoula. Les deux hommes

sortirent du motel, s'engouffrèrent dans la voiture de police, et le véhicule cahota bientôt en direction de la prison. Poussant un soupir d'appréhension, Ray s'écarta de la fenêtre, sortit un peigne de sa poche, le passa dans ses cheveux et dans sa barbe. Après quoi il s'assit au bord de sa couche.

Les deux hommes pénétrèrent dans le bâtiment comme de vieux copains effectuant une joyeuse entrée dans un bar, riant encore d'une mystérieuse plaisanterie lâchée avant leur apparition.

— Señor Packard, voici le capitaine Eduardo Campeche, annonça pompeusement le gros Carrillo.

Il ouvrit la porte de la cellule en grand et, d'un cérémonieux moulinet de la main, invita le géant à passer.

Le capitaine Campeche entra en souriant, comme s'il se sentait honoré de l'entrevue accordée, puis s'adossa au mur.

— Je fais partie de la police secrète de Mexico, déclara-t-il en un anglais impeccable, d'une voix bourdonnante et grave.

— Cela ne valait guère la peine de vous déranger, il me semble, répliqua sèchement Ray.

Léger haussement d'épaules de l'imposant policier.

— C'est simplement parce que chacun des individus impliqués se trouve être étranger, señor Packard. Il y a parfois des répercussions et des investigations au niveau diplomatique.

— Je ne pense pas que ce soit le cas en l'occurrence.

— La fille est rentrée à Los Angeles, dit Campeche, semblant énoncer un fait plutôt que poser une question indirecte.

Il tira de la poche intérieure de sa veste quelques

minces feuilles de papier, tapées à la machine, et fit mine de les compulser.

— Je ne sais pas, répondit Ray, circonspect.

— Elle a gagné San Diego dans la voiture du défunt, un certain William Funk, l'a abandonnée à l'aéroport Lindbergh, et s'est envolée pour Los Angeles, en voyageant sous son propre nom, Lois Stuart.

— Je me suis laissé dire que la police mexicaine est extrêmement efficace.

Du paquet logé dans la petite poche de sa chemise, Ray extirpa une Elegante et l'alluma.

— Je lui ai remis les clefs de la voiture de Funk par erreur. J'imagine que, prise de panique, elle a eu trop peur pour revenir dans la chambre.

— Ce n'est pas votre femme ?

— Non, señor. Et ce n'est pas non plus celle d'un autre... elle n'a donc rien fait de mal.

Nouveau haussement d'épaules du géant.

— Récapitulez pour moi ce qui s'est passé.

Rien de plus facile. Voilà dix jours et dix nuits que ce drame ne cessait d'occuper son esprit. Un homme avait été tué — et le tueur, c'était lui.

— Lois est un mannequin-modèle qui pose souvent pour moi, dit-il, s'exprimant avec lenteur et netteté, comme s'il se remémorait un film séquence par séquence. Ayant terminé la séance assez tôt, vendredi après-midi, nous avons décidé de passer le week-end au Papagayo ; mais c'était une période de vacances, et tout était complet. Nous sommes allés en ville, à Ensenada, et là aussi tout était complet.

— Vous, Funk et la fille ?

— Non, señor. Nous avons rencontré Funk au bar du Del Pacifico. C'est lui qui nous a parlé de

Pornada, et nous sommes donc venus ici, chacun dans sa voiture.

— Vous le connaissiez avant ?

Ray secoua la tête.

— Non, mais il était seul. Et il semblait fréquentable, un peu rétro et réac peut-être, mais sans agressivité.

— Mais ce n'est pas pour ça que vous l'avez tué ?

Un humoriste épais, songea Ray, amer. Rien de plus pénible qu'un flic qui se croit drôle. Il secoua la cendre de sa cigarette dans le revers de son pantalon.

— Nous sommes allés à la cantina[1] dans le centre, après nous être inscrits au motel, poursuivit-il en haussant le ton. Je comptais y acheter une bouteille de tequila et puis rentrer aussitôt ; on aurait alors bu un petit coup avant de se coucher. Mais la cantina s'est révélée un endroit plaisant et animé ; nous y avons donc pris quelques verres, dansé, écouté les mariachis. Une fois revenus au motel, Funk a gagné son pavillon et nous le nôtre. Lois s'est alors aperçue qu'elle avait oublié son sweater à la cantina et j'ai dit que j'allais retourner le chercher. Quand j'ai regagné ma voiture, Funk était en train de retirer de la sienne sa valise. A mon retour, une quinzaine de minutes plus tard, j'ai remarqué qu'il avait laissé ses clefs dans la serrure de son coffre. Je les ai retirées et suis allé à mon pavillon.

Il s'interrompit et aspira une large goulée de fumée.

— Ne vous arrêtez pas en si bon chemin, glissa Campeche, retroussant ses lèvres en un faible sourire.

1. Bar-taverne-dancing. *(N.d.T.)*

Un félin, un gros chat jouant avec une souris.

— Ça s'est passé très vite. La porte n'était pas verrouillée. La lumière était allumée. La table de nuit était renversée. Funk avait acculé Lois dans un coin. Sa blouse était déchirée et elle se débattait pour lui échapper. J'ai saisi la bouteille de tequila, je l'ai frappé et il est tombé. Je n'ai pas visé du tout, mais je crois que j'ai dû le frapper trop bas et je lui ai brisé la nuque.

Le sourire de Campeche s'effaça.

— Effectivement, c'est bien ça, monsieur Packard, confirma-t-il (et de hausser les épaules). Comment se fait-il qu'elle n'ait pas crié quand il a posé les pattes sur elle ?

— Je l'ignore. Tout s'est déroulé en silence. Je sais que moi-même je n'ai pas prononcé un mot.

— Elle l'a laissé entrer, simplement, sans plus ?

— Elle m'a dit que Funk s'est amené deux ou trois minutes après mon départ. Pendant un certain temps, il s'est contenté de bavarder, et puis, juste avant que je revienne, il lui a sauté dessus. (Il tira de nouveau longuement sur sa cigarette). Un instant, nous avons cru qu'il était seulement assommé. Et puis nous avons constaté qu'il était mort.

— Pourquoi n'êtes-vous pas parti avec la fille ?

— Eh bien, mais... C'est moi qui l'avais tué. Elle n'avait rien fait.

Campeche hocha la tête et expédia une grosse bouffée de son cigare en direction du plafond.

— Et peut-être vous êtes-vous imaginé que vous n'auriez à répondre, au pire, que d'un meurtre non prémédité, involontaire... voire d'un simple homicide légitime... si bien que, de toute façon, vous vous en tireriez à bon compte.

— Je ne suis pas juriste. Je n'ai rien imaginé du tout.

— C'est à Mexicali que vous devrez être jugé. (Campeche examina pensivement le bout rougeoyant de son cigare.) Ils ont un calendrier particulièrement chargé, là-bas. Il faudra bien compter une paire d'années avant que votre affaire puisse passer.

— Deux ans ?

— Peut-être plus.

Ray laissa tomber sa cigarette sur le sol en ciment. Écrasant le mégot sous la semelle de son huarache, il sentit que sa jambe tremblait, tandis qu'un afflux de sang lui montait au visage. Une certaine peine de prison, il s'y attendait... mais demeurer détenu deux ans avant d'être jugé, c'était ridicule, intolérable.

— Une libération sous caution est-elle envisageable ?

Campeche secoua lentement la tête.

— Il se pourrait qu'on ne soit pas en mesure de vous faire extrader de Californie. On ne peut pas prendre ce risque.

— Il est fameux, votre système ! émit Ray, amer, écœuré. Proprement admirable !

— Vous auriez dû envisager ce genre de complication avant de vous aviser de démolir un gringo dans ces parages. Ceci dit, vous savez, ça nous coûte de l'argent, de vous nourrir... et de plus il est probable que la nourriture d'ici va vous rendre malade, si bien qu'on sera obligé de vous soigner.

— Mais enfin, bon sang... il était en train de la molester, ce type !

— Ça aurait mieux valu à tout point de vue si vous l'aviez laissé faire, lâcha le gros Carrillo, et de s'esclaffer.

Ray regarda fixement les deux hommes, effaré, n'en croyant pas ses oreilles. En matière de crimes passionnels, les Latins étaient censés se montrer pondérés... plus compréhensifs que les Anglo-Saxons.

— Vous vous trompez complètement, protesta-t-il, s'efforçant de maîtriser sa colère. Ce n'est pas ce genre de fille.

Campeche haussa une dernière fois les épaules en signe d'indifférence et, d'une légère tape sur l'omoplate, incita le gros Carrillo à le suivre dans le bureau.

— Nous avons un petit ennui avec le corps, lui glissa-t-il négligemment. Il est toujours à Tijuana. Apparemment, ce Funk n'a pas de parents.

— On n'est guère équipé, ici, on manque de moyens, capitaine.

— Je comprends. (Campeche examina un bref instant les papiers qu'il tenait à la main, puis les refourra dans sa poche intérieure.) Allez, partons. On va recueillir les déclarations des autres témoins avant que je remmène le gringo.

Le gros Carrillo opina du chef, referma la porte d'acier et en retira la clef, hâtivement, pressé de rejoindre le redoutable envoyé de Mexico.

Un long temps après que la voiture de police eut démarré, Ray demeura prostré sur sa couche. Il était abasourdi, plus sonné encore, songeait-il, qu'en réalisant qu'il venait de tuer ce faux jeton de Funk. Supprimer une vie était terrible, certes ; cependant, cela n'avait pas été intentionnel et son acte était somme toute légitime. Mais ce stupide gorille de Campeche ne le croyait manifestement pas. L'esprit simpliste et obtus qui habitait cette grande carcasse avait décidé d'emblée, une fois pour toutes, que ce meurtre était le sauvage aboutissement d'une minable histoire de fesses. Ray frappa rageusement du poing une de ses paumes et se leva.

Il alla regarder par la fenêtre. Deux autos, en plus

de la sienne, stationnaient en face du motel. D'un des pavillons, une *criada* agita une sorte de carpette ; on eût dit un signal. Derrière les pavillons, sur la plage, un couple se prélassait au soleil, corps contre corps. Il attendrait longtemps avant d'avoir à nouveau pareil contact avec une femme, se dit-il, de plus en plus amer.

Se détournant, il gagna la porte de la cellule et s'appuya aux barreaux. Il les sentit bouger légèrement et recula, stupéfait. La porte était ouverte !

Ley de fuga ! Délit de fuite ! Le substitut latin de la peine capitale quand il n'y avait pas d'exécution légale. « Le prisonnier a été abattu tandis qu'il essayait de s'enfuir. »

Une brutale poussée de peur incontrôlée le fit reculer encore, prêt à retourner sur sa couche. Quand même... deux ans, ou peut-être plus, avant de passer en jugement... et quelle parodie de procès ce serait ! Avec son espagnol rudimentaire, il ne comprendrait à peu près rien aux débats. Se ressaisissant, il fixa, comme hypnotisé, la porte à présent entrebâillée. Devant le géant venu de la capitale, le gros Carrillo agissait en véritable laquais. Tout son comportement en témoignait... ses courbettes, ses flagorneries... ses rires de complaisance... et dans sa hâte à trottiner sur les talons du capitaine, en zélé subalterne, il avait retiré la clef de la serrure sans d'abord la tourner.

Lentement, d'un pas hésitant, Ray revint à la porte et la poussa du pied. Le lourd battant pivota en grinçant ; curieux, ça : il ne l'avait encore jamais remarqué, ce grincement. Rien ne se passa ; mais qu'aurait-il pu se passer ? Le gros Carrillo et Campeche étaient tous deux montés dans la voiture de police, qu'il avait entendue démarrer et s'éloigner. Dans le ronflement égal du moteur, il n'y avait pas eu la moindre interruption, laquelle aurait pu signifier que l'auto s'était arrêtée pour laisser descendre le gros Carrillo.

Il se risqua à s'engager dans l'ouverture et s'appuya au montant. Jusqu'à la frontière, il y avait dans les cent dix à cent quinze kilomètres, en passant par trois villes... et une seule route pour aller de l'une à l'autre ; une route uniquement flanquée de voies sans issue ou coupée de rares petites routes rurales. *Ley de fuga*... Mais la geôle était vide ; pas une âme. Prudemment, sentant son cœur cogner dans sa poitrine, il progressa vers un angle de la pièce, jusqu'à un bureau semblant provenir d'un surplus de l'armée. Délicatement, il ouvrit le tiroir central. Une vision familière s'offrait à lui : ses clefs de voiture, fixées au clip à tête de poisson et posées sur son portefeuille ; le contenu de celui-ci était intact, même l'argent... un peu plus de cent dollars.

Nerveusement, il balaya sa bouche et sa moustache d'un revers de main, gagna la porte d'entrée. Prenant conscience que ses huaraches craquaient beaucoup, il maudit l'impulsion soudaine qui les lui avait fait acheter au passage à Tijuana. Il devrait renoncer à récupérer ses affaires au motel, mais ce ne serait pas cher payer pour éviter de moisir deux ans dans une répugnante geôle de Mexicali avant qu'on ne daigne le juger. Il franchit le seuil et longea les briques d'adobe jusqu'au coin de la bâtisse.

Là, plaqué au mur, il risqua un œil en direction du centre-ville. La voiture de police était garée juste devant la cantina. Au beau milieu de la rue principale, un Indien, vêtu d'un serape et coiffé d'un sombrero, avançait cahin-caha, juché sur la haute croupe d'un *burro*. Deux autres Indiens, à demi allongés et adossés à un mur en adobe, leurs chapeaux à larges bords fortement rabattus sur le visage, paraissaient poser pour un touriste photographe.

Atteindre sa voiture sans être vu, cela devait être faisable. Non, il serait vu, bien sûr, mais seulement par des Indiens ; si on les interrogeait, ils se contenteraient de fixer leur interlocuteur d'un air ahuri... ou peut-être pas ? Mais qu'ils parlent ou non, qu'est-ce que ça changerait ? A supposer qu'il puisse sortir la voiture du parking du motel sans que la propriétaire, la señora Hernandez, donne l'alarme, il lui faudrait encore passer devant la cantina pour parvenir à la grand-route ; la route unique d'ici la frontière. Il n'y avait pas de téléphones à Pornada, mais, dressée sur l'aile, à l'arrière de la voiture de Campeche, il y avait une antenne.

Le poing serré, étreignant ses clefs de voiture, il s'écarta du mur. La chaleur du soleil l'assaillit comme un coup de vent brûlant et son éclat lui fit plisser les yeux, les réduisant à l'état de fentes. Il s'arrêta et se tourna vers la ville, dans une attitude de défi ; il braverait la *ley de fuga*. Les bruits, autour de lui, semblaient prendre du relief, se détacher avec acuité. Une mouette émit un appel rauque, comme si elle lançait un cri d'alerte. Les vagues s'écrasaient avec fracas sur la plage sablonneuse, et le heurt des sabots des *burros*, sur la terre compacte de la rue, lui parvenaient de la ville comme le tapotement d'un doigt nonchalant sur un tambour bongo.

Il respira profondément, puis avança vers le motel avec circonspection, plaçant un pied devant l'autre le plus silencieusement possible. Sur la plage, le couple se séparait. L'homme se leva, puis aida la fille à se mettre debout et attendit qu'elle eût rajusté son maillot de bain. Ils se dirigèrent alors vers le motel. Une porte de pavillon s'ouvrit et de nouveau une sorte de carpette blanche et poilue fut agitée vigoureusement... un signal ? Ray s'immobilisa et jeta des regards anxieux à la ronde. Personne ne semblait le remarquer.

Soudain, un rugissement de moteur se fit entendre et il pivota du côté de la ville. Un car ancien modèle était à l'arrêt devant la poste. Du pot d'échappement, un petit nuage, mélange de poussière et de vapeur d'essence, jaillissait et s'élevait dans les airs ; suivi de plusieurs autres, déclenchés par le conducteur invisible qui appuyait rythmiquement sur l'accélérateur. A chaque fois qu'il relâchait la pression sur le champignon, le moteur, démuni de silencieux, crachotait bruyamment, imitant un chapelet de pétards éclatant à la file.

Prenant une brusque décision, Ray fit demi-tour et repartit en courant vers la prison. Il la contourna à toute allure, tel un cerf pourchassé, puis dévala la pente. Courant toujours à perdre haleine, il traversa la petite mesa, parvint finalement à la grand-route, et là, tout pantelant, marcha lentement en direction du nord. Il n'avait pas encore complètement repris son souffle lorsque le car apparut en pétaradant au virage, derrière la colline qui masquait la ville.

Ray se tourna, s'avança sur la chaussée et leva le bras. Le car ralentit et stoppa. Dans une caisse à claire-voie, sur le toit du véhicule, un coq émit un faible cri de protestation.

— *Donde va, señor?* lança le conducteur, tout sourire. Où allez-vous ?

— Ensenada.

— Deux dollars, señor.

L'homme, un jeune gaillard, réveilla le moteur dès que Ray eut posé le pied dans le véhicule.

— C'est très cher, dit Ray, se rappelant qu'il fallait marchander pour ne pas être considéré d'un œil soupçonneux.

— Un cinquante, consentit le conducteur.

Il empocha l'argent, puis embraya et démarra, tandis que Ray se frayait un chemin vers l'arrière. Une douzaine de passagers le dévisagèrent d'un air morne ; tous des Indiens, aux yeux ronds et noirs, aux visages neutres, impénétrables. En dépit de la chaleur, les femmes portaient des *rebozos* autour des épaules. Sur les banquettes dures, assis le dos aux vitres, les hommes se tenaient très droits, presque rigides. Seule la banquette arrière, en travers du fond, faisait face à l'avant du car. Il put y prendre place, au milieu.

L'abondante poussière soulevée par les doubles roues arrière se rassemblait en tourbillonnant derrière le fond rectangulaire de la carrosserie et demeurait suspendue au-dessus de la route, telle une brume épaisse. Ray ne pouvait voir au-delà de cette poussière, mais la poussière, elle, pouvait être repérée de fort loin.

Deux ans... ou peut-être plus. De combien de temps disposait-il ? D'ordinaire, le gros Carrillo passait à la prison à peu près toutes les trois heures. Peut-être réduirait-il cet intervalle, Campeche étant là, pour se faire valoir, montrer son zèle. Campeche avait claironné qu'ils allaient sonder les témoins. Il n'y en avait que deux... le jeune barman mexicain à la cantina et la señora Hernandez, à qui il avait demandé d'appeler la police. Combien compter pour l'interrogatoire de deux témoins ?... une demi-heure ? Il consulta sa montre, puis sourit, désabusé. Ayant omis de la regarder à son départ, il ne savait pas depuis combien de temps il était parti. Le car avançait en vrombissant, donnant l'illusion de la vitesse, mais, en fait, il n'allait pas très vite.

Approximativement une demi-heure plus tard, la poussière disparut ainsi que les cahots ; la route se fit lisse, on roulait sur de l'asphalte. Ce revêtement, il s'en souvenait, cessait à quelque onze kilomètres d'Ensenada. C'était presque trop facile. Alerté par cette pensée, Ray se retourna pour scruter la route à travers la poussiéreuse vitre arrière. Dans le lointain, un autre nuage de poussière s'élevait derrière un point sombre qui se déplaçait rapidement, grossissait...

Il se tassa sur son siège, sa tête ne dépassant pas du dossier plutôt crasseux en faux cuir. Le car ralentit et Ray, levant les yeux, fixa, inquiet, le conducteur, lequel considérait le rétroviseur. Se sentant observé sans doute, le conducteur détourna une seconde son regard vers Ray, l'air vaguement intrigué, puis le ramena au rétroviseur ; après quoi le car se déporta légèrement sur la droite et céda le passage à une voiture fonçant à vive allure sur la gauche. Le conducteur du car ne freina pas davantage son véhicule, mais au contraire reprit lentement de la vitesse.

Dissimulant à peine un soupir de soulagement, Ray se redressa et tendit le cou en avant, s'efforçant de voir la route à travers le pare-brise. Apparemment, la voiture avait disparu. Un jeune Indien, assis à son côté, se tourna vers lui et le scruta d'un regard intense.

— *Por Castro ?* lâcha-t-il au bout d'un temps, presque dans un murmure, le visage impassible.

Ray sourit et se caressa la barbe, puis secoua lentement la tête. L'Indien porta son regard ailleurs.

Le car pénétra en pétaradant dans les faubourgs de la ville. Le trafic augmentait. Une voiture de patrouille bleue et blanche les dépassa en frôlant les vitres. Aux carrefours, des agents en uniforme kaki leur signalaient de passer. Le car vira dans une rue et bientôt s'immobilisa devant un dépôt. Il était exactement trois heures.

Tout paraissait normal. Des touristes et des Indiens allaient et venaient dans la rue. Gagnant la sortie, Ray s'arrêta auprès du conducteur.

— Vous allez à Tijuana ?

— Dans deux heures à peu près, señor, il y a un autre car qui va à Tijuana.

Deux heures... deux ans ou peut-être plus. Deux heures ou peut-être plus. Il descendit d'un bond sur le trottoir. D'ici deux heures, l'alerte serait sûrement générale. Carrillo se souviendrait du car qui avait quitté Pornada et le conducteur se souviendrait du barbu ramassé en chemin pas très loin de la prison. Et toujours une seule route pour gagner la frontière au nord. N'importe où, en une centaine de points, le long des quatre-vingts kilomètres restants, un barrage pouvait être dressé ; et pas moyen de le contourner.

Une femme plutôt âgée, toute tassée, évoquant un S aplati, affublée d'une robe de laine, par-dessus une pléthore de jupons, s'arrêta pour le considérer avec des yeux ronds, comme en présence d'un tableau insolite. La frôlant au passage, il se gratta tel un singe et ricana devant son sursaut de stupeur. Maintenant qu'il était un hors-la-loi, il pouvait se permettre un comportement radicalement antisocial.

Il traversa la rue en oblique, fit halte devant un bar, puis y entra. Toutes les inscriptions étaient en anglais. Un barman passa un rapide coup de torchon en face de lui sur le comptoir en acajou.

— Oui, monsieur ?

— Une bière et un hamburger.

— Très bien.

On se serait presque cru dans un *drive-in* de Hollywood. Le hamburger, placé devant lui presque instantanément, était mal cuit et tiédasse. La bière, en revanche, était excellente.

— Où pourrais-je louer une voiture par ici ?

Le barman haussa les épaules.

— Il y a beaucoup de taxis, monsieur.

— Ce qu'il me faudrait, c'est un loueur qui me confie une voiture que je pourrais abandonner à Tijuana ; ça n'existe pas ?

Le barman secoua la tête.

— Il y a un car qui part vers cinq heures. Demain matin, il y a un avion.

— Je n'ai pas envie d'attendre.

— Un taxi pourrait vous y emmener, monsieur. Il vous demanderait probablement dans les vingt-cinq à trente dollars. C'est un trajet de quatre-vingts kilomètres.

— Je sais, et ça vaut bien ça.

Après tout, un taxi, c'était peut-être la solution. Il jeta un coup d'œil à sa montre. En auto, on devait mettre une heure, pas plus, pour atteindre la frontière ; peut-être pourrait-il la franchir, si la chance continuait à lui sourire, avant le retour du gros Carrillo à la prison. Il termina sa bière, déposa un dollar sur le comptoir et rejoignit la rue. S'apprêtant à traverser, un pied sur la chaussée, il regagna d'un bond le trottoir, le souffle coupé, et fila s'accroupir derrière une voiture à l'arrêt pour se dissimuler ; son cœur battait à tout rompre.

Nonchalamment appuyé contre un mur de la gare routière, le géant Campeche faisait rouler un cigare vierge entre son pouce et son index.

Seul le hasard l'avait placé sous le bon angle,

songeait Ray, encore affolé ; sinon, il n'aurait pas vu le policier. Le géant s'appuyait à un mur du fond, de telle façon qu'il pouvait observer, à travers deux fenêtres, l'entrée principale du dépôt. Aucun signe de Carrillo. La voiture de police, aussi, semblait absente. Courbé, jurant entre ses dents, Ray s'éloigna de la voiture à reculons, veillant à demeurer hors du champ de vision de Campeche.

Sentant un mouvement derrière lui, il pivota sur lui-même. Une jeune fille, genre touriste, fit un pas de côté, puis, penchant la tête, lui décocha un regard intrigué.

— Excusez-moi, marmonna-t-il.

Il passa devant elle en coup de vent, gagna rapidement l'extrémité du pâté de maisons, tourna au coin, et là se mit à courir à une allure modérée, tel un jogger, en direction de l'océan, tout en continuant à proférer des mots rageurs en sourdine, machinalement, presque inconsciemment.

Ensenada était une petite ville. Impossible de s'y cacher longtemps. Si Campeche le recherchait, tout le restant de la police faisait de même. Ils savaient que le fugitif se trouvait à Ensenada... le conducteur du car le leur aurait confirmé.

Il franchit la chaussée, fonçant vers l'hôtel Bahia, puis interrompit brutalement sa course et marcha normalement, ayant noté au passage qu'un coiffeur l'observait un peu bizarrement par sa porte ouverte. Pas moyen de sortir de la ville par route ou par air. La route serait surveillée, l'aéroport sévèrement gardé... et la gare routière inaccessible. Mais pas moyen d'y rester non plus. Une fois les issues bouclées, le ratissage de la ville commencerait. Et il ne connaissait personne à Ensenada.

Loin devant lui, une voiture de police tourna et s'engagea dans la rue du bord de mer. Ray s'engouffra dans un passage entre deux bâtiments et dévala une volée de marches menant à la mer. Un gamin, assis au bas des marches, se leva aussitôt, comme mû par un ressort.

— Vous voulez voir un bon spectacle, monsieur ? lança-t-il, gratifiant Ray d'un regard coquin.

Ray le dépassa sans répondre, aussi pressé qu'indifférent, et le gamin se rassit en haussant les épaules.

Quatre-vingts kilomètres d'ici la frontière. Mais comment diable franchir pareille distance à pied ? Il s'arrêta et jeta un coup d'œil par-dessus son épaule. Apparemment, personne ne l'avait pris pour un fuyard... pas encore. Du moins, rien n'indiquait une poursuite ou une alerte dans les parages. En fait, s'il suivait la côte, il devrait couvrir au moins quatre-vingt-quinze kilomètres pour atteindre la frontière. Avec du huit à l'heure, cela prendrait dans les douze heures. Quelle moyenne peut-on faire en marchant sur du sable ? Derrière lui, une sirène mugit ; nouveau coup d'œil en arrière ; le gamin bondit sur ses pieds et escalada les marches.

Il refréna une envie de courir : un homme qui court attire l'attention. Du sable s'infiltrait dans ses huaraches et il les ôta, les gardant à la main. Cela paraîtrait normal, un touriste en vadrouille sur le rivage. Mais quatre-vingt-quinze kilomètres pieds nus, ça n'était pas possible. La sirène se mettant à mugir de nouveau plus fort et plus longuement, il regarda encore une fois derrière lui. Une voiture de pompiers franchit en trombe un carrefour, puis grimpa la route sinueuse qui menait au quartier résidentiel situé dans les hauteurs, surplombant l'agglomération.

Sur sa gauche, un grand sloop entrait en louvoyant dans le port, se glissant adroitement entre les brise-lames. Une demi-douzaine de yachts se trouvaient à l'ancre dans la zone abritée ; s'échappant de l'un d'eux, un flot de musique hi-fi déferlait sur le rivage. Il savait manœuvrer un bateau à voile. Il pourrait en voler un et tenter de gagner San Diego. Mais on le capturerait avant même qu'il n'eût passé la digue. Il reprit sa marche.

Au bout d'une heure, il sentit la fatigue. Peu à peu, le sable se raréfia, remplacé par de menus galets glissants, couverts de mousse et de varech. Il fit halte pour remettre ses huaraches. Derrière lui, d'Ensenada, des sons lui parvenaient encore, un lointain coup d'avertisseur, quelques cris confus ; il ne pouvait pas s'arrêter.

A l'instant même, peut-être, un policier entrait dans certain petit bar.

— Ouais, il était ici, il n'y a pas bien longtemps de ça... un type avec une barbe, ouais. Il a pris un hamburger et une bière.

Ou bien l'immense Campeche se penchait pour interpeller un gamin.

— *Si, señor.* Il est allé par là-bas.

Et de pointer du doigt vers le rivage en direction du nord.

D'un élan, il sauta sur une sorte de grand rondin mouillé, du bois flotté. Son pied glissa et il s'écroula sur les galets humides. Il demeura étendu sans bouger, haletant, et contempla la mer. Le soleil, énorme ballon rouge, paraissait s'aplatir à la base en rejoignant l'océan. Se retournant sur un coude, il regarda vers la terre. Le crépuscule était tout proche. Au-dessus de sa tête, un jet quasi invisible traversait lentement le ciel ; sa traînée de vapeur, reflétant le rouge du soleil, semblait un serpentin de feu. Le soleil accéléra sa plongée... une toute petite étoile instable qui pouvait exploser d'un instant à l'autre. Pour l'heure, il avait l'air de s'éteindre lentement en s'enfonçant dans l'océan. Tout était sans importance, ce qui était arrivé comme ce qui devait advenir. Il décida de se lever. En train de se redresser, il se figea, ayant perçu derrière lui, sur une avancée de la côte en surplomb, des éclats lumineux provenant d'une auto : un pare-brise réfléchissant les derniers feux du soleil.

Instinctivement, il se jeta à plat ventre sur les galets, tout contre le grand rondin qui l'avait fait trébucher. Se tortillant tel un ver, il rampa jusqu'à l'extrémité du rondin, la contourna prudemment de la tête, en tordant le cou, et discerna la silhouette allongée de l'auto ; dressée à l'arrière, une haute tige oscillait paresseusement. La portière s'ouvrit et une autre silhouette apparut... une ombre géante qui s'approcha du bord de la saillie. Deux mains semblèrent s'élever à hauteur des yeux et l'ombre pivota. Des jumelles, balayant la plage ! Ray recula convulsivement, rabotant les galets, puis s'immobilisa, angoissé par le faible bruit qu'il avait fait ; pourvu que la brise ne le porte pas jusque là-haut !

Bientôt, le soleil disparut. L'horizon rougeoya encore un moment. Puis la couleur s'estompa, s'évanouit, et, comme si c'était un signal, la brise venant du large fraîchit. Il demeura un long temps immobile, tendant l'oreille, essayant de déceler un son révélateur... un pas sur le gravier, annonçant qu'il allait être découvert... le démarrage d'une auto, signalant qu'il n'avait pas été repéré. Mais le bruit du ressac était trop fort. Finalement, fataliste, il se dressa sur son séant, ne supportant plus l'incertitude. La voiture de police était partie.

Mais derrière le point où elle avait stationné, il distinguait, s'éloignant, une faible lueur rouge, intermittente, comme celle d'un gyrophare. Il se leva d'un bond et repartit en courant le long du rivage. Il contourna un petit promontoire et s'arrêta. Les galets cédaient à nouveau la place au sable ; ici, le rivage s'incurvait en un petit croissant. Disséminées à travers la plage, une douzaine de cabines gaiement bariolées de couleurs qui paraissaient éclatantes malgré la nuit tombante. Le Papagayo. La lumière rougeoyante de l'énorme enseigne au néon de la station tremblotait au-dessus des abris de toile en bordure de plage, au bas de la colline. Ray demeura un long moment à promener son regard, d'un air incrédule ; fixant d'abord les cabines, puis l'escalier sinueux menant à l'hôtel, et finalement le cadran de sa montre. Quatre heures s'étaient écoulées depuis qu'il avait quitté Ensenada et il avait franchi moins de douze kilomètres... à peine du trois à l'heure. A cette allure, Tijuana se trouvait à trente heures de marche. Un jet eût pu faire trois aller et retour Los Angeles-New York dans le même temps. Continuer comme ça était aberrant. De nuit, la route serait relativement sûre. Il y aurait peu de trafic et quand une auto se pointerait, il l'apercevrait amplement à temps pour quitter la route. Il décida de courir le risque.

Il gravit résolument les marches. Il n'y avait qu'une demi-douzaine de voitures sur le parking. Ici, en haut, les sons portaient loin, se détachaient nettement : le petit fou rire d'une fille invisible ; le tintement des verres, dans le patio ; le discret fond sonore de musique locale. La lumière de l'enseigne et des projecteurs inondait le parking ; tout l'espace, en fait, séparant le sommet des marches du mur de l'hôtel.

— *Señor.*

Sursautant, il se tourna dans la direction de la

voix. Elle appartenait à un homme plutôt âgé en uniforme kaki douteux ; un gardien du parking.

— *Andese*. Décampez, proféra le cerbère, accompagnant cette injonction d'un dédaigneux revers de la main.

Chemise et pantalon salis, froissés, portés jour et nuit pendant dix jours, des huaraches souillés sur des pieds maculés. Pas étonnant que ce gardien ne vît qu'un clochard en face de lui.

— *Ya mi voy*. Je m'en vais, marmonna Ray, maussade, en se dirigeant d'un pas traînant vers la sortie.

Il s'arrêta au portail et se retourna. L'homme, qui l'avait suivi, s'arrêta à son tour et l'observa avec méfiance.

— Allez donc astiquer vos bagnoles, lui lança Ray, hargneux.

De nouveau, le gardien balaya l'air de la main, comme pour chasser un insecte importun. Onze jours plus tôt, c'était probablement ce même individu qui s'était comporté en vrai larbin, avec force courbettes et salamalecs, lorsqu'ils étaient arrivés en voiture. Ray cracha par terre, puis s'éclipsa et s'engagea sur la voie menant à la grand-route.

Effectivement, marcher de nuit le long de la grand-route ne posait pas de problème. Faible trafic et peu de bruits. Les quelques rares voitures passaient à toute allure. Dans un premier temps, la route étant droite, il entendait le lointain ronflement du moteur à peu près au moment même où il apercevait la lumière des phares : en fait, un unique point blanc gros comme une tête d'épingle au fin fond de la chaussée. Il avait très largement le temps de quitter la route et de se cacher dans un fossé. Plus tard, au cœur de la nuit, la route se mit à serpenter paresseusement à travers les collines et il entendit alors les moteurs bien avant d'apercevoir les phares. A un certain moment, recru de fatigue, il ne se soucia même plus de quitter la chaussée, avançant cahin-caha, avec acharnement, la tête lourde, l'esprit éteint, ne pensant à rien si ce n'est à placer un pied devant l'autre.

Et puis, de but en blanc, il réalisa qu'il avait soif ; et dès qu'il en eut pris conscience, cette soif se fit envahissante, le besoin de l'étancher impérieux. Au bout d'un temps, il aperçut au-delà d'un champ, très à l'écart de la route, une faible lueur jaunâtre et vacillante. Il pénétra dans le champ et se dirigea vers elle. Une clôture en fil de fer lui heurta la poitrine. Un cheval hennit et s'éloigna en galopant, dans un martèlement précipité de sabots. Se courbant lentement, il passa entre les fils et mit le pied dans de la boue. Il n'aurait pas à aller jusqu'à la maison. Un abreuvoir était là, presque à côté de lui. Il tomba à genoux et se pencha, appliquant sa bouche à l'eau, comme un animal ; sa soif apaisée, il s'éloigna d'un mètre ou deux, à quatre pattes, puis s'étendit sur la terre molle et demeura inerte.

Quelque part, tout près, un chien aboyait bruyamment ; un autre chien fit chorus. Ray se sentait mouillé et percevait le soleil comme un rougeoiement sous ses paupières closes. Son cou était raide, son corps courbatu, ses muscles douloureux. Se retournant sur le ventre, il ouvrit les yeux. Deux cabots hirsutes s'écartèrent en bondissant et aboyant de plus belle. A faible distance, en arrière des chiens, un adolescent l'observait, immobile, tout interdit. Voyant Ray se redresser et se mettre debout avec peine, le garçon tourna les talons et détala.

— *Alta !* Halte ! cria Ray d'une voix aiguë, cassante.

Le jeune gars obéit et se retourna.

— N'ayez pas peur, ami, dit Ray en se frottant la nuque. J'avais trop bu, c'est tout.

— *Borracho* ? fit le garçon, inclinant curieusement la tête de côté, comme un chiot.

— Exactement... un sacré grand *borracho* la nuit dernière.

Le garçon haussa légèrement les épaules et émit une sorte de sifflement qui fit taire aussitôt les chiens.

— Auriez-vous du café ? (Ray indiquait du menton la petite maison au loin.) Je vous paierai.

Le garçon éleva lentement la main et abaissa l'index à moins d'un centimètre de son pouce. Langage des signes... Attendez une minute. Puis il fit promptement demi-tour et courut vers la maison, les chiens le suivant de près.

J'ai fait une erreur, se dit brusquement Ray, lançant un regard vers la route, nerveusement, par réflexe. Les parents poseraient des questions. Ils possédaient peut-être un poste de radio, et l'on avait sûrement diffusé la nouvelle : le meurtrier d'un gringo, évadé de Pornada, tentait probablement de gagner la frontière... un tueur avec une longue barbe.

Il pataugea dans la boue jusqu'à la clôture, traversa le champ herbeux, spongieux, et rejoignit la route. Ou bien les huaraches s'étaient rétrécis durant la nuit, ou bien ses pieds avaient gonflé, car les lanières de cuir l'enserraient douloureusement, derrière les pieds et sous les chevilles. Il s'assit et essaya de les enlever. En vain ; impossible de les dégager. La peau était vilainement boursouflée et enflammée au-dessus comme au-dessous des chevilles. Il fouilla dans sa poche ; son canif n'y était pas ; sa monnaie non plus. Mais son portefeuille était toujours dans sa poche-revolver.

Un moteur se mit en marche... un vieux moteur, sans silencieux ; le bruit semblait provenir du côté de la maison du garçon aux chiens. C'était une camionnette Ford ancien modèle ; elle se dirigeait vers la route nationale, cahotant le long d'un chemin latéral, avec deux personnes à bord, sur le siège avant. Quand elle eut atteint l'asphalte, elle vira vers le nord, dans sa direction. La voyant stopper à sa hauteur, Ray se leva et s'approcha en boitillant, grimaçant quelque peu, les pieds tout endoloris.

C'était bien le même garçon, mais le conducteur était très vieux, probablement son grand-père. Ils ne prononcèrent aucun mot et ne firent aucun geste ; ni l'un ni l'autre.

Ray pointa un index vers ses pieds, en leva un pour l'exhiber, puis, avec deux doigts, mima des ciseaux. Le garçon hocha gravement la tête, tira de sa poche un couteau à cran d'arrêt, l'ouvrit et le lui tendit, côté manche.

Pas méfiantes, ces bonnes âmes, songea Ray, heureusement surpris, en glissant sous la lanière la lame affûtée comme un rasoir. Il n'eut aucun effort à faire ; la lame coupa le cuir comme du papier.

— Elle date de l'année où je suis né, votre camionnette, dit-il à voix haute.

— *Mandel*, répondit le vieil homme.

— Peu importe.

Libérés des chaussures indiennes, ses pieds se mirent à picoter et à le chatouiller désagréablement, tout comme un membre anesthésié quand il se réveille. Il referma lentement le couteau et le rendit au garçon. Barrages routiers ou pas, plus question d'aller à pied. Sortant son portefeuille, il en extirpa un billet de vingt dollars et le brandit.

— Tijuana ?

Le garçon opina du chef et s'empara prestement du billet comme s'il eût cueilli sur une branche une cerise mûre. Il l'examina minutieusement des deux côtés, puis glissa en travers du siège et fit signe à Ray de monter. Le siège lui parut incroyablement confortable. Le moteur hoqueta et la camionnette démarra.

Une petite conduite intérieure noire apparut au loin devant eux, abordant en force un virage. Elle avait l'aspect d'une voiture de police et Ray se raidit, coulant aussitôt un regard inquiet vers ses deux compagnons. L'auto les croisa en trombe. Deux cannes à pêche sortaient d'une fenêtre arrière. Il poussa un soupir et se passa le dos de la main sur le front ; celui-ci était rêche, comme encroûté. Se penchant en avant, il orienta le rétroviseur dans sa direction. Il le fixa d'abord avec ahurissement, figé de stupeur. Puis, secouant la tête, il éclata de rire. Ses cheveux, sa barbe, sa figure, tout était maculé de boue. Chemise et pantalon avaient subi le même sort. Une sinistre créature dans un film d'épouvante de série B. Le vieil homme, après un sourire discret, remit le rétroviseur en position.

Haussant les épaules, Ray gratta la boue séchée sur son verre de montre... un peu plus de neuf heures du matin. Dans une heure, si tout allait bien, il serait au poste frontière de San Ysidro. En partant d'Ensenada, à bord d'une voiture ordinaire, le trajet ne durait qu'une heure. La distance qu'il avait franchie à pied devait compenser la déficiente allure de la guimbarde. Dès qu'il aurait passé la frontière, il prendrait une douche... et appellerait Lois pour qu'elle vienne le chercher ; elle n'y manquerait pas. Sa tête s'inclina peu à peu sur sa poitrine et il s'endormit.

Un avertisseur lui hurla quasiment dans l'oreille

et il se redressa en sursaut, aussitôt sur le qui-vive. On pénétrait dans les faubourgs de Tijuana. Il était presque sauvé. Le garçon lui adressa un sourire et un petit salut, polis, déférents, comme de connivence. Les Mexicains sont toujours très polis et déférents, à l'instar des Japonais, se dit-il, tout en consultant sa montre. Dix heures et quart. Et, à l'instar des Japonais, on ne sait jamais ce qu'ils pensent. Il n'y avait pas eu de barrage routier. Après tout, c'était logique. Les barrages routiers, la police les maintenait rarement plus de quelques heures. A présent, ou bien le fuyard avait réussi à passer, ou alors il avait renoncé.

Le vieil homme débraya et se mit en première pour gravir une petite côte. A leur approche, une décapotable de la même marque, mais d'un modèle récent, stoppa à la sortie du Sierra Motel. Une blonde tapageuse style Hollywood le regarda passer avec des yeux arrondis, ouvrant tout grand la bouche, une bouche que vinrent masquer des doigts aux ongles écarlates et laqués.

— Autant pour vous ! lui lança Ray, puis, se tournant vers le garçon, il quémanda d'un geste une cigarette.

Le garçon secoua la tête et haussa les épaules.

La camionnette rejoignit à temps le feu vert de la rue principale et tourna à gauche vers le centre de la ville. Sur le trottoir, une pimpante jeune Mexicaine tourna la tête et gratifia Ray d'un regard éberlué ; avec un soupir résigné, il se tassa sur son siège pour tenter de se faire moins voyant. Crachotante et poussive, la camionnette passa devant le Fronton Palace, devant les night-clubs en sous-sol et les beuglants, et aussi devant les éventaires qui s'étalaient sous des arcades tout au long de plusieurs pâtés de maisons. Soudain, le vieil homme vira brutalement, à angle droit, et s'arrêta juste en face du Caesar Hotel.

— Tijuana, émit-il paisiblement.

— Non, non, s'insurgea un Ray frémissant. Les États-Unis... *Los Estados Unitos.*

— *No tengo papeles,* répliqua le vieil homme avec fermeté.

— *A la linea.* A la frontière, protesta Ray, sentant monter la colère et s'efforçant de la maîtriser.

— Tijuana, fit écho le garçon.

Sa main se glissa dans sa poche... la poche au couteau à cran d'arrêt ; une menace à peine voilée.

Deux camelots mexicains passèrent devant la camionnette pour aller s'installer sur le trottoir. Un coup de sifflet aigu retentit, un sifflet de police à roulette ; Ray sursauta. Ça venait du croisement ; un agent de la circulation, avec des gestes impératifs, faisait signe au vieil homme d'évacuer la zone de stationnement interdit.

— *Andese,* dit le vieil homme sans élever la voix, et il ranima son bruyant moteur.

Celui-ci se mit à pétarader fortement dès que le vieux eut relâché la pression sur l'accélérateur, et le vacarme fit tourner une douzaine de têtes dans leur direction.

Nouveau coup de sifflet rageur ; le flic s'ébranlait, marchant vers eux.

— C'est bon, c'est bon, marmonna Ray.

Serrant les lèvres pour museler son courroux, il descendit, pieds nus, sur la chaussée brûlante.

La camionnette plongea au sein de la circulation avant même que Ray n'eût posé le pied sur le bord du trottoir, déguerpissant comme si elle cherchait à fuir... à fuir quoi ? Un des artistes en baratin s'esclaffa, imité aussitôt par son compère. Un couple d'âge mûr interrompit sa déambulation pour le contempler d'un air dégoûté, la mine renfrognée. Un photographe ambulant, s'appuyant à son *burro* gaiement caparaçonné, se mit à pouffer. L'agent de la circulation repoussa en arrière sa casquette en bec de canard et lui lança de loin quelques regards perplexes.

Deux taxis stationnaient au coin, en oblique. Lèvres toujours étroitement serrées, sentant l'asphalte surchauffé lui brûler la plante des pieds, Ray gagna le plus proche, ouvrit la porte arrière et s'engouffra à l'intérieur.

Le chauffeur, un dur à cuire du type *pachuco*, se pencha par-dessus le dossier du siège avant.

— Où ça, mon pote ?

— La frontière.

— Cinq dollars, mon pote.

Il n'y avait guère plus de quinze cents mètres jusqu'à la frontière. A Tijuana, le tarif ne devait pas dépasser cinquante *cents*.

— Bon, allons-y.

— Z'avez pas l'air d'avoir ça sur vous, mon pote.

Ray tira dédaigneusement son portefeuille et y puisa un billet de dix dollars qu'il fit claquer sous le nez du chauffeur.

— Si vous m'y amenez en cinq minutes, je double la somme.

Le taxi démarra brutalement, d'abord à reculons, puis effectua un virage en épingle à cheveux et s'engagea pleins gaz dans le flot du trafic.

— Faites gaffe à ne pas vous faire pincer pour excès de vitesse, maugréa Ray, jetant un coup d'œil inquiet par la vitre arrière. De toute façon, vous les aurez, vos dix dollars.

Le chauffeur inclina la tête, mais ne ralentit pas. En abordant le vieux pont qui franchissait la rivière asséchée de Tijuana, le taxi dérapa et les pneus malmenés protestèrent en hurlant, puis le véhicule fonça vers la frontière. Devant eux, juste au-delà du pont, se dressait la grande arche marquant la ligne de séparation entre le Mexique et les États-Unis. Du côté droit de l'arche, une demi-douzaine de voies à file unique aboutissaient à des guichets tenus par des agents de la police frontalière américaine. A gauche, c'était le poste de contrôle pour l'entrée au Mexique.

— Carrément à droite, l'ami, intima Ray, lançant un nouveau coup d'œil en arrière. (Aucun signe de poursuite.) Et aussi près de la ligne que possible.

— Peux pas dépasser le point où je peux faire demi-tour, mon pote. A une cinquantaine de mètres.

Le chauffeur se déporta vivement sur la droite en déboulant du pont, freina à fond et stoppa théâtralement au ras du trottoir.

— Quatre minutes pile, proclama-t-il, radieux.

Une douzaine de voitures environ s'alignaient sur les deux voies en service menant aux États-Unis. Deux agents de la police des frontières se penchaient aux portières des véhicules de tête. Un autre se tenait sur les marches du bâtiment des Douanes. Ray hocha la tête, ouvrit la portière et tendit les dix dollars au chauffeur épanoui.

Une fois sur le trottoir, il observa le poste de contrôle mexicain, au-delà de la petite place. Deux gardes en kaki, désœuvrés, s'appuyaient négligemment à un pilier. Un autre faisait signe à un touriste de passer. Rien d'anormal. Jetant un dernier coup d'œil par-dessus son épaule, il se pétrifia.

Déambulant nonchalamment, arborant un rictus sardonique, sadique, Campeche avançait vers lui. Il n'était qu'à une vingtaine de mètres, son énorme masse se déplaçant avec une sorte de grâce féline, implacable... un fauve progressant paisiblement, prêt à bondir sur sa proie fascinée. Cette marche lente avait un pouvoir quasi hypnotique. L'homme semblait si sûr de lui qu'il ralentissait même le pas à mesure que se réduisait la distance qui les séparait. Ray se faisait l'effet d'être un lapin de garenne égaré sur une route, pratiquement paralysé par la lumière des phares fonçant sur lui.

Quelqu'un émit alors une sorte de gloussement, et ce gloussement rompit le charme, l'envoûtement. Un colporteur ricanait bêtement, exhibant deux petits taureaux de faïence, souvenirs du cru ; Ray l'aperçut vaguement en tournant les talons, avant de fuir en une course éperdue.

Ses pieds déchaussés heurtaient douloureusement le sol ; mais le plus pénible, c'était la poitrine oppressée, la respiration bloquée. *Ley de fuga*. En cet instant, le pistolet devait être braqué vers lui, pointé sur son dos. Ray se mit à zigzaguer, spasmodiquement, d'un bord à l'autre. Si près de la frontière, Campeche n'oserait tirer que s'il était sûr d'atteindre sa cible.

Et puis, miracle, l'ombre de l'arche s'étendit sur lui. Des bras l'étreignirent, lui firent faire une brutale volte-face et le plaquèrent rudement contre un mur. Pantelant, cherchant à reprendre son souffle, il fixait le bras qui l'agrippait à hauteur de la poitrine ; son regard remonta le long du bras jusqu'à l'épaule, s'abaissa sur un écusson... U.S. Border Patrol, la police frontalière américaine ! Il était aux États-Unis.

Ses pieds le brûlaient. Il ressentait un douloureux élancement au côté et sa tête bourdonnait ; ça cognait impitoyablement sous son crâne.

L'agent frontalier relâcha sa prise, recula, et, sans un mot, l'examina d'un air songeur. Peu à peu, il se rendit compte qu'il était l'objet d'une attention générale ; tous les regards convergeaient sur lui. Pas un des spectateurs ne riait. On eût dit qu'ils contemplaient tous, figés, le macabre résultat d'un fatal accident de la route.

Une seule personne bougeait... Campeche. L'imposant policier, souriant toujours, s'avança lentement jusqu'à l'arche, puis fit halte et s'appuya contre un des étançons.

— Je ne suis plus au Mexique, lança Ray, hurlant sans le vouloir.

Le colosse hocha lentement la tête, puis se mit à rire doucement, jaugeant Ray du regard.

— Dites-moi, monsieur Packard, fit-il enfin. J'aimerais savoir une chose, juste une seule chose.

— Quoi donc ?

Ray se raidissait déjà. Il était rusé, astucieux, retors, aussi bien que sadique, ce géant. Il allait lui jouer un tour de sa façon. Ray virevolta, affolé, cherchant des yeux l'agent frontalier, puis s'immobilisa, fronçant les sourcils. Sa décapotable était là, garée juste au-delà d'un des guichets. Ses valises reposaient, bien visibles, sur le siège arrière.

— Pourquoi diable n'êtes-vous pas venu en voiture ? s'enquit Campeche.

Ray se tourna vers lui, regarda encore une fois sa voiture, de nouveau le géant, puis, s'effondrant sur le trottoir, se mit à sangloter sans frein, convulsivement.

Ley de Fuga.
Traduction de Philippe Kellerson.

LA FEMME QUI RAPETISSAIT

par MICHAEL ZUROY

— Henri, dit Thelma Elwick à son mari, on dirait que les sièges s'affaissent...

Henri abandonna la lecture de son journal pour considérer d'un œil inquisiteur le volume imposant que représentait le corps de sa femme. Assise dans un fauteuil à l'autre extrémité du séjour, ses jambes robustes fermement plantées sur le sol et son visage épais reflétant sa compétence habituelle, Thelma ne ressemblait aucunement à une femme émotive ou trop imaginative. D'ailleurs, Henri savait qu'elle n'était rien de cela. Avec Thelma, tout était clair, net et précis.

— Que veux-tu dire par là ?

— Qu'ils s'enfoncent, s'abaissent, se rapprochent du sol...

Un silence se fit. Henri cligna des yeux :

— Quels sièges, ma chérie ? Quels sont ceux qui te donnent cette impression ?

— Tous les sièges ! Les fauteuils du salon, les chaises de la salle à manger, celles de la cuisine. Je les ai tous essayés et sur chacun d'entre eux, j'éprouve la même sensation.

— C'est très curieux... Et en ce moment, à cet instant précis ?

— Je ne le ressens pas *physiquement*, si c'est ce que tu veux dire. Mais depuis deux ou trois semaines, je perçois nettement qu'elles deviennent de plus en plus basses.

D'un bond, Henri se leva :

— Je vais chercher le mètre et...

— Mais je l'ai déjà fait ! interrompit Thelma. Et rien n'est apparent quand on les mesure mais je *sens* que les pieds raccourcissent.

L'air inquiet, Henri regardait sa femme :

— Es-tu certaine d'aller bien, ma chérie ?

— Henri, lui répondit Thelma d'une voix égale, arrête de me dévisager de cette façon. Je me sens parfaitement bien.

— Alors, tant mieux ! C'est peut-être du surmenage, ma chérie ! Tu passes beaucoup trop de temps à ton bureau. Je dois dire qu'en ce qui *me* concerne, je n'ai rien remarqué d'anormal. Les pieds des chaises raccourciraient ? Je n'aime pas ça... Je n'aime pas ça du tout ! Il y a quelque chose de négatif là-dedans !

— Tais-toi, Henri ! intervint sèchement sa femme. Et cesse de t'inquiéter. Je vais parfaitement bien. Il doit y avoir une explication tout à fait logique.

— Mais...

— Je t'ai déjà dit de te taire !

Elle lui lançait des regards furibonds. Mais dans ses yeux, Henri crut discerner une trace de perplexité.

***

— Ce que je ne comprends pas, c'est comment tu as pu arriver à lui faire croire ça ? Et pourquoi ?

Altmeyer Thogg, le copain de square d'Henri, se posait des questions.

— Facile ! répondit Henri en se grattant le dos contre les planches du banc, Thelma a cette impression parce que c'est *réel.*

— Et comment ça ?

— A cause du papier de verre ! Tous les jours, pendant que Thelma est au bureau, je ponce les pieds des sièges... Très légèrement : j'enlève peut-être un dixième de millimètre à chaque fois. Rien qui puisse être mesuré sans instrument de précision, mais c'est constant. C'est-à-dire que, chaque jour, ne serait-ce que de l'épaisseur d'un cheveu, les sièges se rapprochent du sol ! Alors, bien qu'elle ne puisse le voir, étant une personne très précise, Thelma sent qu'il y a un changement...

— D'accord, dit Altmeyer dubitatif, mais pourquoi ? Un revolver... un couteau... du poison, je comprendrais ! A condition que tu t'en tires, bien sûr. Mais là... ça va te mener à quoi ?

— Ah !

Henri pinça les lèvres et aspira ses joues flasques entre ses maxillaires pendant qu'il réfléchissait à la meilleure façon de formuler sa réponse.

— Peux-tu admettre qu'une personne totalement positive dans ses réactions soit dans l'impossibilité de survivre si on l'oblige à devenir négative ? se décida-t-il enfin à demander.

— Hein ?

— J'ai lu ça dans un livre écrit par un professeur, précisa Henri. Je t'explique : Thelma est une femme toujours très sûre d'elle... Qui aime dominer.

— Comme la mienne ! marmonna Altmeyer avec aigreur.

— Tout ce que j'ai à faire, c'est l'obliger à penser autrement. Tu me suis ?

— Non.

— Écoute-moi bien... Supposons que Thelma se mette à « voir » des choses qui, logiquement, ne devraient pas se produire : des choses négatives... comme des pieds de chaises qui raccourcissent, par exemple. Tôt ou tard, elle va finir par en être troublée, tu ne crois pas ? Elle va s'inquiéter ! Concernant sa santé... son équilibre général. Donc, elle deviendra de moins en moins sûre d'elle ! Tu me suis maintenant ?

— Ces professeurs ! murmura Altmeyer. Ils ont parfois des idées qui ne sont pas très pratiques. Moi, je préfère le poison !

— En tout cas, on verra bien comment les choses tourneront...

Grand bonhomme sec un peu voûté, marqué de rides profondes de chaque côté du nez, Henri se mit debout et, tranquillement, traversa le square vers la sortie. Au supermarché du quartier, ayant fait ses achats quotidiens, il attendit patiemment son tour dans la longue file de femmes avant de passer à la caisse. Ensuite, il rentra chez lui pour effectuer quelques travaux ménagers et préparer le repas du soir.

De même que son ami Altmeyer Thogg, Henri Elwick était un époux chômeur professionnel.

Non que tous deux fussent dans l'incapacité de travailler. C'était plutôt qu'ils ne souhaitaient pas le faire. Et ils n'étaient ni handicapés, ni possesseurs d'une fortune personnelle. Mais, tout simplement, chez eux, Madame portait la culotte.

C'étaient leurs épouses qui occupaient un poste bien rémunéré, elles encore qui faisaient preuve de l'ambition, de l'énergie et de l'agressivité nécessaires pour réussir. En conséquence de quoi leurs maris, comme tous ceux de la même espèce, restaient à la maison pour s'occuper de la tenue du ménage. Quand le temps le permettait, ces messieurs passaient la plus grande partie de leurs heures de loisir sur les bancs du square. C'est là qu'Henri et Altmeyer s'étaient rencontrés.

Semblables dans leur attitude léthargique face à la vie, ils éprouvaient le même sentiment de haine envers leurs épouses respectives qu'ils rendaient responsables de la perte de leur masculinité.

C'est la raison pour laquelle Altmeyer n'était aucunement surpris par le projet d'Henri.

Laissant le dîner cuire doucement, Henri entra dans le séjour et s'assit dans un fauteuil. Jetant un coup d'œil circulaire, il regarda ce qui l'entourait avec le même dégoût qu'à l'accoutumée. Tout ici avait été choisi par Thelma. Henri n'y possédait absolument rien de personnel. Et, en plus, ils habitaient un quatrième sans ascenseur. Elle n'avait nul souci du mal qu'il se donnait pour descendre et monter les escaliers, chargé de sacs pleins à craquer et de toutes sortes de paquets. Elle aimait cet appartement-là... Elle n'en changerait pas !

— Dictateur en jupons, grommela Henri. Tout doit être fait comme elle en a envie. Exactement tout !

Naturellement, Henri avait songé au divorce. Mais dans une telle éventualité, il n'aurait plus de revenus. En fait, la règle voulait que ce soit l'homme qui verse une pension alimentaire. Et cette perspective ne l'enchantait absolument pas.

En revanche, s'il arrivait quelque chose à Thelma... Eh bien, elle avait des économies, de l'argent placé et une assurance, ce qui, en s'additionnant, donnerait une somme rondelette. Un joli petit héritage qui permettrait à Henri de vivre confortablement pendant pas mal de temps.

Au fil des ans, et depuis trop longtemps, la rancœur s'était accumulée. Il fallait qu'Henri agisse.

Thelma apprécia le repas que son mari avait préparé :

— C'est délicieux, Henri, comme d'habitude... Après une dure journée de travail, ça fait plaisir !

— Il s'est passé quelque chose d'intéressant, aujourd'hui ?

— Eh bien, tu sais, ce John Cumming — je t'ai déjà parlé de lui, c'est le nouveau directeur de la publicité — il voulait...

Tout en faisant la vaisselle et bien qu'il n'eût jamais vraiment prêté attention aux monologues de Thelma, Henri s'appliqua à conserver une attitude attentive : tous les soirs il avait à subir la même scène, alors, autant en terminer au plus vite.

S'étant approchée derrière lui, Thelma vint lui plaquer dans le cou un baiser mouillé. La répulsion qu'il en éprouva fut immédiate. Et la voilà, maintenant, qui se mettait à être d'humeur badine et affectueuse ! Henri avait horreur des quarts d'heure d'affection de sa femme...

Plus tard, Henri s'aperçut que Thelma, secouant la tête et fronçant les sourcils, se promenait dans toute la maison un mètre à la main.

Au lit, au bruit du ronflement sonore de sa femme, Henri ne put s'empêcher de sourire.

Un soir, environ une semaine plus tard, Thelma confia à son mari :

— Henri, je suis en train de perdre du poids.

— Vraiment ?

— J'ai maigri de deux kilos.

— N'es-tu pas contente ? Les femmes adorent perdre du poids, non ?

— Tu ne comprends pas. Il y a des années que je ne suis pas descendue au-dessous de quatre-vingt-cinq kilos... et je ne cherche pas à maigrir !

L'inquiétude obscurcit le regard de son époux :

— Ce n'est pas normal, ma chérie.

— Tu le sais bien : je ne suis aucun régime. Je ne devrais donc pas bouger !

— Non. C'est certain. Et pourtant, tu as toujours autant d'appétit...

Il la regarda d'un air pensif avant de continuer doucement :

— Tu travailles sans doute beaucoup trop, ma chérie... D'abord, c'étaient les chaises... Maintenant, cela... Ne crois-tu pas que tu devrais consulter un médecin ?

— Mais, bon sang, Henri, je me sens parfaitement bien ! lança Thelma. Arrête de m'embêter ! Je vais très bien. La seule chose c'est...

Une semaine plus tard, Thelma lui annonça d'un air sombre :

— J'ai encore maigri... presque deux kilos...

— Oh ! là ! là !

— Et pourtant, je mange !...

— Peut-être devrais-tu manger encore plus, ma chérie. Vraiment un maximum. A partir de maintenant, je ne vais préparer que ce que tu aimes.

***

— Alors, dis-moi, demanda Altmeyer, comment as-tu réussi à la faire maigrir ?

— Rien de plus facile. C'est moi qui prépare tous les repas, non ?

— Et alors ?

— Je surveille les calories : je me sers le plus possible de ce qui peut exister en produits basses calories sans que Thelma puisse s'en rendre compte. Les produits diététiques ; voilà la solution : elle peut manger tout ce qu'elle veut mais ça n'empêche qu'elle perdra quand même du poids !

— Je vois.

***

— Henri, dit Thelma environ deux semaines plus tard, on dirait que l'éclairage est un peu déficient.

Henri regarda sa femme. La perte de poids commençait à être visible. Des rides avaient fait leur apparition sur sa peau normalement lisse. Ses bras étaient moins épais.

— L'éclairage ? Plus faible ? Que veux-tu dire ma chérie ?

— Je crois que ce sont les ampoules. Depuis quelque temps déjà, d'une façon progressive mais régulière, elles me semblent perdre de leur puissance. J'ai l'impression que l'appartement s'assombrit de jour en jour. Si bien que maintenant, j'ai besoin de faire de gros efforts pour pouvoir lire.

— Je n'ai rien remarqué, ma chérie... Je ne dirais pas qu'il fait sombre ici...

— C'est vrai, on ne peut pas le dire, mais, petit à petit, *ça le devient*. Et j'aimerais fichtrement savoir ce qui se passe !

— Je n'en sais vraiment rien, répliqua doucement Henri. Tes yeux peut-être ?...

— Il ne s'agit pas de mes yeux ! Les ampoules... ne sont-elles pas trop vieilles ? Demain, tu en mettras des neuves !

— Est-ce mieux avec les nouvelles ampoules ? demanda Henri quelques jours plus tard.

— Non. Au contraire, il me semble que l'éclairage devient de plus en plus faible.

Ils se regardèrent. La perplexité dans le regard de Thelma était maintenant beaucoup plus évidente.

— Ma chérie, ne crois-tu pas qu'il puisse s'agir de ta vue ? revint à la charge Henri, plein de sollicitude. As-tu observé le même phénomène pendant la journée ?

— Je ne sais pas. C'est difficile à dire en plein jour.

Thelma se leva, se mit à aller et venir dans la pièce. Soudain, elle s'arrêta face à son mari :

— Henri, quelque chose ne va pas !

— C'est ce qu'il me semble, ma chérie.

— Il faut regarder la réalité en face, dit Thelma, lugubre. Les faits sont les faits, Henri. Je maigris ; or, je mange bien — mieux que jamais en fait — mais je continue de maigrir. Et j'ai toujours cette impression que les sièges se rapprochent du sol. Mais seulement à la maison, Henri. Pas au bureau. Je me demande pourquoi ça ne me le fait pas au bureau ?

— Je suppose que là-bas c'est parce que tu es trop occupée pour t'en rendre compte. Tu as trop à faire.

— Hum ! C'est possible. Mais pour en finir avec cette histoire de chaises... elles sont toujours pareilles ! J'ai vérifié... au moins dix fois. Et maintenant, ce sont les lumières qui baissent. Même les nouvelles ampoules n'y ont rien changé. Elles ne peuvent pas être toutes mauvaises, c'est impossible !

— En effet, acquiesça Henri.

— Étant donné tous ces faits, que ça me plaise ou non, je dois avoir quelque chose. Perte de poids ; sensation d'affaissement ; troubles de la vue. Henri, je vais aller consulter un médecin pour un bilan complet.

— Je crois que tu prends là une sage décision, ma chérie, murmura Henri.

***

— O.K., demanda Altmeyer, comment as-tu réussi ce coup-là ?

— Facile comme tout grâce à un gadget acheté par correspondance. Ils en font de la publicité dans les magazines de mécanique — que Thelma ne lit jamais. Tu branches ça sur le circuit, tu tournes un bouton et tu peux éclaircir ou assombrir tout un système d'éclairage, exactement comme tu le veux. Je l'ai posé sur le tableau de répartition installé dans le mur du hall d'entrée de l'immeuble, sur les fusibles des circuits de l'appartement. Thelma ne sait même pas que ces fusibles-là existent !

— Alors, tous les jours tu donnes un peu moins de puissance, c'est ça ?

— Oui, mais pas grand-chose, je tourne à peine le bouton, peut-être une fraction de millimètre. Il est pratiquement impossible de déceler une différence mais, pas de problème, Thelma le ressent...

— Bon, d'accord, mais alors ? Est-ce que ça t'amène où tu voulais en venir ?

— J'en ai bien l'impression. Sa positivité est en régression, j'en suis sûr, et ses réactions négatives sont en augmentation, c'est certain. Mais naturellement, ça prend du temps...

***

La visite médicale fut complète et méthodique. Le médecin, de même que l'oculiste, étaient des hommes compétents.

— D'après le rapport de l'ophtalmologiste et le

résultat de mes propres examens, je suis heureux de pouvoir vous rassurer : il ne s'agit pas d'un problème organique. La vue semble tout à fait normale. Il est donc probable que tout cela n'est dû qu'à une mauvaise condition nerveuse.

— Mais docteur, je n'ai jamais été une femme nerveuse ! se rebiffa Thelma.

— Néanmoins, je crois que vous devriez essayer de vous détendre un peu. Prendre les choses plus calmement. Et s'il n'y a pas d'amélioration notable d'ici quelque temps, revenez me voir. Le cas échéant, nous aviserons, mais il faudra sans doute vous faire entrer en observation à l'hôpital et peut-être même envisager un examen psychiatrique.

— Hôpital, répéta Thelma, psychiatre...

— Mais pour le moment, essayez seulement de vous reposer.

— Me reposer... Vous voulez que je me repose !

— Ce n'est probablement rien de grave, commenta Henri sur le chemin du retour, à moins que ce ne soit quelque chose d'insidieux et, de ce fait, indécelable au cours d'un simple examen de routine... Mais le plus important est que tu ne t'inquiètes pas.

Henri trouva particulièrement intéressants les efforts que fit Thelma à seule fin de se reposer. Elle poursuivit ce but avec la détermination et l'énergie qui l'avaient toujours caractérisée. Avec ténacité, elle s'obligea à rester calme, soit en regardant la télévision, soit en gardant les yeux rivés sur un livre. Mais Henri ne put manquer de s'apercevoir que, souvent, Thelma finissait par rester le regard perdu dans le vague. Aux petits soins, son mari lui glissait des oreillers derrière la tête ou lui apportait des en-cas, des pâtisseries maison — toutes basses calories... Lugubrement, Thelma avalait des tranquillisants. Elle prit l'habitude de quitter son bureau plus tôt et se mit à traîner son mari à des spectacles, des concerts et même au bowling, bien que de temps à autre Henri ne pût s'empêcher de lui murmurer :

— Crois-tu que tout cela soit bon pour toi, ma chérie ?

Entre eux, il n'était plus jamais question des symptômes mais Henri savait que, à chaque instant, Thelma en était pleinement consciente. Souvent, un voile de perplexité obscurcissait le regard de sa femme lorsque, assise un livre à la main, elle était obligée, pour pouvoir le lire, de l'approcher au plus près de ses yeux ou bien de changer de siège. D'autres fois, morose et irritable, elle aboyait des ordres qu'Henri exécutait sans rechigner.

Parfois, semblant avoir oublié tous ses ennuis, elle devenait particulièrement joviale, agissant alors avec une étrange fébrilité et éclatant de rire pour un rien.

Mais de plus en plus fréquemment, son entrain et sa vitalité disparaissaient complètement et elle se laissait aller à la plus profonde léthargie — ce qui était totalement inhabituel chez elle. Dans ces moments-là, elle ne pouvait dissimuler la peur qui l'envahissait mais sortait de ces périodes bizarrement résignée.

— Si je pouvais comprendre, l'entendit-il marmonner. Si c'était seulement quelque chose que je puisse combattre !

Puis un nouveau sursaut d'énergie la secouait pour quelque temps.

Henri attendait.

Finalement, Thelma se décida à en parler :

— Henri, il n'y a pas de changement.

— Ah, bon ! Tu as toujours cette sensation d'affaissement ?

— Oui.

La voix de Thelma n'était pas très assurée.

— Et tu continues de maigrir, je le vois bien. Et tes yeux, comment ça va ?

— Je me moque de ce qu'a dit l'oculiste. Je n'y vois plus bien, Henri ! Mes yeux m'inquiètent !

— Hum... Mais peut-être te fais-tu des idées, ma chérie...

— Comment ça ?

— Ce pourrait être une sorte... d'hallucination...

— Mais le poids ?

— Une perte de poids accompagne souvent les maladies d'origine nerveuse. Mais là encore, il est possible qu'il ne s'agisse que d'un problème physique... Es-tu bien certaine de te reposer suffisamment ?

— Je fais de mon mieux, tu sais...

Cette nuit-là, Henri sentit la main de Thelma qui le secouait :

— Réveille-toi, Henri ! Réveille-toi !

La peur faisait trembler sa voix.

— Qu'y a-t-il, enfin ?

— Henri !... Je raccourcis !

— Quoi ?

— Je raccourcis. Depuis quelque temps, dès que je me mets au lit, j'ai la sensation de devenir de plus en plus petite. Espérant que cette impression passerait, j'ai tenté de l'ignorer... Mais elle est toujours là.

— Une seconde, ma chérie, je ne suis pas certain de bien comprendre : d'abord c'étaient les chaises... maintenant, c'est toi ! Mais ce n'est pas possible, ma chérie. *Ce n'est pas possible !*

— J'ai vérifié ma taille, continua Thelma la voix rauque. Je n'ai pas bougé. Mais tous les soirs, au lit, cette impression s'abat sur moi. Je rapetisse.

Tous les jours un peu plus. Qu'est-ce que j'ai, Henri ? Mais qu'est-ce que j'ai ?

Soudain, un sanglot lui échappa. Le lit en fut secoué. C'était la première fois qu'Henri voyait sa femme pleurer.

— Il va falloir retourner chez le médecin, Thelma. Mais en attendant, efforce-toi de ne pas y penser. Essaie de dormir.

— Dormir ! répéta Thelma sourdement.

***

— Et comment y es-tu arrivé ? demanda Altmeyer.

— Facile : il suffisait de faire en sorte que la literie rallonge un peu tous les jours. Et de quelques millimètres seulement. Je décousais, et je refaisais un nouvel ourlet : la literie rallongeait... Thelma avait l'impression de diminuer !

— Je vois !

Malgré lui, une sorte d'admiration perça dans la voix d'Altmeyer.

— Je crois qu'elle a passé le cap, dit Henri. Elle est devenue totalement négative. Mais il ne faut pas oublier que son côté positif est toujours là, juste en dessous, alors je dois être très prudent. A en croire le livre du professeur, si la personnalité de quelqu'un est atteinte par quelque chose de trop puissant pour son entendement, cette personne devient irrécupérable. J'espère qu'il est sûr de ce qu'il avance...

***

Le lendemain, Henri exécuta ses tâches ménagères dans la bonne humeur. Il fit la lessive, le repassage, passa l'aspirateur et prépara pour Thelma un menu appétissant.

Lorsque Thelma eut terminé son repas, Henri examina sa femme d'un œil critique. Son corps autrefois robuste était maintenant squelettique. La peau de son visage et de son cou était flasque, ridée. Elle avait un teint maladif. Sa coiffure, auparavant toujours parfaite, montrait des signes de négligence. Ses yeux reflétaient une inquiétude permanente.

— Écoute-moi bien, Thelma : il faut regarder les choses en face.

— Tu as raison, acquiesça-t-elle dans un souffle.

— Tu as perdu plus de quinze kilos. Tu as toujours les mêmes symptômes et ta vue ne cesse de se détériorer.

— En sus de quoi, maintenant, il me semble aussi que j'entends de moins en moins bien.

La panique perçait dans sa voix.

— Et tu te sens toujours rapetisser ?

— Toujours.

Pensif, Henri se mit à tambouriner des doigts sur le rebord de sa chaise avant de faire une tentative :

— Verse-moi à boire, veux-tu, Thelma ?

— Non mais pour qui me... !

Thelma s'arrêta brusquement et passa la main devant ses yeux :

— A boire ? Bien sûr, Henri. Je... je ne sais pas ce qui m'arrive, parfois j'ai l'impression qu'il y a deux personnes en moi.

Quelques semaines auparavant, elle aurait répondu de façon cinglante à une telle demande. Aujourd'hui, elle obéissait et lui servait à boire.

— Ah ! apprécia-t-il, tout en déglutissant à petites gorgées. Mes pantoufles, maintenant...

Elle les lui apporta.

— Il faudrait que tu entres en observation à

l'hôpital. Tu as besoin d'autres examens, tant physiques que psychiques. J'espère qu'ils pourront te soulager.

Henri hochait la tête d'un air sombre :

— Je l'espère sincèrement...

— Tu veux dire que...

— Je ne sais pas. Mais je n'aime pas ça.

Et Henri de continuer à hocher la tête :

— Il faut avoir le courage de regarder la réalité en face, Thelma. Le docteur Blackburn n'est pas arrivé à déterminer la cause de tes ennuis et c'est pourtant un médecin d'une grande compétence. Si l'hôpital ne peut rien faire, alors... alors... il faudra nous résigner.

— Nous résigner à quoi ?

— Au pire, j'en ai bien peur. Une dégradation — mentale et physique — qui ira s'accentuant. Il est possible que tu sois atteinte d'une maladie rare qui te mine... Ces symptômes ne sont peut-être que le commencement.

— Oh, non ! s'écria Thelma. Je ne le supporterai jamais !

— Il faut que tu fasses preuve d'un grand courage, ma chérie. Choisir la facilité ne te ressemblerait pas...

— La facilité ?

— Le suicide. Mais il ne faut pas y penser, Thelma. Essaie surtout de ne pas y penser, je t'en conjure.

— Oh !

— N'y pense pas, Thelma, n'y pense pas...

— Je vais... faire... de mon mieux, dit-elle faiblement.

Henri mit la main dans sa poche et en sortit un paquet de cigarettes vide. D'un doigt il en explora l'intérieur :

— Je suis en panne de cigarettes. Il va falloir que je sorte en acheter. A moins que... Thelma, veux-tu y aller ?

Un silence s'instaura. Le regard fixe, Thelma ne quittait pas des yeux le visage de son mari. Soudain, presque joyeusement, elle lança :

— Oui, Henri, je vais aller chercher tes cigarettes.

— Tu pourrais en profiter pour faire un petit tour ?

La voix d'Henri s'était faite douce et insistante :

— Va prendre l'air. Ça te fera du bien. Pourquoi ne marcherais-tu pas jusqu'au pont ? C'est une jolie promenade...

— Le... pont ?

— Oui, la vue est très belle d'en haut. L'eau est tellement... apaisante. Et on y sent toujours une brise légère. Oui, pourquoi n'irais-tu pas jusqu'au pont, Thelma ? A ta place, c'est ce que je ferais.

— Le pont. Oui, le pont.

A la porte, elle se retourna et regarda Henri :

— Au revoir, Henri, murmura-t-elle.

— Au revoir, Thelma.

***

— Eh bien, ça y est ! annonça Henri à Altmeyer quand il se fut assis sur le banc du square.

— Tu ne veux pas dire que...

— Si, confirma Henri, l'air satisfait. C'est fini !

Profitant de la chaleur du soleil, les deux compères restèrent silencieux un moment. A la fin, Altmeyer demanda :

— Ça c'est bien passé ?

— On ne peut mieux. Je n'y suis pour rien : elle s'est jetée du haut du pont pendant que j'étais à la maison.

Il y eut un autre long silence. Altmeyer semblait perdu dans ses pensées.

— Un malin, ce professeur, finit-il par dire.

— Ouais !

— Dis-moi, Henri, il te reste un peu de papier de verre ?

Diminishing wife.
Traduction de Christiane Aubert.

Table

GARY BRANDNER - En attendant le coroner 5
DOUGLAS CRAIG - Jambalaya 15
RICHARD DEMING - Lily Bell 52
ED LACY - La balle au bond 76
W. LINK et R. LEVINSON - Sale journée ! 85
CARROLL MAYERS - L'homme au hobby 102
HELEN NIELSEN - On ne vit pas dans un cercueil 113
ARTHUR PORGES - Son sang ne saurait mentir. . 141
HAROLD ROLSETH - Un fameux bourgogne 151
ERNEST SAVAGE - Dans le panneau 163
HENRY SLESAR - Le don d'Iris 209
PAT STADLEY - Juste un petit cadeau pour le club 246
MAX VAN DERVEER - Détournement 259
BRAD WILLIAMS - Ley de fuga 297
MICHAEL ZUROY - La femme qui rapetissait . . . 330

Les policiers du Livre de Poche

Extrait du catalogue général

Bachellerie
L'Ile aux muettes 6265

Baudou (Jacques)
(Sous la direction de)
Mystères 86 6166
Mystères 87 6365

Borniche (Roger)
Flic Story 4711
Le Gang 4926
René la Canne 4946
Le Play-Boy 5064
L'Indic 5241
L'Archange 5394
Le Ricain 5518
Le Gringo 5601
Le Maltais 5756
Le Tigre 5793
Le Boss 5926
Vol d'un nid de bijoux 6257
L'Affaire de la môme Moineau 6408

Christie (Agatha)
Le Meurtre de Roger Ackroyd 617
Dix Petits Nègres 954
Le Vallon 1464
Le Crime de l'Orient-Express . 1607
A.B.C. contre Poirot 1703
Meurtre en Mésopotamie 4716
Cinq Petits Cochons 4800
La Mystérieuse Affaire de Styles 4905
Meurtre au champagne 5008
L'Affaire Prothero 5145
Le Train bleu 5291
L'Homme au complet marron . 5374
Le Couteau sur la nuque 5419
La Maison du péril 5512
Les Quatre 5530
Cinq heures vingt-cinq 5617
Mort sur le Nil 5632
Je ne suis pas coupable 5644
Un cadavre dans la bibliothèque 5658
Pourquoi pas Evans ? 5671
La Plume empoisonnée 5846
La Maison biscornue 5870
Le Train de 16 heures 50 5096
Le Major parlait trop 5957
Le Flux et le Reflux 5915
Témoin à charge 6018
Les Indiscrétions d'Hercule Poirot 6052
Drame en trois actes 6075
Témoin muet 6076
Poirot joue le jeu 6108
La mort n'est pas une fin 6115
Les Pendules 6152
Le crime est notre affaire 6163
Une mémoire d'éléphant 6175
Miss Marple au Club du mardi 6189
Le Club du mardi continue . . . 6223
Rendez-vous avec la mort . . . 6253
Un meurtre sera commis le... . 6266
Trois souris.... 6288
Le miroir se brisa 6337
Le Retour d'Hercule Poirot . . . 6390

Coatmeur (Jean-François)
La Bavure 5948
Les Sirènes de minuit 6302

Doyle (Sir Arthur Conan)
Sherlock Holmes : Études en Rouge, *suivi de* Le Signe des Quatre 885

Les Aventures de Sherlock Holmes 1070
Souvenirs de Sherlock Holmes 1238
Résurrection de Sherlock Holmes 1322
La Vallée de la peur 1433
Archives sur Sherlock Holmes 1546
Le Chien de Baskerville. 1630
Son dernier coup d'archet . . . 2019

Doyle (Sir A. Conan) et Carr (J.D.)
Les Exploits de Sherlock Holmes 2423

Exbrayat (Charles)
Chant funèbre pour un gitan . . 5255
Les Amoureux de Leningrad . . 5609
Tout le monde l'aimait 5646
Imogène est de retour. 5775
L'inspecteur mourra seul 5750
Quel gâchis, inspecteur ! 5908
Les Menteuses. 5914
La Honte de la famille. 6087
Encore vous, Imogène !. 6139
Les Blondes et papa 6176
Deux enfants tristes. 6249
Quand Mario reviendra 6275
Le Petit Fantôme de Canterbury. 6405

Goodis (David)
La Lune dans le caniveau . . . 5753
Cassidy's girl. 5938
La Garce 6029
Descente aux Enfers 6436

Irish (William)
Alibi noir. 6152

James (P.D.)
La Proie pour l'ombre. 6287
L'Ile des morts 6315
Meurtre dans un fauteuil 6457

Leblanc (Maurice)
Arsène Lupin, gentleman cambrioleur. 843
Arsène Lupin contre Herlock Sholmès 999
La Comtesse de Cagliostro . . 1214
L'Aiguille creuse 1352
Les Confidences d'Arsène Lupin 1400
Le Bouchon de cristal. 1567
Les 8 coups de l'horloge 1971
La Demoiselle aux yeux verts 2123
La Barre-y-va. 2272
Le Triangle d'Or 2391
L'Ile aux 30 cercueils 2694
Les Dents du Tigre 2695
La Demeure mystérieuse 2732
L'Éclat d'obus 2756
L'Agence Barnett et Cie 2869
La Femme aux deux sourires . 3226
Les 3 Yeux 4772
Le Formidable Événement . . . 4995
Dorothée, danseuse de corde 5298
Victor, de la Brigade mondaine 3278
La Cagliostro se venge 3698

Lecaye (Alexis)
Marx et Sherlock Holmes. . . . 6121
Un week-end à tuer 6276

Leonard (Elmore)
La Loi de la cité 6336
Un drôle de pèlerin 6366
Gold Coast 6475

Leroux (Gaston)
Le Fantôme de l'Opéra 509
Le Mystère de la Chambre Jaune 547
Le Parfum de la Dame en noir 587
Le Fauteuil hanté 1591
Palas et Chéri-Bibi. 4090

Lovesey (Peter)
Trois flics dans un canot 6316

McDonald (Gregory)
Flynn joue et gagne 6349
Flynn se fâche 6418

McGivern (William P.)
Une question d'honneur 6404

Rendell (Ruth)
L'Analphabète 6128
Le Lac des ténèbres. 6190
Fantasmes 6250
Étrange créature 6301
La Danse de Salomé 6350

Réouven (René)
Un tueur en Sorbonne 6389

Steeman (Stanislas-André)
L'assassin habite au 21. 1449

Thompson (Jim)
Le Criminel 5993

Thomson (June)
Le Crime de Hollowfield. 6213
Champignons vénéneux 6252
Claire... et ses ombres 6377
La Mariette est de sortie 6419

Vachss (André)
Flood. 6376

Vickers (Roy)
SERVICE DES AFFAIRES CLASSÉES :
Un si beau crime. 6527
L'Ennemi intime 6528
La Mort au bras levé 6530
Le Cercle fermé 6529

Composition réalisée par C.M.L., Montrouge.

IMPRIMÉ EN FRANCE PAR BRODARD ET TAUPIN
Usine de La Flèche (Sarthe).
LIBRAIRIE GÉNÉRALE FRANÇAISE - 6, rue Pierre-Sarrazin - 75006 Paris.

ISBN : 2 - 253 - 05226 - 4 30/6721/2